高等院校早期教育专业推荐教材

0~3岁
亲子教育

张英琴 | 著

| 本书特色 | ● 视角独特新颖，其阅读对象聚焦于早期教育专业的学生与0—3岁婴幼儿的家长；● 理论内容丰富易掌握，其呈现的理论部分，浅显易懂，体现实用性；● 实践内容简单易操作，其呈现的实操部分，贴近生活，体现操作性。 |

山西出版传媒集团

山西人民出版社

图书在版编目（CIP）数据

0~3岁亲子教育 / 张英琴著.—太原：山西人民出版社，2015.2
ISBN 978-7-203-08973-5

Ⅰ.①0… Ⅱ.①张… Ⅲ.①婴幼儿—家庭教育 Ⅳ.①G78

中国版本图书馆CIP数据核字（2015）第034909号

0~3岁亲子教育

著　　者：	张英琴
责任编辑：	徐晓宇
装帧设计：	晋南风　段志勤
出 版 者：	山西出版传媒集团·山西人民出版社
地　　址：	太原市建设南路21号
邮　　编：	030012
电　　话：	0351-4922220　4955996　4956039
	0351-4922127（传真）　4956038（邮购）
E-mail：	sxskcb@163.com　发行部
	sxskcb@126.com　总编室
网　　址：	www.sxskcb.com
经 销 者：	山西出版传媒集团·山西人民出版社
承 印 者：	运城日报社印刷厂
开　　本：	787mm×1092mm　1/16
印　　张：	12
字　　数：	350千字
印　　数：	1—1 000册
版　　次：	2015年2月　第1版
印　　次：	2015年2月　第1次印刷
书　　号：	ISBN 978-7-203-08973-5
定　　价：	28.00元

如有印装质量问题请与本社联系调换

序　言

　　蒙台梭利这样来形容0~3岁早期教育的重要性："人自出生起心理发展已经开始，而且在生命的最初三年中其发展最为迅速，在这一时期，积极地关心儿童的发展，比其他时期更为重要。"俄国生理学家巴普洛夫也曾说过："儿童从降生的第三天开始教育，就已经晚了两天。"

　　随着脑科学和婴儿心理学的发展，人们逐渐认识到孩子从出生之日起，甚至从胎儿期起，就是一个对周围环境积极主动的探索者，在动作、语言、情感、认知及社会性等方面有着惊人的发展潜能，我们从0岁起就可以对孩子实施教育了。1976年美国成立了全球第一家早期教育中心——金宝贝（Gymboree），它系统开发幼儿潜能，提供寓教于乐的学习课程，指导父母与孩子一起学习成长，成为全球40多个国家0~5岁孩子最快乐的天地。

　　随着国外先进理念的引入和我国学前教育的发展，早在20世纪90年代，我国经济、文化发达的一些大城市早期教育已有所发展，亲子园也已崭露头角，1996年就出现了金色摇篮、万婴跟踪，1998年出现了东方爱婴、红黄蓝等早教品牌。2000年9月1日，北京"0~3岁教育工程"启动，确立了我国亲子教育的起步阶段。2001年《幼儿园教育指导纲要（试行）》（以下简称《纲要》）总则部分第二条明确提出："幼儿园教育是基础教育的重要组成部分，是我国学校教育和终身教育的奠基阶段……要为幼儿一生的发展打好基础"。第三部分第十一条指出："幼儿园教育要与0~3岁儿童的保育教育以及小学教育相互衔接。"21世纪以来，我国学前教育不断向下延伸，0~3岁亲子教育成为社会热点。2003年，全国人大常委会副委员长许嘉璐先生在百年中国幼教纪念大会上向广大学前教育工作者提出的新目标："把素质教育的视线延伸到儿童出生的那一刻"。经过几年的摸索，亲子园在2003年以后回归理性办园，又出现了深圳南方贝贝（2002年）、华夏爱婴（2004年）、亿婴天使（2007年）、上海培正逗点等早教品牌，目前仍处于逐步完善阶段。同时，幼儿园教育也逐步向下延伸，开始招收3岁以下儿童入园接受教育。

　　在众多的早期教育机构发展的浪潮中，人们逐渐接受了亲子园独特的"亲""子""师"的三方互动教育模式；体会着参与0~3岁婴幼儿早期教育的乐趣；感受着这种新型的亲子活动给家庭带来的和谐温暖。

　　随着0~3岁婴幼儿早期教育的发展，市场上出现了大量的图书和音像资料，然而，翻阅这些资料，我们会发现它们大体上分三类：一是纯理论的；二是纯实操的；三是偏医学的。这三类资料均在某一个方面能够给0~3岁婴幼儿的家长和教育工作者带来帮助，综合类的资料还是比较缺乏，不能全面指导0~3岁婴幼儿家长和教育工作者的工作。

　　本书立足促进0~3岁婴幼儿的发展，着眼家长和教育工作者的实际需要，在内容的安排上以0~3岁婴幼儿各月龄阶段宝宝的身心发展特点为基础，穿插进去各月龄阶段宝宝的独特性及护理的要点，辅以各月龄阶段适合的亲子游戏。本书内容的安排合理巧妙，理论和实操环环相扣。理论部分浅显易懂，实操部分切实可行，是0~3岁婴幼儿家长和教育工作者在育儿和教育过程中的最佳选择。同时，对准备生育孩子的夫妻和孕妈妈，本书也是一本很实用的阅读浏览资料。

　　本书最大的特点：全面、易懂、易操作。

　　希望此书的出版可以给广大0~3岁婴幼儿家长和教育者带来帮助，也希望广大读者给作者提出宝贵的修改意见。

周玲玲

前　言

我国每年有1500万～2000万新生儿，0～6岁儿童约有1亿2千万人，0～3岁的婴幼儿共计约7000万人。他们大部分生活在家庭，散居在社区。他们的素质关系到儿童的发展、家庭的幸福、国家的富强、社会的未来。我们要从科教兴国的战略高度和可持续发展的战略眼光来认识开展社区早期教育、提高出生人口素质的重要意义。

2007年《中共中央国务院关于全面加强人口和计划生育工作统筹解决人口问题的决定》中提出：要"大力普及婴幼儿抚养和家庭教育的科学知识，开展婴幼儿早期教育"。这是提高人口素质的起始环节。这里提到的早期教育是以家庭为基础、以社区为依托、以提高出生人口素质为目标，面向0～3岁婴幼儿及其家长进行科学育儿的新型社区教育和现代服务业。

20世纪90年代以来，随着我国社会经济的发展和人们对早期教育重要性认识的提高，在经济比较发达的地区出现了为社区、家庭输送早期教育指导人员的服务机构，出现了招收婴幼儿与家长共同参与教育活动的早期教育指导中心（又叫亲子园）；另一方面幼儿园也陆续开办3岁以下的婴幼儿班，实现了婴幼一体化教育。随着国家社会经济的发展和对早期教育重要性认识的普遍提高，0～3岁婴幼儿家长们对早期教育从业人员的专业技能有了更高的要求。这表明在"发展儿童教育"列入国家教育事业第十一个五年计划后，政府对早期教育从业人员的培养要进入实质操作阶段，由政府相关部门督导的早期教育从业人员师资的培训与认证将推动早期教育市场规范化健康发展。

教育部关于印发《幼儿园教育指导纲要（试行）》的通知中提到：设有学前教育专业的高等师范院校和幼儿师范学校要认真学习《纲要》的精神，改革现行的学前教育课程和师资培养方式。

教育部《关于全面提高高等职业教育教学质量的若干意见》（教高〔2006〕16号）指出"要及时跟踪市场需求的变化，主动适应区域、行业经济和社会发展的需要，根据学校的办学条件，有针对性地调整和设置专业"。

0～3岁婴幼儿早期教育的发展带来了两大社会需求，首先是为亲子提供互动游戏活动的专业机构，其次，是能给0～3岁儿童家长提供科学育儿知识、指导亲子游戏活动的专业人才。但目前我国各级各类师范院校的学前教育专业大部分课程都聚焦于幼儿园教师的培养，逐渐蓬勃发展的早期教育机构的教师主要来源于对学前教育专业毕业生的再培养。与强大的社会需求相比，求远远大于供。

《0~3岁亲子教育》经历五年的教学验证，在0~3岁婴幼儿早期教育教师培养方面很实用，也取得了良好的教学效果。

　　本书内容包括绪论、新生儿期、1~3个月宝宝、4~6个月宝宝、7~9个月宝宝、10~12个月宝宝、13~15个月宝宝、16~18个月宝宝、19~21个月宝宝、22~24个月宝宝、25~30个月宝宝、31~36个月宝宝，共12章内容，分别讲述各月龄阶段宝宝身心发展的特点以及护理的重点，在本书的最后附有一套符合各月龄阶段宝宝身心发展特点的亲子游戏集，为每个月龄阶段宝宝分别设计了大运动类、精细动作类、认知类、语言类和社交类游戏各两个，以便早期教育专业的学生和0~3岁婴幼儿家长在学习和育儿的过程中能够根据自己的需要选取使用。

　　本书体现了以下的特点：

　　1. 视角独特新颖

　　0~3岁婴幼儿早期教育的发展必然会成为学前教育发展的趋势，本书聚焦早期教育专业学生的学习教材和0~3岁婴幼儿家长的阅读材料两个视角。

　　2. 理论内容丰富易掌握

　　对0~3岁宝宝特点的认识，学生充满好奇，本书理论部分的内容丰富多彩，让学生在轻松愉快的学习中获得知识。

　　3. 实操内容简单易操作

　　本书的实操部分，内容生活化、游戏化，重在培养亲子间的活动水平的提高。游戏基本在生活中都可以实地操作，增强了乐趣性。

　　由于能力有限，本书难免有不如意之处，恳请各位领导和专家提出宝贵的指导意见。

目 录

绪 论	1
新生儿	13
1~3个月宝宝	22
4~6个月宝宝	39
7~9个月宝宝	50
10~12个月宝宝	60
13~15个月宝宝	73
16~18个月宝宝	79
19~21个月宝宝	87
22~24个月宝宝	94
25~30个月宝宝	103
31~36个月宝宝	114
附录1：0~3岁亲子教育游戏集	121
附录2：《上海市0~3岁婴幼儿教养方案》	173
主要参考文献	183

绪　　论

多年来，在世界各地都出现了一些早慧的儿童，其中的大部分为社会的发展做出了巨大的贡献。

三个哈佛少年大学生

1914年，美国一名年仅15岁的少年威廉·詹姆士·塞德尔兹从哈佛大学毕业了，是著名心理学家鲍里斯·塞德尔兹的儿子。威廉·詹姆士·塞德尔兹的学历非常奇特：他不到两岁就开始接受教育；3岁时已经能用母语流利地读写；5岁时看到家里的骨骼标本，对人体产生了兴趣，从而开始学习生理学，不久竟然达到了职业医师水平；6岁开始上小学，入学那天上午，他被编在一年级，可是到了中午，他母亲去学校接他时，他已经是三年级的学生了，就在这一年，他学完了小学的全部课程；7岁的他打算上中学，因为年龄不够，学校不收，他只好在家自学，主要是学高等数学；8岁终于被中学录取，他的各科成绩都很优秀，数学更是出类拔萃，所以没多久，学校就同意他不用再上数学课，并协助老师批改其他同学的数学作业。不仅如此，他还在中学期间编写了天文学、英语语法和拉丁语语法的教科书。不久，由于中学课程已无须再学，他就退学了。9岁时麻省理工学院的一位教授用自己在德国读博士时感到头疼的难题来考他，没想到他很快答了出来。这位小神童很快就出了名，很多人专门从各地赶来考他，结果他的表现比传说中的更令人惊讶。在随后的两年里，他还是在家自学。11岁时，他考进了哈佛大学。入学后不久，他就能讲解四维空间这样的数学难题了，这使教授们大为惊讶。1914年，塞德尔兹以优异的成绩从哈佛大学毕业了，随即在该校研究生院攻读博士学位。

同年，13岁半进入哈佛大学，只用了3年时间就读完了4年的课程的阿道夫·伯利也毕业了，毕业后在该校学习法学，他的父亲是塔夫托大学神学教授伯利博士。

同年，10岁考入塔夫托大学，14岁大学毕业后考入哈佛大学研究生院的诺伯特·威纳，年仅18岁就顺利地获得了哲学博士学位，是哈佛大学斯拉夫语教授威纳博士的儿子。
……

我国早慧儿童实例

孟祥应，1993年3月生于山东潍坊。出生即开始接受早教，两岁半识字3000，进入广泛阅读，五周岁读完四大古典文学名著及大量儿童读物，会1000以内加减，会下围棋，特别爱讲故事。她三个月能分出左右手，十个月能在世界地图上找出七大洲、四大洋。两岁诵读诗词96首,能在地图上找出我国二十多个省市自治区和许多国家首都的位置,能流畅地阅读《格林童话》《十万个为什么》等60本儿童读物。孟祥应两岁半时,潍坊电视台为她拍摄了专题片。此后,教育电视台、《潍坊晚报》《潍坊科技报》《山东政协报》《祝你幸福杂志》等十二家新闻单位分别作了采访报道。

肖从文,1983年出生在湖南郴州市永兴县的一个普通家庭。他没上小学,6岁就直接上初中;12岁考入全国重点大学——中南大学;16岁以专业总分第一的成绩考上了中南大学研究生;2003年夏天,19岁的他又顺利考上中国科学院物理研究所博士。

周婷婷,1980年6月29日出生,一岁时由于发高烧双耳失聪;3岁半开口说话;6岁博览群书,就读正常小学连跳两级;8岁熟背圆周率小数点后1000位(其父亲周弘把数字编成有趣的故事帮助记忆);10岁发表6万字的幻想小说;11岁被评为全国十佳少先队员;16岁成为中国第一位聋人少年大学生;17岁被评为自强模范,受到江泽民、胡锦涛等国家领导人接见;18岁主演电影《不能没有你》;20岁赴美国留学;2002年3月与吴仪等荣膺《中国妇女》十大时代人物;2003年5月父女同获台湾第六届"全球热爱生命奖";2004年在美国加劳德特大学特殊教育管理专业毕业,接着在波士顿大学读博士,特殊教育系的系主任是她的导师。其父根据对她的教育实践创建了"赏识教育"理论,风靡全球。

看完以上的例子,你有什么样的感想呢?

美国心理学家班杜拉的社会学习理论和瑞士心理学家皮亚杰的认知发展理论告诉我们:只要经过适当的启发,儿童的智力就有可能提高。美国心理学家布鲁姆的研究发现:人类智力的发展从0到2岁,发展到20%,到4岁时发展达50%,8岁达80%,12岁达92%,17岁已达到几乎100%成熟。在此过程中,智力的发展以2~4岁之间最为重要。儿童的潜能是一种客观存在,人皆有之,是一种资源,一旦得到开发,便会创造出无穷的生命奇迹。如果在这个时期,婴儿的发展潜力受到忽视,或受到压抑,则会使他们的智力发展受到阻滞甚至逐年减退(例如方仲永)。所以儿童的早慧不是天生的,是先天素质后天开发的结果。实践证明:生命潜能在婴幼儿时期的开发效率是最高的,若不重视或错过这个时期,人的许多脑细胞就会休眠。一部分聪明才智就会被埋没。童年是人生的春天,家长们应抢在人生的春天去播种。只要科学地、有规律地围绕孩子的生活,顺其自然地开发,都能把孩子培养成高素质人才。

一、早期教育可能性

(一)大脑的结构和机能,为个体心理的发展奠定了坚实的生物基础

1. 脑的结构发展

DNA遗传双螺旋分子结构模型确定者、诺贝尔奖获得者沃森在其专著《脑》这本书中提出:"20世纪是基因的世纪,21世纪是脑的世纪。"

近年来脑科学的研究成果丰富，使我们认识到受精卵一经形成就不停地分裂，着床后分裂成三组细胞，成为未来脑、脊髓、神经及心血管发展的基础。怀孕20天胚胎大脑原基形成；胎儿二个月大脑沟回的轮廓明显；胎儿三个月大脑细胞发育进入第一个高峰；胎儿六个月大脑表面出现沟回，大脑皮层的层次、结构已基本定型；胎儿七个月大脑结构几乎接近成人大脑；胎儿八个月大脑皮层更为发达，表面沟回已经形成。十月怀胎，带着父母的基因和个体发展的潜能，完成了大脑的发展。

出生后新生儿的脑重量为360克～390克，是成人脑的25%；六个月新生儿脑重为660克～700克，近成人的一半；1岁脑重量为900克；三岁脑重量为1011克，是成人的四分之三；七岁脑重量为1280克接近成人；十三岁脑重量为1350克；成人平均脑重量为1400克。新生儿大脑两半球皮层表面占成人皮层表面42%，7岁时，占80%～90%，到12岁时，神经元联合机能完善。

2. 婴儿大脑神经系统的发展

脑的整合活动是心理机能的基础，三个主要的机能结构是：调节张力和觉醒，接受加工外来信息，计划调节控制。每个机能结构又分为三个区：投射区；外围区；联合区。脑神经之间的突触有1000～10000之多，这是创新思维的神经基础。人的聪慧、睿智不在于大脑细胞的个数，而在于脑细胞之间的相互连接和交互作用。人的脑细胞到底有多少个，美国耶鲁大学史蒂文斯（CF.stevens）教授指出："人脑被认为由140亿个神经元组合而成，与我们银河系中的星星数大致相同。"神经元即神经细胞，是一种特殊类型的细胞，由细胞体、轴突、树突三部分组成，具有接受刺激、传递和整合信息的机能。神经细胞之间信息传递是通过突触进行的，突触是控制信息传递的关键部位，它决定着信息传递的方向、范围和作用。据研究结果表明：突触绝大部分分布在神经元的树突和细胞体上，其中尤以树突为多。据估计，人类大脑皮层每个神经元平均有30000个突触，这样就构成了极端复杂的网络系统。

3岁前，婴幼儿的神经系统发展在其一生中是最迅速的时期，细胞突起逐渐由短变长、由少到多，形成复杂的网络。这种复杂的网络结构为孩子接受早期教育提供了基础，同时，孩子接受的外界刺激越丰富，就越能促进神经系统网络结构和大脑机能的更快发展。

3. 神经纤维髓鞘化

现象：用一个玩具逗引婴儿，他高兴时会四肢甚至全身都晃动。

胎儿后期和新生儿早期，神经元和神经纤维迅速被一层蜡质的磷脂所覆盖，称为髓鞘化。髓鞘化是细胞成熟的重要标志之一。神经纤维髓鞘化的发展时间与脑的功能和心理发展密切联系着。

婴儿出生时，神经元结构还比较简单，神经纤维短而少，大部分神经纤维还没有髓鞘化。婴儿出生后，首先髓鞘化的神经纤维是在感觉通道的部位。大部分髓鞘化在出生后1~2年内完成，少部分髓鞘化较晚。

髓鞘化的作用：

①髓鞘是神经纤维的绝缘体，没有它，神经传导会互相干扰。例如，婴儿的髓鞘发育不完善，发烧时很容易引起全身抽搐。

②个体发育过程中神经纤维的髓鞘化是行为分化的重要条件。

总之：随着脑重的增加、大脑皮质的发展、神经纤维髓鞘化的出现与完成为婴幼儿接受早期教育提供了可能。

(二) 敏感期理论为个体心理的发展提供了心理学的依据

两个小例子：

1. 印度狼孩卡玛拉获救后，科学家们给她温暖的关怀和强化的训练，但错过了语言敏感期的卡玛拉在17岁死亡时也只能说40个简单的字词，智力水平也只有3岁半。

2. 二战时期，因为战乱，日本有一个20岁左右的青年躲进了深山老林，20年后，他被发现并被带回了人类社会，大家以为他不会再适应人类社会的生活，但是，在很短的时间内，他就结婚生子，过上了正常人的生活。

以上两个例子反映了在儿童发展过程中关键期的问题。

关键期又叫"敏感期"指有生命的个体对某种行为、能力和知识的掌握最快的时期。在这个时期，个体的大脑好像一扇打开的窗子，仅仅对特定的行为、经验或能力开放，所以也有人称敏感期为"机会之窗"。

这个概念是从奥地利著名的动物学家劳伦兹在研究小动物发育过程中发现的"印刻现象"引入的，"印刻现象"是指小动物在出生后一个短时期，具有很容易生成的一种本能的反应。如追随对象、偏爱对象、对象消失时发出悲鸣等反应。印刻只有在小动物出生后一个短时期内反应，劳伦兹把这段时间称为"关键期"，"关键期"时间非常有限，各有迥异，如小鸡的关键期是生后10~16个小时；小狗的关键期是生后的3~7周；小野鼠的关键期是睁开眼和能听之后的10天。如果小猫在睁开眼后的一个短时间内和鼠一起生活，待成年后即使在饥饿状态下也不会吃鼠；小羊生后十天内由人抚养，以后永远不合群。

蒙台梭利认为，敏感期是"自然赋予儿童的灵感"，我们要教育好婴幼儿，就必须抓住其各个发展阶段的敏感期特点，在特定的时期有针对性地给婴幼儿提供相适应的环境和有效的教育，促进婴幼儿快速健康发展。儿童在0~6岁各种感官都处于敏感期。

例如：

1. 0~6岁是婴幼儿语言发展的敏感期，在这个阶段，婴幼儿的语言可以飞速发展，不仅可以学习母语，而且还有能力学习外语。但是如果错过了这个阶段来学习语言，那就是相当困难的事情。

2. 0~1岁是孩子的口唇期，这个阶段的孩子喜欢把拿到手的东西都放进嘴里舔一舔、咬一咬。

3. 2.5~5岁是孩子的秩序敏感期,当孩子的这种秩序遭到破坏,孩子便会出现焦虑的情绪,甚至会通过哭闹来反抗,有的孩子会出现维持这种秩序的要求,会出现语言和行为方面的要求。如:2.5岁的军军看到妈妈没有站到蒙氏线上便用手指着线要求妈妈站好;3岁的乐乐每天上学时要拿汽车,要在路过的地方买饼子,如果出现意外,他便通过哭闹来解决。

……

总之,早期教育是可行的,是科学的,必定会给婴幼儿一生的发展奠定坚实的基础,对家庭幸福和民族发展更具有无法估量的作用。

二、早期教育的重要性

(一)促进儿童脑部发育

人脑是最宝贵的器官,纵观生物界的各种动物,我们会发现作为高级动物的人类的后代其实比大部分动物的后代要脆弱得多,比如小鸡、小猫、小狗出生不久可以通过自己的努力觅得食物,维持生命。人类的后代则需经过很长的时间才可以自立,在许多的方面人类的本领比不过动物,比如,论体力我们比不过牛,人的嗅觉只有狗的嗅觉的百万分之一,在水里比不过鱼,空中我们比不过鸟,但是之所以我们人类成为世界的主宰就是因为我们有发达的大脑,可以创造出很多的东西。据统计,人的脑神经细胞大约有140亿个,其中70%是在3岁以前形成的。孩子出生后,原来相互之间没有什么联系的大脑各部分,由于脑神经细胞急剧分裂,会长出具有许多分叉的树状突起,彼此间才发生联系。3岁以前,脑神经就是这样完成了60%的配线工作。若在此阶段能够给婴幼儿创造非常丰富的有教育意义的环境,增强信息的刺激,脑细胞的突起便会由短变长、由少变多,逐渐形成复杂的网络,否则,连接减少,网络无法形成;第2年年末,脑重增至1000~1150克,约占成人脑重的75%,神经系统的网络结构也越来越复杂。由于反复的信息刺激才能使神经元之间建立永久的连接,那些没有经过信息反复刺激的连接慢慢就会消失,所以,我们要在这个大脑发育最快的时期,反复给婴幼儿有意义的、丰富的、适宜的环境和信息的刺激,增加连接的数量和持久性,使神经系统的网络结构趋于复杂化、稳定化。

(二)开发儿童潜能

科学证明儿童与生俱来就具有巨大的潜力,应该说每个孩子生下来个个都是天才,那是由遗传基因决定的。科学发现,人的基因当精卵子一经结合就决定了孩子大脑的结构,其影响作用占30%~60%,所占比例因人而异,以生理遗传最为明显。它告诉我们儿童的潜能是客观存在的,开发的空间是巨大的。这不仅为孩子发展提供了无限广阔的物质前提和发展的可能性,而且还制约着孩子日后发展的方向。

日本学者木村久一曾经提出过儿童的可能能力的递减法则,他说:生来具备一百度可能能力的儿童，如果从一生下来就给他进行理想的教育，那么就可能成为具备一百度能力的成人。如果从5岁开始教育的话，教育再好，也只能达到具备六十度能力的成人。到15岁时教育就会剩下四十度。说明教育开始的早晚对开发潜能具有巨大影响。开发的可能性、开发的前景及开发时间早晚为早期教育的发展提供了必然。

儿童有90%的敏感期在0～6岁之间出现，我们应该关注儿童成长，抓住儿童最佳期的教育，使儿童的潜能得到最大程度的开发。

三、国外早期教育的理念和做法

近几年，随着中国开放程度的不断提高，越来越多的家长开始接受"早教"的概念。家长们会发现，其中不少"早期教育"课程的源头来自海外。其实在国外，特别是西方国家，早教班和亲子班已普及数十年，有很多值得借鉴之处。早期教育事关人的一生，所以，引起了越来越多的人的关注。下面给大家介绍几个先进国家的早期教育。

1. 英国：EYFS方案

英国政府认为，增加早期教育投入，从人的长期发展角度看，其实是一种降低成本的做法。他们的研究证明，如果政府多投入100英镑，儿童中心的质量将会提高10%～12%。EYFS是英格兰政府以"给父母最好的选择、给幼儿最好的开始"为宗旨，提出的一个教育方案，此方案在2008年9月被正式纳入英格兰的法制中。EYFS的目标是：给所有0～5岁的幼儿提供一个连续的发展与学习体系，使他们在生活中获得更多更好的发展机会，让每个幼儿都能在将来成为身心健康、拥有安全感、成功和快乐的人。

核心教育理念："学会倾听孩子、理解孩子和支持孩子。"

2. 美国：从生命第一天开始

1997年美国总统明确提出"美国教育十点行动计划"之一"从头脑启动计划"——从生命第一天就开始的婴儿教育计划。

创办"从出生到3岁"培训班，以1981年密苏里州教育部创办的"父母作为老师"（PAT）的项目最为著名，目前该组织已将它们的项目推广至全美47个州，培训了8000名"父母辅导者"。这些工作人员主要是每月对每一个家庭进行一小时的家访。

美国的另一项以家庭为基础的父母教育计划，称作HIPPY计划：学龄前儿童的家庭指导计划。该计划得到了当时美国总统的支持。HIPPY计划直接把培训带入家庭，计划中的母亲们每周受到一次访问。每隔一周参加一次与其他父母们的集会。

核心教育理念："释放潜能，让孩子在游戏和体验中学习。"

3. 加拿大：动手为尚　不提前教授写字和计数

加拿大的早教专家普遍认为，幼儿期是动作能力均衡发展的关键期，也是培养创造力的重要时期，因此培养动手能力更为重要，若让孩子过早认字、写字和计数，会耗费幼儿的体力和脑力，延缓他们的动作发展。在加拿大，宝宝稍大一点时可以送其到"playschool"，不是去上课学习，而是参加那里的美术、劳作、音乐以及唱游等活动，而且与众不同的是,这样的早教学校不会设置写字和计数等课程。

4. 日本:培养独立人格　学会不给别人添麻烦

虽然和西方的亲子互动式早教理念上有些差别,但日本的独立人格培养也确实为日本跻身世界顶尖国家起到很大作用。在日本,父母在孩子很小的时候就给他们灌输一种思想:不要给别人添麻烦。在日常生活中从家长到早教学校都会注意培养孩子的自理能力和自强精神。即使上学以后,许多学生课余时间都要在外边参加劳动挣钱。他们靠在饭店端盘子、洗碗,在商店售货,做家庭教师等挣自己的学费,而这些习惯都是从早教学校就开始培养的。

5. 法国:注重气质　重视孩子的艺术教育

法国总统戴高乐有过一句名言:生活的坎坷能和我相比的,这世界上只有一个就是"丁丁"。丁丁日记也是孩子们最爱看的。法国家长认为艺术教育对孩子的未来非常重要。该国的权威调查表明:52%的家长认为艺术启蒙和艺术训练是使学生由失败转向成功的良方;72%的家长认为艺术科目应该成为学校真正的教学科目;92%的人强调指出,艺术科目对开发儿童的智力十分重要。正因为法国人对艺术教育的重视,所以长期以来法国一直在文化方面充当着国际领袖的角色,使大多数企业在美学、设计和创意方面具有无可取代的竞争优势。而这些教育早在孩子襁褓之中,家长就会潜移默化地去影响孩子,法国的早教课更像是艺术细胞的培养和激发课程。

6. 新西兰:教育从出生开始

新西兰教育部在《面向二十一世纪的教育》报告指出:"教育必须从出生开始"。1972年开始进行婴儿成长跟踪。1993年启动了以前首相名字命名的3岁前婴儿发展与教育的国家计划——"普卢凯特计划"。目前,新西兰已经有82%的3~4岁的儿童加入了早期儿童教育计划。

7. 秘鲁:建立"娃娃之家"

建立了3岁前的"娃娃之家"工程,专门对3岁前的孩子进行早期教育。

8. 加纳:儿童不能等待

加纳有一个以"儿童不能等待"为题的0~6岁儿童发展计划,对该阶段的孩子进行系统的教育。该计划已经列入国家行动计划。

从以上不同国家早期教育模式中,我们确实可以看到每个国家、不同文化对于早教的理念差异,早教没有最好的模式,更没有固定的某一种模式,不同的教育体系会培养不同特点的公民。目前,中国的早教市场还处于萌发的初期,各种理念的冲撞中,加之国外各种早教理念的涌入,越来越多的家长也开始意识到不同的早教带来不同的结果,而究竟如何去取舍,这就需要家长首先理清自己对早教的认识,建立起符合社会发展潮流的价值观和育儿观,在此基础上去选择才是上策。

四、早期教育的实施——亲子教育

"早期教育"是以爱护婴幼儿身心健康和开发婴幼儿潜能以及培养婴幼儿个性为目标，以不断提高新生人口的整体素质为宗旨的一种教育形态。早期教育的渠道很多，但在0~3岁主要的实施途径是父母或其他养护人对孩子进行早期教育，我们称其为亲子教育。

"亲子教育"是20世纪末期开始在美国、日本和我国台湾等地兴起的一种新型教育模式。在这里，"子"是指孩子，"亲"就是指孩子以外的家庭内部成员，主要指孩子的双亲。根据我国特有的家庭状况，这种关系被扩展为所有与孩子密切接触的人——看护人与孩子之间的关系，亲子教育不同于我们通常理解的以家长为中心的"家庭教育"和以儿童为中心的"儿童教育"，其核心内容是父母与其子女相互尊重、共同教育、一起成长。

亲子教育是依据"PATP"（Parents as Teacher and Partner）的教育理念，倡导亲子同乐，促进孩子健康、快乐地成长，提升亲子互动质量，促进和谐美满的家庭关系的活动。

亲子教育对象：亲子教育不是父母亲或养护人单纯的对孩子进行的教育，而是"亲"与"子"两者都应该受到教育，因为对"子"的教育目标的实现要通过"亲"来完成。

亲子教育内容：亲子教育强调的是知识教育、能力教育与人格教育三者合而为一，而不是单纯的知识传输。

亲子教育方式：亲子教育是父母亲或养护人与孩子之间通过生活化、游戏化的方式相互影响、相互促进、提升亲子间互动的一种教育，而不是传统意义上父母亲或养护人对孩子强制性的、灌输性的教育。

亲子教育目的：

1. 亲子教育利用父母与孩子之间在态度、情感、行为等方面的相互作用、相互影响，通过一定的教育手段与方法，帮助父母形成正确的亲子观，形成良好的亲子关系。

2. 在亲子游戏活动中促进孩子在体能、智能、个性、习惯等方面的全面和谐的发展，主要包含健康教育、社会性教育、智能训练、审美教育、情感教育等等。

3. 在亲子活动中通过父母与孩子在情感沟通基础上的双向互动，使父母自身素质得到不断提高，夯实亲职教育（"怎样为人父母"的教育）的成效。

五、亲子教育内含理念

（一）多元智能理论

20世纪70年代，经过20多年的研究，哈佛大学研究所发展心理学教授霍华德·加德纳（Howard Gardner）提出了认知上的一个新理论——多元智能理论（Multiple Intelligences）。他认为：人类至少具有七种以上智能——言语—语言智能、音乐节奏智能、逻辑数理智能、视觉—空间智能、身体—动觉智能、自知—自省智能、交往—交流智能，后加入自然观察者智能形成他著名的八大智能理论，理论指出0—7岁是幼儿各个智能发育的关键期，这一阶段幼儿的智能能否全面平衡地发展直接关系到幼儿的一生。人的智能发育最快速的时期就是婴幼儿时期。我们应对其进行全面的教育，最大限度地挖掘人的潜能。同时告诉教育工作者和家长不要用同样的标准评价所有的孩子，要因材施教促进每个孩子独特智能的发展，这一理论也促进了美国历史上一次重大的教育变革。

（二）感觉统合训练理论

20世纪70年代，欧美、日本等城市化发展较早的国家，问题儿童日益增多，经数百位专家共同研究，于1972年由美国南加州大学爱尔丝博士（J.Ayres）首先提出感觉统合理论。感觉统合就是人体在环境内有效利用自身的感观，从外界获得不同的感觉信息（视、听、嗅、味、触、前庭和本体觉等）输入大脑，大脑对输入信息进行加工处理并做出适应性反应的能力。感觉统合不足或感觉统合失调就会影响大脑各功能区、感觉器官及身体的协调发挥，引发学习、生活等方面的问题。0~6岁这个阶段的训练将有利于孩子一生的发展。对于预防和治疗孩子学习能力发展滞后、注意力不够集中、好动、多动、孤独自闭有积极的促进作用。

（三）情商理论

情商（EQ）反应一个人非智力水平的高低。美国心理学家丹尼尔·戈尔曼认为，情商包括以下几个方面的内容：一是认识自身的情绪，因为只有认识自己，才能成为自己生活的主宰；二是能妥善管理自己的情绪，即能调控自己；三是自我激励，它能够使人走出生命中的低潮，重新出发；四是认知他人的情绪，这是与他人正常交往，实现顺利沟通的基础；五是人际关系的管理，即领导和管理能力。

传统观念认为，一个人能否在一生中取得成就，智力水平是第一重要的，即智商越高，取得成就的可能性就越大。情商之父丹尼尔·戈尔曼经过多年的研究认为，情商在一个人后天的发展中起到80%的作用。情商形成于婴幼儿时期，成型于儿童和青少年阶段，它主要是在后天的人际互动中培养起来的。

（四）右脑开发理论

1978年，日本教育专家七田真教授提出"右脑开发理论"。他认为，人类的右脑具有不可思议的能力，是一个"多媒体思维"的大脑。很多孩子只是在成长初期缺乏良好环境没能把能力给引发出来，以致资质消失。1998年时任国务院副总理李岚清在教育工作会议中指出："素质教育要开发右脑，开发右脑比开发左脑的作用还要大，现在再不进行素质教育，就到了一种极为危险的地步。"

音乐教育主要利用音乐中的不同的音质波段和节拍来影响人的大脑，让人的思绪、情绪和着音符波动而波动，从而使右脑控制情商的部分得到激活和调动。音乐教育是在亲子教育中开发右脑最常用的方法，也是所有的右脑开发方法中被普遍认可的方法。

（五）赏识教育理论

周弘独创的赏识教育理论被誉为世界著名的六种教育方法之一。赏识教育是生命力的教育，是爱的教育，是充满人情味的教育；是人性化、人文化的家庭素质教育好理念。周弘认为每个孩子都是为得到赏识而来到人世间的。赏识教育的特点是注重孩子的优点和长处，逐步形成燎原之势，让孩子在"我是好孩子"的心态中觉醒；而抱怨教育的特点是注重孩子的弱点和短处，小题大做，无限夸张，使孩子自暴自弃，在"我是坏孩子"的绝望中沉没。赏识教育理论的推广有益于保护孩子成长的天赋，激发孩子内心的潜力，把成长的快乐还给孩子，它是让天下父母和孩子共同成长的思想和方法。

六、亲子教育实施途径：亲子游戏

(一) 游戏及其价值

游戏是婴幼儿特有的一种学习方式，是婴幼儿最喜爱的活动，可以满足他们的身心发展需要，快乐而自然地促进儿童德、智、体等各方面的发展。

1. 在生理发展方面：游戏提供给儿童运动的机会，可以促进其身体的健康发展。

2. 在情绪发展方面：适当的游戏活动，可以带给儿童快乐、愉悦的情绪，发展其乐观进取的个性。

3. 在心智发展方面：游戏可以增加儿童的知识，激发其想象、创造的能力。

4. 在意志发展方面：孩子能够学会如何有创造性地克服生活中面临的困难，将来可以不断地克服新的困难甚至喜欢接受挑战。

5. 在社会行为发展方面：游戏可以提供儿童与玩伴接触的机会，学习合作、互助、团结等品德。

(二) 亲子游戏的概念及意义

根据婴幼儿心理发展特点，在家长与孩子之间开展的，能促进婴幼儿全面生长发育与发展的活动，即为亲子游戏。

亲子游戏究竟有何意义呢？

1. 它有利于增进家长和孩子之间的情感交流

古希腊哲学家有句名言：感情是由交流堆积而成的。任何一种感情的升华都有赖于交流。血浓于水，亲子之情虽是与生俱来，但由于现代社会竞争的日趋激烈，大多数年轻的父母把大部分时间都用在工作及不断学习、提高中。亲子间的接触较少，与孩子共同游戏的时间更少。亲子游戏的推广有利于亲子感情的交流和融洽。

2. 亲子游戏有利于孩子身心的健康成长

完整的健康包括生理、心理及社会适应能力三方面，而亲子游戏寓教于乐，寓知识于游戏中，同时开发孩子的智力，提高其动手能力、反应力、创造力、交往能力等，使孩子能在体、智、德、美、劳各方面得到全面发展。

(三) 早期教育机构的发展

亲子园教育不仅仅是父母亲或养护人对孩子实施的教育，也不是早教师向父母亲或养护人传播育儿知识与方法的单向度的教育，而是父母亲或养护人、孩子、早教师之间的生活化的、游戏化的、相互融合和相互促进的"亲""子""师"三方互动活动。

1. 美国早教品牌——金宝贝（Gymboree）

1976年成立于美国，是0～5岁幼儿最快乐的天地，系统地开发幼儿潜能，提供寓教于乐的学习课程，有30多年指导父母与孩子一起学习成长的经验。

2. 中国0~3岁婴幼儿早期教育机构——东方爱婴

1998年10月26日贾军注册成立北京东方爱婴咨询有限公司，开创了中国0～3岁婴幼儿早期教育行业的发展。东方爱婴有一套完整的课程体系、加盟体系和培训体系，有属于自己的企业文化。

3. 中国0~6岁亲子园——红黄蓝亲子园

1998年史燕来女士创建了中国第一家0～6岁亲子园——"红黄蓝亲子园"，红黄蓝通过直营加特许的方式全国连锁，成为深受数以百万计家庭欢迎的全国领先的幼儿教育服务机构。经历了几多风雨，红黄蓝创造出了一条以教育教研为核心，将亲子园与幼儿园互动连锁发展的独具特色的经营模式。

随着早期教育市场的发展，我国还出现了亿婴天使、万婴跟踪、华夏爱婴等众多早教品牌，每个中心都有一套系统的早期教育的课程体系，致力于婴幼儿的早期教育并且取得了一定的成绩，这些早教品牌经历着大浪淘沙般的发展。

（四）亲子游戏案例

游戏名称：荡秋千

游戏目标：

1. 游戏可以让宝宝充分地和家长产生身体上的接触，让宝宝感受到亲人的爱；

2. 荡秋千的感觉，充分地刺激宝宝的前庭器官，促进宝宝运动能力、平衡能力以及身体控制能力的提高；

3. 儿歌的加入，也是宝宝学习语言的一个过程；

4. 有节奏的摇摆，可以增强宝宝对节奏的感知。

适合年龄：9个月

游戏准备：较大的安全空间，节奏感较强的音乐

游戏方法一：

1. 爸爸妈妈坐在床上，将双手握在一起，然后让宝宝躺在手臂围成的"秋千"上；

2. 慢慢地左右、前后摇晃手臂，将宝宝荡起来；

3. 逐渐地增大摇晃的幅度，让宝宝感觉像在荡秋千一样。

儿歌：妈妈摇，爸爸摇，这个秋千真是好，

　　　宝宝坐在秋千上，拍着小手微微笑。

温馨提示：

1. 要注意保护好宝宝的身体，控制好双方手臂的缝隙，防止宝宝掉落；

2. 家长双方的配合要非常协调，摇晃的方向一定要一致；

3. 摇晃的幅度一定要从小到大，速度一定要从慢到快，防止宝宝突然感觉不适应；

4. 与宝宝有眼神的交流，以免宝宝出现焦虑情绪；

5. 游戏结束后一定要给宝宝一个鼓励，抱一抱、亲一亲或用语言赞美宝宝。

游戏方法二：

1. 双腿分开与肩同宽站好，把宝宝面朝外抱好。一手托着宝宝的臀部，一手揽着宝宝的胸部；

2. 妈妈、爸爸慢慢地屈膝左右摇晃宝宝，让宝宝像钟摆一样左右荡起来；

3. 逐渐地增大摇晃的幅度，让宝宝感觉像在荡秋千一样；

4. 随着宝宝年龄的增大和对游戏的熟悉，可以一手托着其臀部，一手在同侧抓住宝宝的腋下，这样可以使摆动的幅度更大一些。

游戏方法三：（适合2岁以上的宝宝）

1. 爸爸和妈妈走在孩子两边，三人并排行走。

2. 爸爸妈妈分别抓住孩子的一只手或手臂，一边走，一边说："一二三，提起来！"孩子被爸爸妈妈提了起来。因为爸爸妈妈走路的时候有一个惯性，所以孩子的身体会"荡"起来。

3. 只要爸爸妈妈有力气，就可以前后"荡秋千"，如果妈妈手臂力量不够的话，也可以双手用力。

有习惯性脱臼的宝宝禁止玩此类游戏。

通过游戏，宝宝能够感知这个世界的方方面面，体会爸爸妈妈给予的关怀和温暖，懂得人与人之间的爱与关怀，还能够学习社会的种种生存与交往的法则。游戏，虽然仅仅是一种简单的形式，但为宝宝的成长提供了模拟与练习的平台，让宝宝在轻松、快乐、安全的环境中，积极自由地成长。

七、如何学习亲子教育课程

（一）纵向深入——认真读书，勤于思考，钻研亲子教育相关理论。

（二）横向联合——联系亲子教育实际；联系相邻学科和相关知识、信息；联系有关社会现象和问题。

请你思考：

1. 早期教育的可能性和重要性有哪些？

2. 亲子教育的内涵是什么？

3. 亲子教育的理念有哪些？

新生儿期

一、新生儿特征

(一) 新生儿生理指标

1. 新生儿

根据世界卫生组织的规定，新生儿是指从出生后脐带结扎到足28天的活产婴儿。正常足月的新生儿是指出生时胎龄满37~42周，体重在2500g以上（通常约3000g），身长在47cm以上（约50cm）的新生儿。

表1 新生儿的体格发育指标

	体重(千克)	身长(厘米)	头围(厘米)
男孩	3.33±0.39	50.4±1.7	34.5±1.2
女孩	3.24±0.39	49.7±1.7	34.0±1.2

2. 正常新生儿的特点

(1) 外观形态

宝宝出生后不久，皮肤呈粉红色；正常的姿势呈上下肢屈曲状，像英文字母的"W"和"M"。把新生儿面朝上仰卧位时，将两上臂从胸前拉开，然后放松，他会自然地将上臂收回到原来的屈曲状态；头发分条清楚；耳软骨发育良好；乳房已可触到乳腺结节，直径可达1厘米左右；指甲有一定的硬度，大部分指甲超越指尖；男婴双侧睾丸可降至阴囊内，女婴大阴唇可完全覆盖小阴唇；安静时呼吸平稳，没有气急，平时哭声或响亮，或婉转；吸吮有力，吃奶后有时会溢奶。

(2) 生理性体重下降

出生后一周内由于皮肤表面和呼吸蒸发掉体内一部分水分，加上吃奶少，胎便和小便的排出，体重可有些下降，医学上称为"生理性体重下降"，一般不超过出生体重的10%。随着吃奶量的增加，5~6天后体重就会逐渐回升，2周内恢复到出生时的体重。

(3) 胎便

新生儿出生后两三天内排出胎便，胎便呈墨绿色，黏稠，不臭，由脱落的肠上皮细胞，吞入的羊水及胎毛组成，3~4天后粪便转成黄色糊状。新生儿出生后第1天内应排第1次尿，少数在第2天才排，如生后48小时仍不排尿，需要检查原因。新生儿一般1天排尿10次，尿液呈淡黄色。

(4) 脐部

线端5~7天脱落，脐周无红肿。

(二)新生儿无条件反射

1. 概念

无条件反射又称先天反射或原始反射,是婴儿与生俱来的,是在神经系统的调节控制下对内外环境刺激产生的一种特定的反应方式。这些反射在婴儿一出生就存在,是新生儿的基本运动形式和基本动作能力;这些先天反射是短暂的,在婴儿出生后一定的时间就会消失,否则就会影响婴儿以后的运动发展。

2. 分类

无条件反射运动的种类和形式很多,综合起来可将先天反射分为以下几类

(1)贯穿生命始终并对个体具有较为持久的生物学意义的反射。这类反射是婴儿出生后就出现的反射,而且是终身存在的,对人体具有一定的保护作用,例如:吞咽反射、瞳孔反射、定向反射等。

(2)出生后一年内即全部消失的无条件反射运动(也称为暂时性无条件反射运动)。例如:吸吮反射、觅食反射、拥抱反射、握持反射等。

(3)能促进婴儿运动发展的无条件反射。这类无条件反射在出生后一定的时间也会消失,但在婴儿的早期利用这些无条件反射进行适当的训练可促进婴儿的发展。例如:爬行反射、行走反射(迈步反射)、游泳反射等。相反,有些无条件反射不消失则会妨碍婴儿的发展,例如,握持反射不消失则会影响婴儿的握取东西能力的发展;强制性颈部反射持续存在会影响婴儿的翻身动作的发展。

3. 常见的几种无条件反射

(1)掌抓握反射(grasping reflex,又名握持反射、掌心反射、达尔文反射)

在新生儿安静清醒状态下,检查者将手指从新生儿的两手掌的夹侧伸进去并轻轻按压手掌心,这时他会紧紧地抓住检查者的手指,引起抓握反射,这种反射在出生后4—6个月消失。如果在新生儿时期即消失或减弱,则表示中枢神经系统呈抑制状态或是有脑损伤。抓握反射可反映脑干前庭神经核的功能。

(2)牵张反射(stretch reflex myotatic reflex)

指骨骼肌肉受到外力牵拉时引起受牵拉的同一肌肉收缩的反射活动,包括腱反射和肌紧张。

(3)吸吮反射(sucking reflex)

在新生儿安静状态下,将手指触摸新生儿的口唇或伸入口中,他会张开口并做出吮吸的动作。在出生后3~4个月消失,1岁后仍存在提示大脑表层功能障碍。

(4)觅食反射(rooting reflex)

使新生儿呈半卧位,用手指触摸新生儿的一侧面颊部,并逐渐向口角处移动,他的头会很快转向该侧。当母亲哺喂婴儿用乳头触及婴儿的面颊部时,他会很快转过头来,再用乳头触碰他的口唇,就会迅速地将乳头含在口中,顺利地进行哺乳。但也有的母亲

不会利用觅食反射来哺喂婴儿，而误认为孩子不肯吃奶。吸吮反射可反映脑干三叉神经系统的功能，在出生后3~4个月消失。

（5）拥抱反射〔也称摩罗反射(moro reflex)、惊跳反射(startle reflex)、前庭反射〕

用一只手扶起新生儿的身体呈斜卧位，并托住婴儿的颈背部，另一只手托住其头颈部，然后迅速放低托住头颈部的手，向下快速移动4~5厘米（手不离开头颈部），使新生儿的头颈部向后倾斜10°～15°。由于突然改变了新生儿的体位或姿势，这时他的身体会出现一些改变，正常表现为双臂外展、伸直、手指伸开，继而上肢屈曲内收到胸前呈拥抱状。当新生儿听到突然发出的很大的声音时，也可出现拥抱反射。拥抱反射可反映脑干前庭神经核的功能，在婴儿出生后3~6个月消失。

（6）强制性颈反射（tonic neck reflex，也称不对称颈紧张反射）

新生儿呈仰卧位，迅速将其头转向一侧时，同侧的上下肢呈现伸展状，另一侧仍屈曲。强制性颈反射反映脑干前庭神经核的功能，一般在婴儿出生后3个月消失。

（7）踏步反射（stepping reflex，也称行下步反射）

将两手放于婴儿的腋下，使其呈站立状，当双脚底接触到桌面时，会出现自动踏步的动作，通常先向前迈出左脚，然后右脚跟上。一般在婴儿出生后2个月左右（6~10周）消失。

（8）游泳反射（swimming reflex）

让新生儿俯卧在床上，托住他的颈部，他会抬头、伸腿，做出游泳的姿势。如果让他俯卧在水中，他会本能地抬起头，同时做出游泳的动作。一般在婴儿出生后6个月消失。

（9）爬行反射（climbing reflex）

当新生儿呈俯卧位时，两下肢屈曲于腹部下，臀部翘起，类似匍匐动作。当用手推其脚底，新生儿会做出向前爬的动作，而且头会侧向一侧，有自我保护的能力。

（10）巴宾斯基反射（babinski reflex）

因为婴儿脊髓和皮质下中枢的作用占优势，可使此反射呈阳性。用细针沿着足底的外侧，从足跟向足趾方向轻轻划过去，这时婴儿如拇趾向上翘起，其余四趾向下呈弯曲即为阳性。此反射一般在6~18个月消失。在婴儿患有脑膜炎时可呈阳性反应。

无条件反射运动可反映脑干功能的整合情况，脑损伤时某些无条件反射运动消失。当大脑向下传递的抑制性功能逐渐发育成熟后，大部分无条件反射运动在婴儿出生后3~4个月消失。因此，婴儿无条件反射运动的存在和消失时间对判断婴儿神经系统发育是否正常非常重要。

4. 无条件反射运动的作用

（1）对新生儿具有保护作用

①维持新生儿的生命和促进生长发育。通过觅食反射、吸吮反射和吞咽反射来摄取乳汁，获得各种营养素和热能以维持生命和满足新生儿的生长发育的需要。

②保证新生儿的安全。通过某些先天反射保证新生儿的安全，例如，游泳反射在新生儿呈俯卧位时可将头颈部抬起来，以免堵塞鼻孔发生窒息。

(2) 促进婴儿的运动发展。通过早期正确的训练和反复练习，可促进神经系统的发育，增加神经突触，使神经细胞间的联系更加紧密，新生儿对刺激的反应更加迅速和精确，可促进动作发展和增强体质。

(3) 新生儿神经功能检查的指标。无条件反射可反映新生儿的神经系统发育成熟的程度及肌张力和肌力的发育的情况。大部分无条件反射应在新生儿出生后4~6个月先后相继消失，如果在应该消失的时间仍未消失，家长应该注意婴儿可能患有脑性疾病。

二、测量头围的重要性

1. 头大并不等于聪明

虎头虎脑的宝宝是让人喜爱的，因为大家都觉得头大的宝宝会比较聪明。可如果宝宝的头围被医生结合宝宝的其他异常反应（如烦躁、哭闹等），判断为过大，就需要进行辅助性检查。就可能意味着宝宝有疾病的可能，如脑积水、颅内占位性病变、巨脑症、脑部肿瘤、脑炎等，疾病病变的可能性就会增加，因此，宝宝头围过大妈妈应引起特别重视，应带宝宝到小儿专科医院就诊，并进行一些必要的实验室检查，以排除某些器质性的疾病。

2. 头围过小可能预示疾病

当宝宝头围过小于同年龄、同性别宝宝的头围2个标准差时，就预示着宝宝的脑发育可能有问题了。如果宝宝的一些其他表现，如抬头、坐立、行走、语言等各方面均不能跟上同龄宝宝的发展，那么父母就该去判断宝宝的脑发育是否存在滞缓。

一旦宝宝的头围小于3个标准差，就该对宝宝进行发育评估和智力检测，以结合宝宝的其他表现，确诊宝宝是否存在着一些器质性的疾病，如先天性小头畸形、大脑发育不全、脑萎缩等，会使宝宝智力低下，应尽快予以治疗。

宝宝的聪明与否，与头颅骨的大小是没有完全联系的，它主要取决于宝宝头颅骨内大脑的重量以及表面沟回的多少及其功能。

3. 如何为宝宝测量头围？

材料： 软尺一根。

具体步骤：

(1) 寻找宝宝两条眉毛的最高点；

(2) 想象左右两眉中有一条线，找到这条线的中心点；

(3) 将软尺的零点放在眉弓连线的中点上，以此为起点，准备开始测量头围；

(4) 将软尺沿眉毛水平绕向宝宝的头后；

(5) 寻找宝宝脑后枕骨结节，并找到结节的中点，这是宝宝头围测量中脑后的最高点；

(6) 将软尺绕过宝宝后脑结节中点，并准备将软尺绕回前脑；

(7) 将软尺重叠交叉，交叉处的数字即为宝宝头围。

三、新生儿日常护理

(一) 母乳喂养的优越性

1. 母乳的特点

宝宝从出生到4～6个月，母乳营养全面、搭配合理，是最好的食物和饮料。

(1) 母乳中的钙、磷比例适宜，吸收、利用率高，有利于婴儿牙齿和骨骼的发育；

(2) 母乳中的蛋白质和脂肪颗粒小，容易被消化；

(3) 母乳中所含的乳糖比其他乳类多；

(4) 因直接哺喂，母乳中的维生素C和维生素B_1等营养素不被破坏，优于喂哺其他需要加热消毒的乳类；

(5) 母乳中所含水分可满足婴儿的需要，喂母乳解饥还能解渴。

2. 母乳喂养对婴儿有益

(1) 母乳喂养可使婴儿少得病

①母乳含有抗体，可增强婴儿的抗病能力

特别是初乳（产后12天以内的乳汁），含有多种抗病物质，使新生儿有了抵抗病菌侵袭的"盾牌"。因此，发生肺炎、腹泻等疾病的危险相应减少。初乳中还含有抑制细菌繁殖的溶菌酶，也对新生儿起着保护作用。传统观念认为"初乳不是真正的乳汁，不宜喂新生儿，应该挤掉"，是毫无道理的。

②健康的母亲所分泌的乳汁，干净无菌，且喂哺简单，不会受环境中病菌的污染

③母乳喂养的婴儿不易患过敏性疾病，如婴儿湿疹

(2) 母乳的成分更有利于脑的发育

①母乳含有丰富的牛磺酸

牛磺酸是促进脑细胞发育的重要物质。

②母乳含有较多的乳糖

脑细胞需要利用乳糖所提供的热能，母乳喂养，能提供较多的热能。

(3) 母乳喂养可给予婴儿更多的母爱

婴儿与母亲肌肤相贴、目光交流，倍感温暖、舒适、安全。婴儿情绪好，是心理正常发展的条件。

3. 母乳喂养对母亲也有益

(1) 婴儿吸吮乳汁，可促使母亲子宫收缩，有利于子宫复原，减少产后出血；

(2) 哺乳的母亲，日后患乳腺癌的概率较未哺乳的母亲低；

(3) 哺婴，是只有母亲才能享受的天伦之乐；

(4) 哺乳，可消耗母体多余的脂肪，有利于产后体型的恢复、健美

(二) 包襁褓

新生儿具有感觉学习的能力，作为家长，要给新生儿穿宽松、舒适的纯棉衣物，在包裹孩子时要正确地包襁褓。

在生活中许多家长尤其是祖辈喜欢把宝宝包成"蜡烛包"，这种做法非常有害，对婴儿的发育是一种束缚。

①限制了婴儿正常的生长发育；

②妨碍了婴儿四肢的活动，使其肌肉及神经感受器得不到应有的刺激，影响大脑的发育；

③影响以后手的抓握能力的发展；

④对预防和纠正髋关节脱位也有一定的影响。

请给孩子松松绑，让孩子的四肢处于自然状态，婴儿睡袋或睡抱袋，不仅颜色漂亮，而且具有科学性，家长可以选择。

宝宝的衣物一定是宽松柔软的棉质面料。但新买的衣服会发硬，所以作为妈妈，一定要把新买的衣服洗一洗，放到锅里蒸一蒸，消毒之后再给宝宝穿。如果要用大人的旧衣物给宝宝做尿布，也要注意用之前的消毒工作。

四、新生儿常见疾病

（一）新生儿黄疸

1. 生理性黄疸

黄疸是一种皮肤、眼白球发黄的征象，与新生儿胆红素生理代谢特点有关。在人的血液中有一种叫作胆红素的物质，如果浓度超过每100ml血中2mg时，胆红素就会随血液循环透到耳膜、皮肤和黏膜之中，并染成黄色。

新生儿生后直接从外界吸取氧气，红细胞携带运输氧气供给胎儿，所以婴儿体内多余的红细胞就要"处理"掉，被破坏的红细胞产生大量胆红素，胆红素靠肝脏把它转化和排泄掉，而新生儿肝脏发育不完善，功能还不健全，它没有能力在短时间内清除这么多的胆红素，于是就出现胆红素在血液中堆积，形成黄疸。

约50%~70%正常新生儿生后第2~3天皮肤出现黄疸，第5~6天黄疸最明显。足月儿在生后10~14天消退，早产儿可延迟到第3~4周才消退。在此期间，小而精神、吃奶都挺好，没有不舒服的表现，医学上称之为"生理性黄疸"。

目前提倡早喂母乳，可促进胎粪及早排出，减少胎粪在肠道内停留的时间，能在一定程度上减轻生理性黄疸的程度。

2. 病理性黄疸

除了生理性黄疸，还有病理性黄疸存在。严重的病理性黄疸可引起胆红素中毒性脑病，即核黄疸，即使婴儿抢救存活，也会留下智力低下等后遗症。

为了不耽误病理性黄疸的治疗，家长应该知道如何观察黄疸：在自然光线下观察，把新生儿抱在窗前，拉开窗帘，从新生儿出生后就应天天看，用手按压额头、胸部、手心和脚心，按压一两秒钟，将手放开，即可观察到皮肤真实的黄染情况。

出现下列情况考虑为病理性黄疸：①出现过早：黄疸在出生后24小时内出现；②程度过重：全身皮肤黄的很重，呈橘黄色或金黄色，耳膜和眼泪均黄，尿黄而染尿布；③持续时间过长，足月儿在第2周末或早产儿于第3~4周末仍有黄疸者或黄疸退而复现，或进行性加重；④除皮肤黄外，婴儿精神差，不吃奶，四肢无力，对外界反应差等。如婴儿出现上述情况中之一，则需去医院确诊。

有的产妇生完孩子后门窗紧闭，甚至在白天也拉上窗帘，把室内光线搞得很暗，对新生儿来说，如果出现了病理性黄疸，就不容易及时发现，耽误了病情，甚至失去了抢救机会，所以，家长应记住生理性黄疸出现和消退的时间，超过这个范围均属于病理性黄疸。

(二) 新生儿溶血

1. 概念

新生儿溶血病是指母亲与胎儿血型不合引起新生儿免疫性溶血。有很多原因可以引起新生儿溶血。目前人类已发现的20多个血型系统中，发生新生儿溶血病的以ABO系统最多，ABO血型系统共有"A""B""AB"和"O"型四种，ABO血型不合溶血病主要发生在母亲是"O"型，胎儿是"A"型或"B"型者。

2. 临床表现

患新生儿溶血症的宝宝会出现各种症状，主要表现为黄疸、肝脾肿大、贫血等。症状轻的进展缓慢，全身状况影响小；严重的病情进展快，出现嗜睡、厌食，甚至发生胆红素脑病或死亡。

3. 预防措施

产前检查是为了早期预测母婴是否有发生新生儿溶血病的可能，如有这种可能，宝宝出生后就要进行早期的严密监测，必要时进行早期干预，以减轻病变程度，防止发展到胆红素脑病这一危险状态。产前检查一般有：血型检查、羊水检查、B超检查。

4. 治疗方法

新生儿溶血病治疗主要控制或减缓溶血的过程、降低血中胆红素含量、纠正贫血等。具体治疗方法很多，常用的有以下三种：药物治疗、蓝光治疗、换血治疗。

五、新生儿训练

(一) 抬头练习

1. 竖抱抬头

喂奶后，将宝宝竖着抱起，使宝宝的头部靠在自己的肩上，轻拍几下背部，使其打嗝以防吐奶。然后不要扶住宝宝的头部，让头部自然立直片刻。每日进行竖抱抬头4~5次，以促进宝宝颈部肌肉张力的发展。

2. 仰卧抬头

宝宝空腹时，妈妈（或爸爸）仰卧在床上，将宝宝放在自己胸腹前，并使宝宝自然地俯卧在自己的腹部，用双手在宝宝脊部轻柔地按摩，逗引宝宝抬头。宝宝不但能练习抬头，而且当妈妈（或爸爸）抓他的足心时，会十分开心。

3. 俯卧抬头

两次喂奶中间，让宝宝俯卧，抚摸宝宝背部，用带声响的玩具逗引宝宝抬头，使其左右转头寻找声音的来源。

（二）手的动作

1. 抓握反射

2. 牵拉反射

（三）触觉训练——按摩操/抚触

1. 婴儿按摩操的好处：

（1）提高婴儿全身的触觉感受能力；

（2）增强运动能力，促进动作发展；

（3）增强机体免疫力，能刺激食物的消化吸收，减少哭闹和焦虑；

（4）增加睡眠，增进家庭的亲和力，因此有利于婴儿全面健康地成长。

2. 具体做法如下：

（1）按摩头部。先用两手拇指从前额中央向两侧滑动，再从下颚中央向外侧、向上滑动。

（2）按摩胸部。两手分别从胸部的肋外侧向上至对侧的肩部滑动。（交叉）

（3）按摩腹部。用双手掌按顺时针方向按摩腹部，若遇腹泻，可改成逆时针方向按摩腹部。

（4）按摩四肢。双手抓住上肢近端（靠肩部），轻轻地按摩至远端（手腕），并搓揉大肌肉群及关节。下肢按摩亦同。

（5）按摩手足。两手拇指从手（足）掌面跟侧依次推向指（趾）侧，并提捏各手（足）指关节。

（6）按摩背部。婴儿呈俯卧位，两手掌分别于脊柱两侧由中央向两侧滑动，中指对准脊柱由上往下至臀部轻轻按摩。

3. 做按摩操时的注意事项：

（1）保持安静，可播放一些柔和的音乐。

（2）当婴儿觉得疲劳、饥饿或烦躁时都不宜按摩。

（3）按摩最好在婴儿沐浴后或穿衣服时进行。

（4）房间需保持25℃~30℃的温度。

（5）按摩前成人需洗净、温暖双手，涂些润肤油，以使婴儿感到舒适。

（四）社交行为训练

1. 逗笑

美国的伊林沃夫认为：越早出现逗笑的婴儿越聪明，他观察第三天会笑的婴儿在6岁时智商为180。婴儿常在10~20天左右学会逗笑，如果42天仍不会逗笑应当密切观察，到56天还不会笑就有智力落后的可能。

因此，父母要尽早逗宝宝笑。从出院第一天起，父母要经常逗宝宝笑。逗笑可以让宝宝在快乐的氛围中、在笑声中学会与人交往，为培养良好的性格和社会适应能力打下基础。宝宝在快乐的情绪中，各感官（眼、耳、口、鼻、舌、身等）最灵敏，接受能力也最好。

2. 熟悉环境

出生半个月后，每天可将宝宝竖抱片刻，使宝宝能看到房间内各种形态的物品，并向宝宝介绍周围景物。

妈妈温柔的呵护和轻声细语的交谈会调动宝宝的情绪，让他感到温暖、安全和愉悦。

请您思考

1. 新生儿有哪些正常的生理特征？
2. 新生儿的无条件反射及表现。
3. 说一说母乳喂养的优越性。

1~3个月宝宝

一、宝宝心理发展五大指标

（1）大运动——主要指头颈部、躯干和四肢幅度较大的动作。

大运动包括：抬头、翻身、坐、爬、站、走、跳、投掷、独脚站、上下楼梯、四肢活动和姿势反应、躯体平衡等各种运动能力。

大运动能力是从事一切运动、活动所必需的技能，可以帮助孩子接触、探索周围的环境，体验成功的喜悦。婴幼儿早期动作的发展在某种程度上标志着心理发展的水平。

（2）精细动作——主要指手指的动作、手眼配合能力及双手的协调能力。

孩子通过用手接触物体，可以了解各种物体的属性，学会自己做事，逐步掌握更多的复杂技巧，以增强自信，促进认知的发展。

精细动作包括：抓握、摇动、耙弄、拇食指对捏、握笔乱划、搭积木、穿扣眼、模仿画竖道、折纸、用筷子等。为书写、绘画等技能奠定基础。

大运动和精细动作的成熟，是儿童行为成熟的开始。

（3）认知能力——指接收、加工、储存和应用信息的能力。

它是人们成功地完成活动最重要的心理条件。知觉、记忆、注意、思维和想象的能力都被认为是认知能力。

（4）言语能力——指听说读写的能力，这是人类所特有的能力。

语言能力对孩子社会性的发展至关重要，它对认识过程具有概括作用，对心理活动和行为具有调节作用。

包括：表达性语言和接受性语言。

（5）社交能力

社会交往能力（逗引有反应，见人会笑，认生，认识家人）；生活自理能力（表达个人要求，穿衣知配合，穿脱袜子，知道控制大小便）；适应外界要求的能力（简单的是非观念，见食物兴奋）；懂得社会常识（懂得常见物和人的名称，说常见物的用途等）；情绪和社会行为是孩子个性的重要组成部分，它帮助孩子从自然人到社会人的转变，更好地适应社会。

二、1~3个月宝宝发育状况

（一）1个月宝宝发育状况

表2　1个月宝宝体格发育指标

	体重（千克）	身长（厘米）	头围（厘米）
男孩	5.11±0.65	56.8±2.4	38.0±1.3
女孩	4.73±0.58	55.6±2.2	37.2±1.3

表3　1个月宝宝心理发展特点

分类	项目	测试方法	通过标准
大运动	抬头	宝宝俯卧，双手交叉在胸前	抬头能左右转头
	扶坐	宝宝仰卧，双手扶宝宝上臂外侧	头竖直2秒以上
精细动作	抓握	给宝宝勺把或笔杆能紧握	握10秒以上
言语	细小喉音	和宝宝对视说话，宝宝快乐时会发出喉音	发出细小喉音
	看脸谱	将脸谱等置宝宝正面20厘米处，能注视	注视7秒以上
认知	试听定向	用"咯咯"声在距宝宝头部10厘米处引逗	会转头寻找声源
	逗笑	用手挠胸脯发出微笑	30天前出现
社交行为	识别大小便	用"嗯——"表示大便，用"嘘——"表示小便，建立条件反射	对声音刺激有反应
	吞咽	用勺喂水时吸吮吞咽好	吸吮吞咽

新生儿具有记忆能力。一个新生儿首次注视妈妈的脸谱时间是28秒，一周后注视14秒；首次注视同心圆的时间是40秒，一周后是25秒；首次注视爸爸的脸谱1分30秒，一周后只有23秒；首次注视波纹的时间是1分12秒，一周后是33秒。当你再给宝宝提供新的图片时，他的注视时间又会延长。新生儿对旧事物注视时间短，对新事物注视时间长，这充分说明了新生儿都是有记忆能力的，这也是婴幼儿学习的一种重要方式——习惯化和去习惯化。

（二）2个月宝宝发展状况

表4　2个月宝宝生理发展指标

	体重（千克）	身长（厘米）	头围（厘米）
男孩	6.72±0.73	60.5±2.3	39.7±1.3
女孩	5.75±0.68	59.1±2.3	38.8±1.2

表5　2个月宝宝心理发展特点

分类	项目	测试方法	通过标准
大运动	抬头	宝宝双手交叉在胸前，父母用声音或玩具逗引	抬头45°
精细动作	看手	仰卧位时宝宝能看小手（不能穿太厚）	看5秒以上
言语	发音	宝宝高兴时，能发出"啊""喔""呜"等声音	3个元音
认知	追视	头躺正，仰卧位，父母手拿红色塑料或毛绒球在眼前30厘米处左右晃动	追视并转头
社交行为	逗笑	宝宝高兴时，用手挠他的腰腹部，能发出笑声	发和谐喉音
	吞咽	用勺喂水时吸吮吞咽好	吸吮吞咽

(三) 3个月宝宝发展状况

表6　3个月宝宝生理发育指标

	体重(千克)	身长(厘米)	头围(厘米)
男孩	7.17±0.78	63.3±2.2	41.2±1.4
女孩	6.56±0.73	62.0±2.1	40.2±1.3

表7　3个月宝宝心理发展特点

分类	项目	测试方法	通过标准
大运动	抬头	俯卧抬头、垂直位头晃动	抬头90°
精细动作	看手	两手放松,有意识地用手接触物体	手触碰物体
言语	发音	宝宝高兴时逗他,他能发出"啊""喔""呜"等声音	3个元音
认知	追视	视线及头能跟随看到的物体转动180°,头转向声源	追视并转头
社交行为	逗笑	宝宝高兴时,用手挠他的腰腹部,能发出笑声	发"咯咯"笑声
	吞咽	用勺喂水时吸吮吞咽好	吸吮吞咽

三、宝宝的哭

宝宝非常容易哭泣,有时宝宝会哭得很厉害,新妈妈最好有充分的心理准备。哭泣是此时的宝宝和爸爸、妈妈沟通最直接的语言,他用哭来表达自己的感情和需要,细心的妈妈仔细听,便可以知道宝宝的哭声代表着什么意思,以便满足宝宝的需求。

饿了:当宝宝饥饿时,哭声很洪亮,哭时头来回活动,嘴不停地寻找,并做着吸吮的动作。只要一喂奶,哭声马上就停止。

病了:宝宝不停地哭闹,什么办法也没用。有时哭声尖而直,伴发热、面色发青、呕吐,或者哭声微弱、精神萎靡、不吃奶,这就表明宝宝生病了,要尽快请医生诊治。

冷了:当宝宝冷时,哭声会减弱,并且面色苍白、手脚冰凉、身体紧缩。这时把宝宝抱在温暖的怀里或是加盖衣被,宝宝就会不哭了。

热了:如果宝宝哭得满脸通红、满头是汗,一摸身上也是湿湿的,那么减少铺盖或减衣服,宝宝就会慢慢停止啼哭。

尿湿了:有时宝宝睡得好好的,突然大哭起来,好像很委屈,赶快打开包被,噢,尿布湿了,换块干的,宝宝就安静了。

不舒服了:咦,尿布没湿,那是怎么回事?可能是宝宝做梦了,或者是宝宝对一种睡姿感到厌烦了,想换换姿势可又无能为力,只好哭了。

除了以上这几种常见的原因的哭以外,有时宝宝哭是因为他觉得孤单,想要妈妈温暖的怀抱,这时父母要给孩子正确的回应。

四、婴儿湿疹

（一）概念及特征

婴儿湿疹是一种常见的、由内外因素引起的一种过敏性皮肤炎症，又叫奶癣。皮损以丘疱疹为主的多形性损害，有渗出倾向，反复发作，急、慢性期重叠交替，伴剧烈瘙痒，病因常常难以确定。

婴儿湿疹起病大多在生后1~3个月，6个月以后逐渐减轻，11个月~2岁以后大多数患儿逐渐自愈。一部分患儿延至幼儿或儿童期。病情轻重不一。皮疹多见于头面部，如额部、双颊、头顶部，以后逐渐蔓延至颏、颈、肩、背、臀、四肢，甚至可以泛及全身。

初起时为散发或群集的小红丘疹或红斑，之后逐渐增多，并可见小水疱、黄白色鳞屑及痂皮，可有渗出、糜烂及继发感染。患儿烦躁不安，夜间哭闹，影响睡眠，常到处搔痒。由于湿疹的病变在表皮，愈后不留瘢痕。

（二）婴儿湿疹的预防

现在患湿疹的孩子越来越多，5岁以前超过1/4的小儿曾经有过敏性疾病，而在婴儿期就主要表现为湿疹。如果父母小时候患过湿疹，那么孩子有60%的几率也会同样患湿疹。当婴儿患奶癣时，家长切勿自行购药给孩子涂抹，一定要在医生的指导下使用激素类药物。

为避免孩子因为长"奶癣"而影响生长发育，应做到"避、替、忌、移"四字预防措施。

避——避免接触可疑的过敏源，对尘螨过敏，避免使用地毯；对动物羽毛、皮毛过敏的，家里尽量不要养宠物。

替——虽然孩子对某些食物过敏，但饮食不宜控制太严，以免影响营养及生长发育，如对牛奶过敏，可用豆类替代。

忌——对某一种不明确的过敏原因，患儿可查血，逐一排查过敏原。如果明确对某一种食物过敏，就最好忌口了，如婴儿对母乳过敏，则在喂奶期间，母亲忌吃鱼、虾、蟹等食物。而人工喂养的孩子，所接触到的过敏源更多，如果对牛奶过敏，应用母乳喂养。

移——尽量将家里的旧报纸、杂志及其他容易积尘的物品移出室外。棉花、羽毛等填充玩具也应少接触。

要提醒的家长是，为减轻刺激，局部皮疹可用硼酸水清洗，等疹子渗水时用纱布吸干，然后外涂专用宝贝湿疹膏，但不可大面积或长期使用。已经有过湿疹的婴儿，可用清水或生理盐水清洗局部，并选用柔和的婴幼儿护肤、清洁产品，这样即可减轻宝宝痒感，剪短宝宝的指甲或睡觉时戴上小手套，以免因瘙痒而抓破皮肤。当湿疹渗水结痂时，避免用肥皂洗、热水烫，过热会刺激湿疹增加痒感，也要防止出汗，不宜给孩子穿过多衣物。很多妈妈担心给孩子用激素类药物会引起局部皮肤色素沉着或者减弱皮肤的抵抗力。湿疹严重的时候必须用激素类药物，重要的是要掌握好用量和用药时间，一定要在医生的指导下使用。

（三）保健

1. 应尽量避免让宝宝接触可能引起过敏的物质。如宝宝对鸡蛋过敏，可暂时不添加。

2. 如果宝宝吃母乳，妈妈应注意不要吃易引起过敏的鱼、虾、羊肉等食物，最好别吃辣椒等刺激性食品。

3. 保持宝宝双手的清洁，经常帮宝宝剪手指甲。避免搔抓，以免感染，湿疹十分痛痒，宝宝常会用手抓，抓挠会引起皮肤的细菌感染。

4. 不能用碱性强的肥皂、热水洗患处皮肤。因为肥皂和热水会将宝宝皮肤表面的油脂洗掉，使皮肤更加干燥，还会刺激肌肤。

5. 注意洗澡水质不佳带来的皮肤湿疹。城市水质因为经过较长的运输管道和楼顶水箱，容易产生二次污染，自来水中含有寄生虫、铁锈和漂白粉等，对于宝宝极为幼嫩的肌肤容易造成刺激，从而引发过敏和湿疹。

6. 给宝宝穿上棉质的宽大衣服，避免衣物摩擦加重湿疹。妈妈和宝宝都不要穿丝、毛织物的衣服，以免引起或加重过敏。

7. 妈妈不能擅自给宝宝用任何激素类药膏，因为这类药物外用过多会被皮肤吸收，给宝宝身体带来副作用。必要时，可在医生指导下用些抗组织胺药、消炎、止痒、脱过敏药物。

8. 如果不能进行母乳喂养，可以参考医生的意见选用脱敏配方奶，已有研究证明选用脱敏配方的配方奶，有助于调整婴儿的免疫系统，降低婴儿湿疹，以及避免其他过敏性疾病的发生。

宝宝得了湿疹后，除了用药物治疗、忌用毛织物和化纤织物之外，喂奶的妈妈也应注意自己的饮食。少喝牛奶、鲫鱼汤，少吃鲜虾、螃蟹等诱发性食物，多吃豆制品，如豆浆等清热食物。不吃刺激性食物，如蒜、葱、辣椒等，以免刺激性物质进入乳汁，加剧宝宝的湿疹。

五、婴儿游泳

（一）婴儿游泳的定义

婴儿游泳，是指12个月内的婴儿在专用安全保护措施下，由经过专门培训的人员操作和看护，在出生当天即可进行的一项特定的、阶段性的人类水中早期保健活动，分为有次序、有部位、有技巧的婴儿抚触、被动游泳操和自主游泳两部分。

（二）婴儿游泳的起源

婴儿游泳起源于20世纪60年代，俄罗斯著名的产科医生柴可夫斯基曾采用科学的"水中分娩法"让孕妇在水中直接分娩婴儿，或将刚出生几分钟婴儿直接放入水中，让其自由活动。经过追踪观察发现，这些身体及早与水接触的婴儿发育良好，体格健壮，头脑聪明。受这一现象的启发，婴儿游泳开始出现并流行起来。

（三）婴幼儿游泳的益处

1. 运动系统

游泳时，婴儿在水中运动需要克服水的阻力，而这种阻力非常适合婴儿。游泳使婴儿的肌肉组织得到锻炼，使关节得到伸展，骨骼的生长有了动力，加速血液循环，促进了生长发育。

2. 呼吸系统

婴儿游泳时，氧需求增加，肺活量增加。由于水对胸廓的压力，使肋间肌、胸大肌、胸小肌由于运动得到锻炼和增强。

3. 心血管系统

运动能使心率增快，心肌收缩有力。心率的增加可让心肌得到锻炼，使心脏收缩更加有力，增加了各脏器的血灌注量，加速了生长发育的速度。

4. 消化系统

腹肌的收缩，肠蠕动增强，加速胎便排出。由于运动消耗的增加，游泳后多可增加进食，且对食物的吸收能力增强。婴儿"游泳"是全身性的复杂活动，是在大脑的支配下完成的，后者又能促进激素的分泌（胃泌素、胰岛素等），以帮助食物的吸收，增加胃肠的蠕动，从而使婴儿吃得多，吸收快，身体壮。

5. 睡眠节律

上、下午游泳，可改变婴儿的睡眠时间，白天运动，晚上自然睡得香。因此婴儿游泳可帮助建立良好的睡眠节律，运动后累了睡得就好。

6. 神经系统

大脑神经与身体各部位的末端神经相连，因此婴儿在水中进行自由的大运动时，各种动作直接受神经系统支配和调节，而肌肉和各关节的活动又反过来刺激大脑皮层神经，从而促进大脑功能的快速发育，使大脑对动作反应更加敏捷。

7. 建立婴儿对新环境的安全感和信赖能力，培养自信心和适应能力

有科学研究表明，在缺乏安全感的环境中成长起来的婴儿，在与他人的交往中，大都缺乏机智和情感表达能力，因此，对婴儿来说智力开发最重要的就是削除其对环境改变所产生的不安全感。而婴儿游泳再造了子宫羊水环境，使婴儿漂浮于失重的水中，并逐步感觉在新的环境中能自由伸展肢体的安全和快乐，以达到帮助婴儿适应不同的内外环境，树立自信心和适应能力的目的。

8. 提高婴儿感觉细胞的敏感性和身体的协调性

婴儿游泳时，在水温、静水压、浮力和水波冲击等多种外因的共同作用下，引起婴儿全身皮肤、关节，包括神经系统、内分泌系统的一系列良性反应，加强了对婴儿各感官系统的刺激，促进运动觉、味觉、听觉、触觉、平衡觉等综合信息的快速传递，从而

提高反应力,促进各器官协同配合来完成各种动作。

(四) 婴儿游泳八项注意事项

婴儿虽然具有在水中屏息的游泳能力,但是家长和教师必须清楚认识到,如果缺乏正确的指导和必要的安全措施,婴儿游泳仍然具有一定的危险性。为确保婴儿的游泳安全和身体健康,父母和教师要学会如何正确指导婴儿游泳的方法,以及游泳时的安全措施。

1. 体检

参加学习游泳的婴儿,必须经过体格检查,曾患过疾病的婴儿,必须经过医生的认可,方可参加游泳。

2. 温度

婴儿游泳时,室温一般保持在28℃,游泳池必须保持清洁,水温一般在35～38℃,也可以根据孩子的实际情况定。

3. 游泳圈的选择

婴儿游泳圈有大、中、小等型号,婴儿在游泳的时候一定要选择合适的游泳圈,不能过大,也不能过小。给婴儿套游泳圈时要注意不能卡住下巴。同时要检查游泳圈是否漏气。

4. 一对一

婴儿每次下水学习游泳时,必须是一对一的,即每一名婴儿,应该有一位父(母)亲或教师负责教学和活动。

5. 辅助器材

在每次游泳前,应做好辅助器材的准备工作。辅助器材包括泡沫塑料制作的浮具,一些能在水上漂浮的、色彩鲜明的儿童玩具。

6. 时间

婴儿每次游泳的时间不宜过长,开始学习阶段,10分钟即应出水,以后根据情况适当延长至15～20分钟。

7. 保暖

婴儿出水后,父母亲应该用大浴巾包裹他的身体,然后迅速擦干全身,穿上衣服。衣服可稍稍多穿一些,以利保暖。

8. 游泳后的身体反应

婴儿游泳后,父母应观察其身体反应,有不适或生病,应及时减少游泳时间,或暂中止游泳。

六、婴儿感知能力培养

感觉是人类一种最简单的心理活动,也是最基本的心理过程。如我们看到花的颜色、听到小鸟的鸣叫,尝到食物的美味等,都是通过感觉建立起来的人和周围环境之间的最直接的联系。知觉是在感觉的基础上形成的，它是对人所感觉到的刺激进行识别和组织的过程。如我们的耳朵听到了某种声音，通过知觉的分析最后断定这是什么声音。即感觉具有接受和传递刺激信息的功能，而知觉则要对这些刺激进行分析整理、做出判断。人的基本感觉包括：视觉、听觉、味觉、嗅觉和触觉。它们与人的基本感觉器官如眼睛、耳朵、舌头、鼻子和皮肤等相联系。

蒙台梭利在《童年的秘密》一书中写道："来自智力的东西，没有一件不是来自感官。"感觉器官是人类认识外界事物的主要通道。婴幼儿时期是感觉器官发展最旺盛的时期，尤其是0~3岁这一阶段是婴儿感觉器官发展最快速时期，是视觉、听觉、触觉、味觉、嗅觉等五种感觉器官发展的敏感期。

新生儿已经具有了初步的视觉、听觉、嗅觉、味觉和触觉，这既是宝宝基本的生存能力，也是宝宝智力发育的基础。感知能力的培养应从出生时就开始。

（一）视觉

1. 婴儿视觉发展特点

视觉是人类认识外界事物最重要的信息来源。婴儿的视觉器官在胎儿时期已经基本发育成熟，出生3天的新生儿就可以将视线集中在某个物体上。出生1个月时就能看清距离眼睛20厘米的物体；2个月时能根据物体与眼睛的距离来调节视力；3个月时，视线能从一个物体移到另一个物体上。不过婴儿的视觉系统仍然处于发育的过程中，视觉功能还有待于进一步完善。宝宝的颜色视觉发育得很早，3个月的宝宝就已经具有三色（即红、黄、蓝）视觉，1岁左右的宝宝能够准确分辨红、绿、蓝、黄四色，16个月时能够说出六色名称，24个月时认识的颜色就更加多了。从婴儿图形识别能力的发展来看，0~2个月的宝宝还没有形成图像知觉，2~3个月开始图像的识别，3个月对面孔图像已经有了清楚的辨认。

视觉练习主要包括识别物体的形状、颜色、大小、高低、长短以及不同的几何形体等。

2. 创造有利于婴儿视觉发展的环境

随着宝宝一天天的成长，他的感知觉和动作能力大大提高了。在父母的眼里，宝宝长了不少的本事，也变得越来越活泼可爱了。他喜欢好奇地东张西望。当手里拿着玩具时，会转动它从不同角度来观察或将玩具来回晃动，有的时候，还会把东西放到嘴里舔舔。面对着丰富多彩的外界环境，宝宝充满着探索的兴趣和好奇心。为此，父母要努力创造适宜的视觉环境刺激。

（1）适度刺激的环境布置

宝宝在适度刺激的环境中获得最佳成长。一方面，父母应提供不同的东西、不同的景象，让他看，让他玩。要避免让宝宝一天六七个小时自己玩或者待在床上。父母也要抽出时间来满足宝宝的兴趣，逐渐教宝宝认识周围生活中的事物。一般来说，最能吸引宝宝注意的是生动变化、富有特点的东西，如电动玩具、发光的物品或者小猫小狗等。另一方面，家庭的色彩布置和悬挂物也应适度，以避免过度繁杂的物品和色彩给婴儿的感官带来干扰，使婴儿眼花缭乱，不知所措。因此，如果在您的家中有大量的玩具，不妨收起一些，并且等宝宝玩一段时间后再更换，这样才能充分地发挥出玩具的效用，也让宝宝在玩的过程中获得丰富的经验，不断成长。

（2）在宝宝小床的周围悬挂一些物品，经常逗引宝宝看

这既可以刺激宝宝眼部肌肉的发育，也可以训练宝宝抬头、转头的动作的发育。布置悬挂物时应该注意：

①选择悬挂物时，要注意色彩是否鲜明。对于新生儿来说，五颜六色的气球、圆环、会叫的小鸭、转动的彩色雨伞等都是较为适宜的悬挂物。

②应该放在宝宝想要注视的地方。这个时期宝宝仰卧时，可以看到右方80%～90%，左方20%的物体。悬挂物不应悬于婴儿的正上方，而最好是右上方或左上方，或者左右两边移动，防止宝宝因总是注视一个地方而产生斜视。

③应该放置于宝宝适宜的距离内。对于1个月的宝宝来说，应该把悬挂物放置于离其眼睛大于15厘米，小于60厘米的地方，最好是在40厘米左右。随着宝宝年龄的增长，悬挂物的高度要不断改变。

④父母可以经常更换悬挂物以吸引宝宝，同时也可以自制悬挂物，如用硬卡片纸，画上人的脸孔等图案，或者把母亲的大幅彩色照片，用绳子固定悬挂起来，也是不错的视觉刺激材料。

（3）保护宝宝的视觉器官

①注意安全。尽可能避免锋利的物体损伤宝宝的眼睛，随着宝宝年龄的增长，逐渐对宝宝进行安全教育，养成良好的卫生习惯，不用手揉眼睛。

②提供适宜的用眼环境。2岁以后宝宝看书、画画、看电视的活动增多了，用眼的机会和时间大大增加。应注意宝宝用眼时间不宜过长，要提供光线充足的环境，保持正确的姿势。用眼活动后要让宝宝进行一些户外活动或眺望远处的活动，以消除眼睛的疲劳，保护眼睛。

③经常检查宝宝的视力，注意常见眼病的防治，以便及早发现问题并及时得到治疗。

④指导宝宝看电视。在宝宝将近1岁的时候，会对电视表示出相当的兴趣。电视里不断运动的画面，鲜艳的色彩，动听的音乐，都在吸引着宝宝。他们会随着电视里音乐的节奏摇摆身体或凝视画面，甚至还会模仿电视里人物的笑声或动作。应该说，电视对于宝宝的发展有着一定的好处，可以使宝宝增长知识，开阔眼界。看电视的时间不要太长，一般控制在5～10分钟为宜，并注意与电视机保持一定的距离。同时家长要选择适合孩子看的内容，如短小的动画片或者广告片等，避免使孩子受到不良的刺激。在这个时期比电视更好的教育形式就是尽量让他们与人和事物多接触。

（二）听觉

1. 婴儿听觉发展的特点

婴儿听觉的发展在胚胎时期就已经开始了。生理心理学的研究表明，胎儿听觉感受器在6~7个月的时候就基本成熟了。

婴儿时期是宝宝听觉器官发育最快的时期，并且在很早的时候就表现出视听协同活动，也就是说婴儿在听到声音时会将头转向声源。生活中，我们发现3个月左右的宝宝听到声音后会有丰富的面部表情，如眨眼、皱眉、四肢活动、张嘴、发出声音等。研究表明，宝宝喜欢轻柔好听的声音，而不喜欢突然、剧烈的声响。有的时候他听到妈妈的声音会笑，而听到陌生人的声音会哭。

宝宝具有十分敏锐的感知人类语声的能力。研究表明：出生12个小时的新生儿对成人的语声产生同步的反应。4个月的宝宝会愉快地倾听成人的"儿语"。（儿语指成人在和婴儿对话时采用不同于成人对话时的那种语调夸张、歌唱性节律、高频率和重复性用词的特征。）及时地进行听力训练活动，会让宝宝的听觉更加灵敏，并为以后学习语言奠定基础。

听觉游戏的主要教育内容：

（1）锻炼宝宝听声音，使他们能够辨别和区分周围的声音。

（2）培养宝宝的语言听力。听觉刺激是语言发展必不可少的基础环节，如果不能很好地听，就很难发展语言能力。

（3）培养宝宝的音乐听力，帮助宝宝分辨音高和节奏感，喜欢乐音，对噪声能够识别并发生反感，为宝宝进一步学习音乐打下基础，同时是对宝宝审美能力和鉴赏能力的培养和促进。

2. 适宜的听觉发展环境

（1）给宝宝一个有声的环境

许多年轻的父母怕娇嫩的宝宝吓着，房间里总是静悄悄的，说话时悄声细语，连走路都是小心翼翼的。这种做法是大可不必的。它既对宝宝听力的发展不利，也让母亲的养育工作更为紧张和艰苦。其实，听力是在有声环境中成长起来的，并在此基础上逐渐出现语言。为此，要给宝宝一个有声的环境。家里的一切正常活动都会产生声音，如扫地声、关门声、水龙头滴水的声音、妈妈穿着脱鞋走路的声音、大人交谈的声音等。又如户外的汽车声、风声等，这些丰富的声音都能够刺激宝宝的听觉，丰富宝宝的听觉经验。当然一些突然的、巨大的声响要尽量避免，以免使宝宝受到惊吓；在家里经常地播放一些轻柔、旋律优美的，当作宝宝生活中的背景音乐也是十分有益的；此外还可以通过有声响的玩具、音乐相关的听力训练活动等发展宝宝的听觉。

在市场上有各种适合孩子的听觉玩具，父母可以根据孩子的年龄、特点进行购买。同时也可利用家中的一些现成用品或废旧材料来自制一些好玩又经济的听觉玩具。如家中的不锈钢小勺就是极好的听觉玩具，在空瓶子中装入黄豆、绿豆等就成为很好地小沙锤，废弃的自行车上拆卸下来的铃铛或喇叭也是不错的听觉玩具。而最好的听觉玩具来自大自然和生活：雷声轰鸣、小鸟歌唱、泉水叮咚、雨水淅沥、狂风呼啸，这一切都可以极大丰富孩子的听觉经验，养成孩子认真倾听的良好习惯，并从中更加深刻地了解大自然、亲近大自然。

(2) 谨慎对待胎教音乐

许多年轻的准父母们都十分推崇胎教。市场上也充斥着各式各样的胎教磁带或胎教器。对于这些方法的运用还缺乏科学的研究加以论证。因此在选用时应谨慎。其实胎教的本质在于让母亲处于身心愉悦和健康的状态，从而为胎儿的健康成长提供一个好环境。

(3) 避免宝宝的听力障碍

①不要给宝宝听随身听，以免影响他的听力。小孩子是不适宜用耳机的，而音量过大或过强的声音也会对宝宝的听力造成影响。研究表明，在长期有噪声的环境中生活，人的内耳听觉器官会发生器质性病变，导致噪声性耳聋。因此在家庭中应多播放一些悦耳动听的音乐，而避免那些过于生硬刺激的音乐。

②注意常见耳病的防治。在整个童年时期，尤其是出生至7岁，宝宝的耳朵特别容易感染局部的疾病。宝宝的外耳道短而窄，经常得呼吸道疾病以及中耳炎等疾病对其听力的危害较大，应该引起家长的关注。

③经常检查宝宝的听力。定期的听力检查可以帮助家长及早发现问题并及时采取治疗措施。

(三) 味觉

1. 婴儿味觉发展的特点

味觉器官在胎儿时期就已经形成，新生儿的味觉十分敏锐。不同的味觉刺激物可能会引起不同的味觉反应。给新生儿喂一些苦的、酸的或者咸的东西时，会出现皱眉、闭眼甚至呕吐，而喂食甜味的东西，如糖水，他的表情就显得比较愉快。研究表明，新生儿喜欢甜味。随着婴儿年龄的成长，他们的味觉经验更加丰富了。在日常生活中，经常可以看到宝宝把玩具等放到嘴里后，又拿出来看看，然后再放入嘴里。父母常常责怪宝宝："多脏的东西呀，快吐出来！"事实上，宝宝正是通过嘴巴在了解事物的特性，在探求放进嘴里会是什么感觉，有什么特殊的味道等等。他好像在说："如果我没有把这个东西放进嘴巴里，我就不能弄清楚它究竟是什么样子。"味觉是婴儿认识事物的最初手段。从宝宝呱呱坠地的那一刻起，凡是能被放进嘴里的东西，他们都要放到嘴里试一试、尝一尝。因此，嘴巴对于婴儿来说，不仅仅具有品尝美味的功能，更重要的是它是婴儿探索外部世界的工具。

2. 促进婴儿味觉发展的环境

味觉教育是在婴儿学会识别各种味道以后进行的。随着宝宝的发育，他对周围世界的探索兴趣越来越浓厚了。他们正在通过看、听、摸、闻和尝了解周围的一切事物，因此，嘴是婴儿探索了解世界必不可少的渠道。但是，毕竟把任何东西放进嘴里是危险和不卫生的。父母应该做好以下几方面的工作：

（1）提供给宝宝适合用嘴咬的玩具材料，让他们在安全无毒的环境中发展感知觉，满足宝宝的这一心理需求。

（2）保证在宝宝活动范围内，不要有过于细小的玩具或者物件，那些易碎的、有尖有棱的玩具也要拿开，以免吞入口中发生危险。

（3）提供给宝宝各种味觉刺激，丰富他们的味觉经验。

（四）嗅觉

1. 婴儿嗅觉发展的特点

嗅觉器官早在胎儿30天就已经发育。新生儿的嗅觉十分灵敏，他们会本能地躲避那些难闻的气味。灵敏的嗅觉具有生物学的意义。许多动物刚刚出生时眼睛还未睁开，就靠灵敏的嗅觉来寻找母乳。而对于刚刚出生的婴儿来说，嗅觉也起到了同样的作用。一些母乳喂养的婴儿在以牛奶作为替代品时往往会拒绝，那就是因为他们通过嗅觉和味觉发现牛奶的气味和母乳是不一样的。随着婴儿年龄的增长，嗅觉也成为婴儿认识外界事物的重要渠道。通过嗅觉获得的信息和其他信息汇拢在一起，构成婴儿对事物更加完整的认识。

嗅觉训练和味觉训练一样，是感觉教育中最困难的。在日常生活中，若婴儿较少地运用这两种感受器官，他们的嗅觉和味觉器官将不够发达。不仅婴儿如此，其实成人也如此。而相反，当人类的其他感受器官如视觉、听觉受到损伤后，其嗅觉、味觉和触摸觉则十分灵敏和发达。因此不用则退的原理也同样适用于教育领域，要加强对婴儿嗅觉的训练。

2. 在生活环境中促进婴儿嗅觉能力的发展

嗅觉训练的内容应更多地与婴儿的日常生活相结合。在婴儿的生活环境中寻找机会让婴儿闻到各种各样的气味，如大自然中的各种花草树木散发出的气味，家中妈妈做的食物的气味，婴儿玩的玩具如橡皮泥的气味等，通过生活中家长有意识地引导，婴儿的嗅觉会变得更加灵敏，也能较为准确地判断事物的气味特征了。

（五）触摸觉

1. 婴儿触摸觉发展的特点

触觉是皮肤受到机械刺激时产生的感觉。因为对皮肤的触摸力的强度不同而产生不同的触觉和压觉，此外，触觉还包括温度觉和痛觉。

新生儿的触觉是与生俱来的。婴儿触觉的感知发展十分迅速。从3个月开始，婴儿通过触觉探索来获得对周围环境的认识信息。较小的婴儿用嘴接触并探索物体。1岁以后，嘴部的探索逐渐减少，而手指和手的动作增加了。

宝宝对周围的东西总是喜欢摸一摸、动一动。他们的触摸活动好像在吸取营养，心理就会得到发展。触觉对婴儿的发展很重要，物体的质地、形状、方位、距离等的感知也要依赖于触摸与动作的经验。

在此基础上婴儿感觉动作技能也逐渐得以发展。感觉动作技能是感觉系统（如视觉、听觉和触觉）与肌肉活动的联合。随着年龄的增长，宝宝慢慢学习着把感知觉和动作结合起来，这是宝宝智力发展的一大进步。父母要着重锻炼婴儿以下几方面的能力：

第一，眼睛引导手去拿东西。手在宝宝智力发展方面扮演了一个重要角色。宝宝最重要的成就之一就是熟悉手的用法，把手作为拿东西的工具。当大人将一个小小的具有吸引力的玩具，如小摇铃之类的东西放在距离他15~20厘米远的地方，他不仅会注视它，而且会突然举起手靠近东西，并且摇晃它，这个行为表明他不再满足于注视活动，而且努力用手和眼做进一步的探索。通过这种技能，宝宝就能进一步了解周围世界。

第二，眼耳协调。随着宝宝年龄的增长，当他们听到附近的声音，可以更加自如、准确地转动眼睛和身体。成人故意发出一些声响，吸引宝宝寻找声音来源的游戏，更有利于宝宝眼耳之间的协调和配合。

第三，触摸。当宝宝已经开始松开紧握的小手，能用手指、嘴和眼睛探索不同质地、硬度和形态的东西时，成人应在日常生活中多用一些玩具、物品逗引宝宝，训练宝宝的感觉动作技能。

2. 提供促进婴儿触觉发展的环境

（1）创设安全的探索环境，促进宝宝触摸觉发展

世界著名教育家蒙台梭利说："手是小孩子最好的老师。"伟大的教育家苏霍姆林斯基说："手是意识的伟大培养者，是智慧的创造者。"我国近代著名教育家陶行知也十分重视手的作用，并且还专门创作了一首《手脑相长歌》以唤起对儿童动手能力培养的重视。

人生两大宝，双手和大脑，用脑不用手，快要被打倒，用手不用脑，饭也吃不饱，用手也用脑，才是开天辟地的大好佬。

这个阶段的宝宝喜欢玩小东西。他常会用不同的方法丢、扔、猛打来加以试验，并且对其结果感兴趣。如有的宝宝会从椅子上把汤勺扔掉，并且仔细地观察它掉落何方。拣起来后还接着扔，再捡再扔，不厌其烦地重复手的动作。父母常常会觉得这是宝宝的淘气行为，事实上，这是宝宝对事物的探索，值得父母加以引导，为他们提供多种多样用手操作的材料和游戏活动，让宝宝的兴趣在玩耍中得到满足。如家里的洗发水的空瓶、牙膏盒等都可以搜集作为宝宝摆弄的材料。

应该引起注意的是，有的宝宝喜欢把那些能抓能玩的东西往嘴里塞，所以不要提供小的可以吞食的玩具，玩具上的细小附件也要牢固，不易脱落；同时玩具材料要定期消毒，保持干净卫生，以免对宝宝的身体发育造成危害。

（2）适宜宝宝的触摸觉玩具

当前市场上专门用于发展宝宝触摸觉的玩具并不多见，因此，主要靠家长在生活中就地取材寻找玩具材料。家长可以搜集家中零碎的不同质地的布料，让宝宝经常触摸，如：丝绸类、亚麻布、帆布、化纤布、毛巾布、塑料布、皮革或者毛料、呢子等各种材料制作的玩具，如布制玩具、塑料玩具、有弹性的玩具。沙子、泥土、面团也是发展孩子触摸觉的天然玩具。只要家长留心，就会在生活中、大自然中发现并创造各种适合宝宝的触摸觉玩具。

例如：面团游戏

宝宝都喜欢玩橡皮泥，但是市场上卖的橡皮泥价格较贵而且常有不合格的产品。而通过自制面团让宝宝来玩，不仅经济实惠，而且能够极大地促进宝宝触摸觉的发展和创作能力的提高。下面是自制面团的配方，供参考。

自制面团配方：

把一杯食盐、半杯面粉和四分之三杯冷水混合，然后加热。不断搅动混合物，两三分钟后呈黏糊状。把黏稠的混合物搅成面团状，放在蜡纸或锡纸上冷却。冷却两三分钟后再揉两三分钟。盐面团制成，可以使用了。

把盐面团包在蜡纸或放入塑料袋中可以储存数天。如果放入冰箱冷藏室里，储存的时间则更长。

七、翻身练习

（一）翻身信号

俗语说"三翻六坐九爬爬"，就是说可以在宝宝3个月的时候让其练习翻身，因为这个阶段宝宝具备了翻身的能力，他可以把头抬起与床面呈90度角，还可以把前胸抬起来。妈妈们看准宝宝要翻身的信号，兴许能帮宝宝一把，让他更容易掌握翻身的要领。

信号一：当孩子趴着的时候，他能够自觉并自如地抬起头，而且胸部能够抬起来。这说明他的颈部和背部肌肉都已经很有力量了。这时如果把玩具举到比宝宝视线更高一些的位置，宝宝也能够随之把头抬高。这时妈妈可以拿着宝宝喜欢的玩具叫他抬头。如果妈妈也趴下来和宝宝一起玩的话，更多孩子会因此而喜欢趴着。

信号二：宝宝仰卧的时候脚向上扬，或者总是抬起脚摇晃。开始时宝宝不能很好地转动腰，所以只是把脚摇来摇去想要翻动身体。这时，妈妈可以推一下他的屁股，给他一把力，让宝宝能够体验到翻过去的过程和乐趣。如果翻过去后，宝宝因胳膊压在自己身体下拔不出来而着急或哭喊时，你可以帮他把手拿出来，以后再慢慢锻炼他自己把胳膊抽出来。

信号三：宝宝若是总向一个自己感兴趣的方向侧躺着。这时宝宝也许已经有了翻身的意识，只是还没有掌握翻身动作的基本要领，或者这个方向对于他来说其实并不容易翻过去。这时，妈妈可以轻轻牵着宝宝的胳膊，往他侧身的方向拉他，并教他转动腰部和屁股;也可以试着在另一个方向叫他,用玩具逗引他,让他找到一个他最容易转身的方向。

妈妈得到了宝宝翻身的信号之后就要帮助宝宝练习翻身了。

(二)如何帮助宝宝翻身

1. 90°翻身:仰卧位→侧卧位或侧卧位→俯卧位

把宝宝的一条腿搭在另一条腿上,在一侧用玩具逗引或用声音吸引宝宝的注意力,让其翻身90°。

2. 180°翻身:仰卧位→俯卧位或俯卧位→仰卧位

用玩具在旁边逗引,使宝宝从仰卧位翻到侧卧位,继而翻到俯卧位。

用玩具在眼前逗引,使宝宝从俯卧位翻到侧卧位,继而翻到仰卧位。

注:4~6个月的婴儿大多能学会翻身,但每个宝宝具体实现翻身动作的时间是因人而异的。家长完全没有必要为孩子不翻身或是翻身比较晚而过分担心。对于宝宝的成长,父母们要用长远的眼光来看待宝宝运动机能的发展和脑力、智力的发育。

八、正确看待宝宝的小手

(一)通过小手认识世界

手是宝宝智慧的来源,手的乱抓,手的不协调活动等是精细动作能力的发展过程。婴儿通过吃手,进而学会抓握玩具、吃玩具,这种探索是心理、行为能力发展的初级阶段,是一种认识过程,也是一种自我满足行为,为日后手眼协调打下了基础。

1. 别把小手看得太紧,鼓励宝宝尽情玩耍双手

有的父母为了防止婴儿抓脸或吃手,就给婴儿戴上了手套,这样做弊多利少。有的父母听说戴手套不好,就摘掉手套,反而采取更加严密的监护,一看见宝宝的手动,立即抓着宝宝的双手不许他动,这样做会限制宝宝手部动作的发展。

2. 清洁、护理

作为家长,应该每天清洗宝宝的小手,经常替宝宝剪指甲,并将指甲边缘磨圆、磨光滑,以免宝宝抓破自己的小脸。

3. 进行抓握训练

宝宝生来就有握持的本领,可以经常让宝宝学习握物或握手指,以促进宝宝从被动握物发展到主动抓握,从而促进宝宝双手的灵活性和协调性,这对大脑潜能的开发大有好处。宝宝2个月时,两只紧握的小拳头已经能够伸开了,这时,宝宝非常喜欢玩自己的小手,看、咬、啃……这些都是他探索和满足心理需求的方式,玩得越起劲,收获就越多。

(二)正确对待宝宝吃手

著名心理学家弗洛伊德把婴儿出生后第一年称为"口腔期",认为它是人格发展的第一个基础阶段。从2~3个月起,宝宝喜欢把自己的手放在眼前晃动,双眼盯着看,当手

碰到嘴就去吮吸；4个月开始将整个手放到嘴里吮吸，逐渐伸进两三个手指，习惯了又减为吮吸一个手指，一般是大拇指。宝宝在吮吸手指时情绪愉快，感到满足。4~5个月的宝宝吮吸手指不是一种坏习惯，这种行为表示他身心发育进入了一个重要阶段，即手眼协调逐渐形成，手功能的分化已经开始。

如果父母认为这是坏习惯横加阻拦，不许宝宝吮吸手指，将会引起宝宝的不满和哭闹，甚至情绪波动。宝宝通过看到手、把手放进嘴里进行吮吸，练习手眼协调动作，达到满足心理需求、稳定自身情绪的效果。大多数宝宝随月龄增大，接触事物越来越多，手眼协调和手功能更熟练，可以取拿周围新奇的东西摆弄，此时就是逐渐淡化"看手"和"吮吸手指"的游戏，这种行为就会逐渐自然消失。

但如果孩子是由于其他原因而拥有这个习惯的，那家长决不能袖手旁观了，要及早认清，抚平孩子幼小的心灵。

九、音乐教育

中外诸多的教育家都主张从0岁开始就对宝宝实施音乐教育。这个时期，音乐教育的作用有两方面：一是精神的教育，以旋律优美、生动活泼、情趣高雅的音乐，去陶冶宝宝的性情和品格，调节情绪，丰富情感；二是智力的教育，以优美动听的音乐，去影响、锻炼宝宝的听觉，培养乐感。

（一）用音乐来配合宝宝的活动，可以培养宝宝积极愉快的情绪。

具体做法如下：

睡觉前　给宝宝听安静柔和的摇篮曲，使他的情绪安定，渐渐入睡；

哭闹时　给宝宝听生动活泼的音乐，转移他的注意力；

吃奶时　给宝宝听优美活泼的音乐，使他情绪愉快，吃得香甜。

（二）选曲

应选择著名、优秀的音乐作品，曲目类型不限，只要是优美的旋律、高雅的格调就可以。但要注意：

1. 节奏慢一些。

最初给婴儿选听的音乐作品，速度以中等或稍慢为宜，乐曲内部情绪变化起伏不要太大。

2. 曲子短一些。

一次连续给宝宝听音乐的时间，一般不超过15分钟，太长的曲子不适宜。

3. 音量弱一些。

播放的音量以稍高于成人正常说话为宜，较强的音量，会引起宝宝的听觉疲劳。

4. 多重复，不要过多地更换。

在一两个月内，反复听两三首曲子，可以使宝宝有识记的过程。

5. 不可在一天中不停地播放音乐。

这将引不起宝宝对音乐的注意,相反,只能引起对音乐的抑制,效果适得其反。

课程拓展

表8　1~3个月宝宝适合的玩具

名称	建议活动	所培养的技能
摇响玩具(拨浪鼓、花铃棒等)	摇动拨浪鼓,让宝宝寻找声源	听觉能力
	让宝宝抓握拨浪鼓,摇动	精细动作、因果关系
音乐玩具	让宝宝倾听声音	听觉能力、愉悦情绪
活动玩具	吸引宝宝的视线,追随玩具的活动	视觉能力
镜子	让宝宝照镜子,观察自己	自我意识
悬挂玩具	悬挂在床头,能吸引宝宝的视线,发出声音	视觉、听觉能力
图片(人像、有一定模式的黑白图片)	悬挂在床头或贴在墙上让宝宝观看	视觉能力

请你思考:

1. 1~3个月宝宝身心发展特点有哪些?

2. 婴儿游泳概念及其意义?

3. 婴儿感知觉发展的特点是什么?

4～6个月宝宝

一、4～6个月宝宝发展状况

（一）4个月宝宝发展状况

表9　4个月宝宝生理发育指标

	体重（千克）	身长（厘米）	头围（厘米）
男孩	7.76±0.86	65.7±2.3	42.2±1.3
女孩	7.16±0.78	64.2±2.2	41.2±1.2

表10　4个月宝宝心理发展特点

分类	项目	测试方法	通过标准
大运动	翻滚	以玩具逗引	能左右翻滚
精细动作	伸手拍	脸朝前竖抱宝宝，让其伸手去打悬吊的带响玩具	会伸手拍击
言语	发辅音	挠痒痒使宝宝高兴，无意识发辅音	能发2个辅音
认知	认生	家里出现生人或到新环境，观察宝宝表现	注视、不笑或拒绝被抱
社交	藏猫猫	先将自己的脸蒙上，逗宝宝说"妈妈在哪儿呢？"	笑且动手拉布
行为	张口舔	用勺喂米粥	张口舔食

（二）5个月宝宝发展状况

表11　5个月宝宝生理发育指标

	体重（千克）	身长（厘米）	头围（厘米）
男孩	8.32±0.95	67.8±2.4	43.3±1.3
女孩	7.65±0.84	66.2±2.3	42.1±1.3

表12　5个月宝宝心理发展特点

分类	项目	测试方法	通过标准
大运动	扶蹦	双手扶宝宝腋下，使站在平板床或父母腿上蹦跳	能站立2秒以上
	靠坐	将宝宝放在床上，在背后放上枕头，或将宝宝放在沙发上，让宝宝靠坐着玩	能靠坐10分钟左右
精细动作	伸手抓握	父母将积木出示在宝宝面前，先从一侧递1个，再从一侧递1个	两手各拿1个
言语	听名回头	父母在宝宝背后或侧面呼唤宝宝的名字	转头注视并笑
	模仿发辅音	宝宝高兴时，父母与其面对面发辅音，如baba,mama,dada,nana等	会发2个重复辅音
认知	找失落玩具	在宝宝面前将带响的玩具掉落在地上，发出声音，看宝宝是否追寻	伸头转身寻找
社交行为	望镜中人	将宝宝抱在穿衣镜前，逗引其看镜子	对镜中人笑
	自喂饼干	给宝宝一块磨牙饼干	能自己放入口吃

39

（三）6个月宝宝发展特点

表13　6个月宝宝生理发育指标

	体重(千克)	身长(厘米)	头围(厘米)
男孩	8.75±1.03	69.8±2.6	44.2±1.4
女孩	8.13±0.93	68.1±2.4	43.1±1.3

表14　6个月宝宝心理发展特点

分类	项目	测试方法	通过标准
大运动	独坐	将宝宝放在平板床上坐着	独坐半分钟以上
精细动作	传递积木	递一块积木给宝宝，拿住后再向其拿积木的手递另一块积木	将第一块积木传递给另一只手后，再去拿递来的第二块积木
言语	听声看物	抱起宝宝，问:"灯在哪儿?"观察宝宝的表现	看或指灯
认知	察觉玩具被拿走	当宝宝正在聚精会神地玩心爱的玩具时，突然拿走，观察宝宝的表现	表示反抗
社交行为	区别严厉与亲切	观察宝宝对严厉与亲切的语言的理解程度	对亲切表示愉快，对严厉表示不安或哭泣
	大小便前有表示	观察宝宝大小便前的表现	出声或用动作表示

二、宝宝独坐

坐是婴幼儿动作发展中不可缺少的一个环节，也是判断婴幼儿神经系统发育是否良好的一个依据。

（一）"坐起来"对宝宝心理发展有重大的意义

1. 宝宝手部活动更加灵活

坐着时，婴儿手的动作能够在视线的控制之下，使更多的手部活动成为可能，这对宝宝手眼协调能力及手的精细动作的发展都极为重要。

2. 宝宝坐着视野更开阔

坐着时，婴儿的视角和视线与所注视的物体处于相对平行的位置，而不像躺着时只能面向屋顶或从侧面位置与物体处于斜位方向，这对于形成物体的主体像有很大益处。当婴儿的双眼视线处于大体对称的位置时，有利于双眼的协调，对视知觉的发展更为有利。

3. 坐位对听觉的发展也有类似的作用

当婴儿处于上身直立的坐位时，双耳对外界事物也大体上处于对称位置，声音进入双耳的时间差有助于形成婴儿的方位知觉。

4. 有利于脊柱生理性弯曲的形成

（二）宝宝独坐能力的训练

按照坐动作的发展规律和顺序，一般可分为拉坐、扶坐、独坐。

1. 拉坐

由成人帮助使婴儿从仰卧位到坐位，然后再回到仰卧。一般在婴儿4个月宝宝颈部可以完全支撑头部的重量时即可进行训练，每日数次，每次3~5分钟。

训练方法：成人握住婴儿双手腕部，慢慢地将其从仰卧位拉到坐位，然后一手握住婴儿的双手，一手托住其头颈部慢慢地放下，连续几次。

2. 扶坐

婴儿自己不能坐好，由成人扶着上身坐成竖直的动作，一般在婴儿4~5个月时可以进行训练。

训练方法：成人双手扶着婴儿腰背部，拇指在后，四指在两侧。婴儿背部靠着成人胸腹部坐直，并在其前方放置一个电动玩具吸引婴儿坐。开始训练时，婴儿坐不好，成人要注意扶持，保持其头部的稳定，也可以让孩子靠沙发背坐，或者在大床上用枕头垫住其背部和两侧（以防倾倒）进行训练，每日数次，每次时间不宜太长。

3. 独坐

可分为独坐前倾和独坐自如。

（1）独坐前倾

婴儿勉强能坐，但坐不直，上身前倾，与床面约成45度角的姿势。此时成人要加以帮助，双手仍扶持着腰背部，并使婴儿手中拿一玩具以协助坐直。或者在其腰四周围上一条大毛巾，拉紧使婴儿坐直，否则时间一长容易造成脊柱的弯曲。这一动作的训练约在5个月时进行。

（2）独坐自如

婴儿自己坐得很稳，能独立坐着自由玩耍，不需成人帮助。但刚开始，婴儿只能独坐片刻，此时成人应在婴儿面前放置玩具，让婴儿坐着玩弄这些玩具，以逐渐延长其独坐的时间，以后可在其左右方都放置玩具或与他一起做游戏，以引导坐着的婴儿旋转上身左看右看，独坐自如。约在7个月时能完成此动作，开始训练几分钟，以后逐渐延长到15分钟。

总之，坐姿的训练不是一朝就能成功，需长期积累，日日训练。训练时成人要陪伴在婴儿身边，并要注意安全，不宜放在童车里，应在大床上或地板上铺上软垫进行训练，这样即使摔倒也没有什么危险。

三、给宝宝添加辅食

（一）添加辅食的可能性

1. 消化系统功能增强

世界卫生组织规定，在宝宝6个月时就可以添加辅食了。根据添加辅食的标准，宝宝4个月后，唾液大量分泌，各种消化酶分泌有所增加。5个月的宝宝身体中淀粉酶的活力增强，添加淀粉类辅食，可以刺激胃肠道，促进消化酶的分泌，增强胃肠道的消化功能，同时还可以锻炼宝宝的咀嚼和吞咽功能（4~6个月是宝宝吞咽和咀嚼发育的关键期）。

2. 母乳不能满足宝宝的需求

婴儿期的主要食品是乳类，母乳是婴儿的最佳食品，但是宝宝慢慢长大，母乳中钙、磷、铁及各种维生素的含量就相对不足了，靠母乳已经不能满足宝宝成长的需要。如：在孕期后三个月，宝宝从母体中吸收了大量的铁质，出生4个月后，宝宝从母体中获得的铁质已经消耗，母乳中的含铁量也下降，很容易发生贫血，所以，从4个月开始就应添加蛋黄，用含维生素C的果汁来调，可以促进宝宝对铁的吸收。（4个月的宝宝消化和免疫功能都较差，吃蛋白容易发生过敏而出现皮疹；鸡蛋要尽量煮的时间长些，充分煮熟，这样有益于鸡蛋中营养成分的吸收和利用。）

蛋黄泥的制作方法：

将鸡蛋洗净，放入冷水中煮，煮熟后取出蛋黄，可直接用少量水或米汤，也可用熟牛奶把蛋黄捣成泥状，用小勺喂食。

但并不是说不需要乳制品了，在1岁以内，奶和辅食同等重要。3~10个月期间，要保证每天700~800ml的奶，1岁后也要保证每天400~500ml奶。东西方国家的孩子在刚出生时的指标基本相同，可是到长大后就出现很大的差别，因为我们亚洲国家的宝宝辅食多以米糊、面条为主，蛋白质、钙质、铁质供给不足，造成体质下降。所以辅食的添加保证多样性，给宝宝提供充足的营养，也能让宝宝获得不同的味觉经验，丰富味道记忆。

3. 这个阶段的宝宝会对外界的食物表现出独特的兴趣，所以有些母亲在宝宝4个月后上班时，就可以给宝宝添加辅食了。

（二）添加辅食的目的

1. 补充乳类的不足

2. 增加营养以促进生长发育

随着婴儿逐渐长大，其所需要的营养素也在增加，但是单纯乳类已不再能满足婴儿的需要，不加辅食，婴儿就会发生营养不良。

3. 为断奶做准备

（1）生理上的准备

从生理上讲，口腔、胃肠以及消化腺，要有相当长的适应阶段，才能完成以下的转变：从吸吮无形的流质，到咀嚼有形的固体；从消化单一的乳汁，到消化五谷杂粮、禽肉蛋、瓜果、蔬菜。

婴儿的饮食必须从流质过渡到半流质、半固体食物，最后到1岁多断奶以后能摄取固体食物，甚至和成人吃一样的饮食。否则，就不能适应饮食的变化。

（2）心理上的准备

婴儿吃惯了母乳，从心理上对母乳有一种依恋的情绪。按时为婴儿加辅食，可以冲淡恋乳的心理，为断奶做好心理上的准备。

（三）添加辅食的顺序

表15　宝宝添加辅食的顺序

月　龄	辅　食
2~3个月	菜水、果水、米汤。（适合于人工喂养或混合喂养的宝宝）
4~5个月	鸡蛋黄、米粉或代乳品、菜泥、水果泥。（用小勺刮苹果吃也行）
6~8个月	鸡蛋、稠粥、烂面条、鱼泥、肝泥、肉末、豆腐、饼干或馒头片、切成块的水果、碎菜。
9~12个月	鸡蛋、软饭、小饺子或小馄饨、碎肉、碎菜、豆制品、小块蔬菜。

（四）添加辅食的原则

1. 健康时添加

在宝宝健康、消化功能正常时添加；宝宝患病时，应该延缓增加新食品。

2. 量由少到多

开始只给少量，如果孩子不呕吐，大便也正常，就可以逐渐加量。比如，米糊先喂1~2匙（5~10g），看宝宝是否有反应，如果没有就可以逐渐加量。喂的时候不能用奶瓶，要用勺子喂，用勺尖挑一点食物，放在宝宝上下唇之间，让他慢慢吸吮，品味（不要把勺子过多地放入宝宝口中，以免引起作呕、排斥辅食和勺子）。在吃的过程中，宝宝舌头一直往外吐，可能吐的比吃的多，这是因为宝宝舌头有向外伸的反射，坚持喂食，慢慢宝宝就会习惯，就会吃得很好了。

鸡蛋先吃蛋黄，从1/6个开始，逐渐加至1/2个，1个。能吃整个蛋黄以后，适应一段时间再加上蛋清一起吃，8个月的宝宝可吃全鸡蛋。

3. 由稀到稠

粥或者米从稀到稠逐渐过渡。

4. 由细到粗

先制作成"泥"状，如菜泥、果泥，慢慢过渡到碎菜、切成小块的水果等。粗纤维的东西虽然不能被消化吸收，但有助于大便的排泄、毒物的排出。

5. 由一种到多种

添加辅食不要过快，一种辅食添加后要适应一周左右，再添加另一种辅食。注意不要在同一时间内添加多种辅食。炎热的夏天宝宝消化功能较弱，最好少加新的辅食。

母乳喂养的宝宝4个月前可以单纯只吃母乳，四个月时再加辅食。但在宝宝满月后就可以让他尝尝各种味道，既是丰富的味觉学习经历，又可预防日后辅食添加困难。

6. 宝宝饭量不跟别人比

每个宝宝消化吸收功能都不一样，父母要根据自己宝宝的具体情况添加辅食，不要照搬书本，也不要与别的宝宝比，看人家辅食花样比自己的宝宝多，就着急赶快加。

全国营养协会在关于婴儿添加辅食的的会议中也强调,添加辅食不能看数量,要注意质量,看吸收得怎么样,看动植物蛋白、蔬菜、水果的搭配是否合适。

四、预防营养性贫血

(一) 缺铁性贫血

胎儿在母体内最后3个月,储存了大量的铁,但婴儿体内储存的铁只能满足4个月内生长发育的需要,而4个月以后的宝宝的身高、体重增长迅速,对铁的需要量增加,但母乳中含铁量下降,因此宝宝容易发生缺铁性贫血。轻度贫血的症状、体征不明显,但是有明显症状时多已属中度贫血。所以,预防非常重要。

1. 原因

缺铁性贫血指因缺乏铁和蛋白质,影响了红细胞中血红蛋白合成所致。缺铁的主要原因有:

(1) 先天不足

胎儿出生前的3个月内,需要从母体中获得较多的铁,储存在体内,以供出生后最初几个月造血所需。早产儿、双胎儿,先天储存的铁少,生后又发育迅速,可较早将储存的铁用尽而出现贫血。

(2) 饮食缺铁

乳类含铁量甚微,乳儿以乳类为主食,如不按时添加含铁丰富的辅食,可致贫血。婴幼儿可因偏食,致摄入量不足。

(3) 疾病

长期腹泻致铁的吸收利用出现障碍。患有钩虫病,因长期少量失血,机体丢失铁,而致贫血。

2. 预防措施

(1) 坚持母乳喂养,因为母乳中铁的吸收利用率较高。

(2) 及时添加含铁丰富的辅食,如蛋黄、鱼泥、肝泥、肉末等。

(3) 及时添加绿色蔬菜、水果等富含维生素C的食物,促进铁的吸收。

(4) 用铁锅、铲做菜、做汤,最好不用铝锅。

(5) 定期检查血色素。

(二) 营养性巨幼细胞性贫血

1. 原因

营养性巨幼细胞性贫血是因缺乏维生素B_{12}或叶酸,影响红细胞的成熟所致。起病缓慢,多见于婴幼儿,尤其是2岁以内小儿。叶酸缺乏者4~7个月发病,维生素B_{12}缺乏者在6个月以后发病,其中单纯母乳喂养,不加辅食者居多。此类贫血少见。

缺乏维生素B_{12}或叶酸的主要原因有:

(1) 摄入量不足

单纯母乳喂养，未加辅食，幼儿偏食，均可致摄入量不足。

（2）疾病

胃肠道疾病，影响维生素B_{12}和叶酸的吸收利用。

2. 预防措施

（1）及时治疗胃肠道疾病。

（2）按时给乳儿添加辅食。羊奶内缺乏叶酸，乳儿以羊奶为主食，宜补充叶酸丰富的辅食，如绿叶蔬菜等。

五、宝宝出牙

（一）小牙介绍

人的一生会有两副牙齿，即乳牙（20个）和恒牙（32个），出生的时候颌骨中已经有骨化的乳牙芽孢，但是没有萌出，一般出生后4~6个月乳牙开始萌出，有的孩子会到10个月，这都是正常的，12个月还没有出牙视为异常，最晚宝宝两岁半的时候20颗乳牙会出齐。一般两岁内计算乳牙的数目约为月龄减去4或6，但乳牙萌出的时间会有很大的个体差异。出牙为宝宝正常的生理现象，这个时候有的宝宝会有低热、烦躁、流口水增多等等情况，这些都是正常的。宝宝出牙基本上会有一定的规律，一般是下颌早于上颌，由前往后的原则，最先萌出的一般是下牙的门齿，它的名字是下中切牙，然后是上中切牙，以后挨着中间的门齿会左右长出一颗颗稚嫩的小牙。

（二）如何护理婴儿的乳牙

多数宝宝出牙无特殊反应，但也有少数会出现低热、暂时性流涎、烦躁、睡眠不安等症状。宝宝牙齿生长得好坏不仅关系到面部的美观，更直接影响他们的生长发育。因此，做好宝宝出牙前后的家庭护理极为关键。

1. 保持口腔清洁

宝宝的牙齿快萌出时要特别注意口腔清洁。方法很简单，即在喂奶或食用其他辅食后喝几口白开水，用以冲洗口腔内残留的食物残渣。切忌让宝宝含着盛有奶液或其他饮食的奶瓶入睡。另外培养小儿早晚刷牙、睡前不吃零食的习惯，并定期接受口腔检查很重要。

2. 进行牙床锻炼

快出牙的宝宝会出现经常性流涎、牙肉痒、抓什么咬什么的现象。这时，可以使用由硅胶制成的牙齿训练器，让宝宝放在口中咀嚼，以锻炼宝宝的颌骨和牙床，使牙齿萌出后排列整齐。也可以买磨牙饼，用以促进牙齿萌出。

3. 避免外伤

4. 营养和阳光

（三）为何有些宝宝出牙晚

宝宝患了佝偻病和营养不良，会妨碍乳牙的发育和生长，佝偻病的发生往往与宝宝出生后日照不足有关,阳光中的紫外线能够促使人体皮肤中一种叫7-脱氢胆固醇的物质转化为维生素D,而维生素D是促进骨骼和牙齿发育必不可少的物质,营养不良往往是由于喂养不当引起的,比如单纯给宝宝喂牛奶和米糊类食物,不按时添加辅食,就很容易造成宝宝严重营养不良。为使宝宝乳牙正常地发育生长,应防治佝偻病和营养不良。治疗佝偻病除了晒太阳,还应服用维生素D和钙剂。

因此,在这一时期要及时给宝宝添加辅食,如饼干、馒头、蔬菜、水果等,既补充营养,又有助于乳牙的发育。还应特别注意添加维生素D及钙、磷等微量元素。最简便的方法就是多抱宝宝去户外晒太阳,让皮肤中的7~脱氢胆固醇经太阳中紫外线照射转变为维生素D3,成为人体所需的维生素D。

需要注意的是,佝偻病、克汀病、营养不良等都可引起出牙延迟,牙质欠佳。如果宝宝超过12个月还未出牙,应到医院查明原因,及早诊治。

(四)警惕出牙"不良"反应

1. 发热:有些宝宝在牙齿刚萌出时,会出现不同程度的发热。只要体温不超过38℃,且精神好、食欲旺盛,就无需特殊处理,多给宝宝喝些开水就行了;如果体温超过38.5℃,并伴有烦躁哭闹、拒奶等现象,则应及时就诊,请医生检查看是否合并其他感染。

2. 腹泻:有些宝宝出牙时会有腹泻。当宝宝大便次数增多、但水分不多时,应暂时停止给宝宝添加其他辅食,以粥、细、烂面条等易消化食物为主,并注意餐具的消毒;若次数每天多于10次且水分较多时,应及时就医。

3. 流涎(俗称流口水):多为出牙期的暂时性表现,应为宝宝戴口水巾,及时擦干流出的口水。

4. 烦躁:当出牙前的宝宝出现啼哭、烦躁不安等症状时,一般只要给以磨牙饼让宝宝咬并转移其注意力,通常会安静下来。

六、婴儿基本情绪的发展

人类婴儿从种族进化中获得的情绪有8~10种,称为基本情绪,如愉快、兴趣、惊奇、厌恶、痛苦、愤怒、惧怕、悲伤等,所有这些不同的情绪,在婴儿出生到半岁左右陆续发生,不同情绪在个体生活中的显现不是同时的,它们随着个体的成长、成熟而出现。他们的发生有一个时间的顺序,这一顺序服从于婴儿的生理成熟和适应的需要,而且他们的发生既有一般规律,又有个体差异。

表16 婴儿情绪发展的时间表

情绪类别	最早出现时间	诱因	经常出现时间	诱因
痛苦	出生后1~2天	机体生理刺激	出生后1~2天	同前
厌倦	出生后1~2天	不良味刺激	出生后3~7天	同前
微笑反应	出生后1~2天	睡眠中机体过程节律反应	1~3周	同前及刺激面颊

兴趣	出生后4~7天	适宜光声刺激	3~5周	适宜光、声或刺激物体
愉快(社会性微笑)	3~6周	高频语声和人的面孔刺激	2.5~3个月	人面孔刺激或面对面玩耍
愤怒	4~8周	持续痛刺激	4~6个月	同前及身体活动持续性受限制
悲伤	8~12周	持续痛刺激	5~7个月	与熟人分离
惧怕	3~4个月	身体从高处突然降落	7~9个月	陌生人或新异性较大物体刺激
惊奇	6~9个月	新异刺激突然出现	12~15个月	同前
害羞	8~9个月	熟悉环境中陌生人接近	12~15个月	同前

注：此表来自于《婴儿心理学》，孟昭兰，北京大学出版社，1997年。

父母应该根据宝宝的情绪特点，培养宝宝积极愉快的情绪，他是宝宝从事探索、发展认知能力的保证。宝宝在愉快的情绪状态中易于接受父母的教育和诱导，能取得事半功倍的效果；而消极、不良的情绪不利于宝宝的身心发展，也不宜于使宝宝接受教育。

培养积极愉快的情绪要从满足宝宝的生理需要开始。安静、整洁的环境，营养丰富的食物，适合发展水平的玩具，都能使宝宝生理上得到满足，产生愉快的情绪，此外，父母要与宝宝建立亲密的情感和关系，以帮助宝宝建立信任感和安全感。

七、6个月前宝宝手眼协调动作

手眼协调动作是婴儿有目的地认识世界和摆弄物体的萌芽，是婴儿的手成为认识器官的开始。婴儿的手和眼，开始时是分开活动的，经过一段时间后，才逐渐协调起来，这是智力发展到一个新水平的标志。作为家长，应尽早给婴儿提供各种机会，进行这方面的训练。

(一)手眼协调动作的发展过程

手眼协调动作，指手和眼的动作能够配合，手的运动能够和眼球运动——视线一致，按照视线去抓住所看见的东西。研究表明，婴儿手眼协调能力的发展，经历了如下阶段：

1.动作混乱阶段。出生一个月以内的婴儿，除了一些本能动作外，婴儿的动作往往是混乱的。两只眼睛的动作有时也不协调，一眼向左，一眼向右。手的动作也没有条理，只是胡乱摆动，但是，相对婴儿眼球运动的发展和协调，手的动作发展要早得多。

2.无意抚摸阶段。2~3个月的婴儿，当手偶然碰到被子或别的东西时，他会去抚摸物体。这时手的动作特点是：只会沿着物体的边沿移动，或者用手拍物体，但不会抓握物体。动作是无意识的，没有任何目的。

3.无意抓握阶段。3~4个月的婴儿，如果有人把东西放到他手掌上，他就会去抓握。他有时会把手里的玩具摇得发出响声，但实际上这并不是他有意把玩具弄响，而是手的无意挥动，使手里的玩具随着手的动作而发出声音，这时的抓握与新生儿本能的抓握反射已经不同，不像以前那样紧紧抓住。

4. 手眼不协调的抓握。在手眼协调动作发生之前，婴儿看见他眼前的东西，会伸手去抓，但是他的手总是在物体周围打转，不能准确地到达目标。手的动作不能同视线协调起来，大脑还不能支配手去抓握眼睛所看见的东西。

5. 手眼协调的抓握。4～5个月以后，手眼协调动作发生了。这时手动作的特点是：能够按照视线去抓住所看见的东西；动作有了简单的目的和方向，并能做出简单而有效的动作；还伴有许多不相干的动作。6个月之前不会换手。

6. 开始有双手的动作。6个月的宝宝喜欢抓握并摆弄玩具，喜欢乱撕、乱扔、乱敲、乱投玩具，喜欢把玩具放进嘴里啃，但还不能有意识地换手。

（二）手眼协调动作训练

1. 利用玩具进行训练

2～3个月的孩子常常注视自己的手或眼前的物体，这时家长可摇动或弄响玩具，引起他的注意，再抓住他的手臂伸向他注视的玩具，使他能够抓握或触摸；

4～5个月的孩子已能自如地抓取他所看到的摆在眼前的玩具，这时家长可拿出机动玩具摆在他够不到的地方，吸引他手眼跟踪；

5～6个月时，可让宝宝拿着玩具进行敲打练习，并训练其双手同时握两个玩具的能力。

6个月，宝宝抓握并摆弄玩具。在继续练习抓握的同时，教宝宝学会摆弄手中的玩具，如怎么把小猫捏响、怎么摇拨浪鼓等。妈妈要向宝宝多次示范，以引起宝宝的兴趣，当宝宝做成功一个动作时，妈妈要及时给予表扬。

不要阻止宝宝把玩具放到嘴里啃。宝宝还特别喜欢把手里的东西放到嘴里啃，其实是想进一步了解手中东西的特性，这能满足宝宝的求知欲望，发展视觉和手的动作。因此妈妈不必阻止这些动作，但要保证玩具干净及宝宝的安全，不能给宝宝太小的物体，以防宝宝塞入口中，误吞入气管引起窒息。

提供可乱敲、乱投、乱撕、乱扔的玩具。6个月时，宝宝能准确抓握、捏、摇玩具。宝宝会乱敲、乱投、乱撕、乱扔玩具，以了解自己的动作会带来什么样的结果，一旦发现自己有一个新动作，就喜欢不断地重复。给宝宝一些容易撕的纸让他练习，还可以给宝宝一些小块食物让他捡起来。宝宝对小片的新鲜水果和蔬菜感兴趣，这可以锻炼宝宝手的灵活性。

有意识地训练宝宝换手。宝宝还不能有意识把玩具换手，这时要培养宝宝学会把一只手上的玩具换到另一只手上。教他用一只手去抓握玩具，握紧后再松开，放到另一只手上。开始时动作会很间断，多次练习后宝宝就能把动作连贯起来了。当宝宝可以很舒服地坐在高椅上的时候，还可以把一些薄脆饼干放在椅子的托盘上，先告诉宝宝怎样把它们捡起来再放下，怎样捡起来放到嘴里吃，怎样捡起来放到另一只手里。然后伸出你的手，把手张开，看看他是否会捡起一片食物放进你的手里。

2.在日常生活中有意进行训练

比如：孩子吃奶时，可让孩子扶着妈妈的乳房和奶瓶；大一点可让孩子自己练习把饼干送到嘴里，用拇指和食指捏住他想要吃的食物入口；练习用杯子喝水，一岁左右让他自己拿小匙送饭菜入口，自己学脱鞋，拿着钥匙插锁眼，拉开、关上家具抽屉等。在生活中进行训练是"举手投足皆学问"。

课程拓展

表17 4~6个月宝宝适合的玩具

名　称	建议活动	所培养的技能
浴室玩具（包括沉浮玩具）	洗澡时放在澡盆或浴缸里，便于宝宝抓握，增加洗澡的乐趣	手眼协调能力 认知能力
软性积木	认识积木，抓握积木	认知能力 手眼协调能力
	家长给宝宝搭积木，做出新的造型	
软性球类	抓握	手眼协调能力
能够发出声音的填充玩具	认识填充玩具的名称，如娃娃、小猫等	社会行为
	拖着填充玩具	认知能力
	让它发出声音	因果关系
不倒翁	摇晃，试图推倒	因果关系
适合宝宝特点的图书	读书	阅读的兴趣

请你思考：

1.宝宝坐的训练有几种？分别是什么？

2.谈谈宝宝良好情绪情感培养的意义。

3.如何给宝宝添加辅食？

7~9个月宝宝

一、7~9个月宝宝发展状况

(一) 7~8个月宝宝发展状况

表18　7~8个月宝宝生理发育指标

	体重(千克)	身长(厘米)	头围(厘米)
男孩	9.35±1.04	72.6±2.6	45.3±1.3
女孩	8.74±0.99	71.1±2.6	44.1±1.3

表19　7个月宝宝心理发展特点

分类	项目	测试方法	通过标准
大运动	独坐	将宝宝放于平板床上给其玩具玩	独坐玩耍10分钟以上
	扶站	扶宝宝双手腕站立	扶站10秒以上
精细动作	对击玩具	父母一手拿一块积木对击,然后宝宝模仿	能模仿去做
	拨弄小丸	将宝宝置于坐位,将小药丸(鱼肝油丸)或大花朵放在桌面上,提示其抓握	一把抓
言语	用动作表示语言	引导宝宝对语言用动作回答,如再见、谢谢、欢迎等	会做1-2种
认知	找藏起来的玩具	当着宝宝的面把玩具藏在枕头下面	能找到玩具
社交行为	要求抱	观察宝宝看到父母或照料人时的反应	主动要求抱
	便前出声	观察宝宝在大小便前的表现	出声或动作,会坐盆

表20　8个月宝宝心理发展水平

分类	项目	测试方法	通过标准
大动作	爬行	宝宝俯卧于床上,用玩具在前面逗引,鼓励其爬行	会手膝爬行
	会坐起躺下	宝宝仰卧时能自己坐起再躺下	会仰卧到坐并会自己躺下
精细动作	拇食指对捏	宝宝坐在桌旁,将大米花放在桌子上,鼓励其捏取	能用拇、食指对捏
言语	懂得语义	和宝宝做游戏时,鼓励其模仿父母的动作的或声音,如再见、谢谢,或弄舌等声音	会模仿动作或声音
认知	认五官	鼓励宝宝用手指出五官,如眼、耳、口、鼻	认识1个以上
社交行为	懂表情	父母面对宝宝表现出高兴、悲伤、生气等,观察宝宝表现	知道2-3种表情
	捧杯喝水	宝宝喜欢用水杯喝水,水杯盛少量水,让宝宝双手捧住,父母稍加协助	能捧杯喝水

（二）9个月宝宝发展状况

表21　8~9个月宝宝生理发育指标

	体重（千克）	身长（厘米）	头围（厘米）
男孩	9.92±1.09	75.5±2.6	46.1±1.3
女孩	9.28±1.01	73.8±2.8	44.9±1.3

表22　9个月宝宝心理发展特点

分类	项目	测试方法	通过标准
大动作	扶走	让宝宝立于地面，扶双手鼓励其迈步	迈3步
	扶栏站起	于床栏上挂玩具，鼓励宝宝站起来	能自己扶栏站起，直立半分钟
精细动作	投积木入筐	父母示范，将积木投入筐中，鼓励宝宝去做	能模仿投入
	按开关	平时教宝宝开关电视、录音机、电灯等	能用食指开关3种以上
言语	招手"再见"	和客人说"再见"时招手，让宝宝模仿动作	会招手表示再见
	拍手欢迎	客人来访时拍手"欢迎"，让宝宝模仿动作	会拍手表示欢迎
认知	听名称指物	让宝宝听名称指出相应物品或自己身体的部位	会指2种以上
社交行为	模仿表演儿歌	父母加动作和表情表演儿歌，鼓励宝宝模仿	能模仿父母动作
	坐盆大小便	将便盆放在固定地方，坚持训练宝宝坐盆大小便	会找便盆并坐盆大小便

二、分离焦虑与亲子依恋

分离焦虑和陌生人焦虑是指宝宝对母亲表象的建立和对母亲与他人的区分引起一种新的、典型的感情社会化现象。6个月以前，母亲出现时，认识母亲，发出微笑；母亲离开，映像消失。而5~6个月开始有了明显的记忆力，回忆母亲映像的能力引起一种新的感情：母亲不存在，婴儿就会感到痛苦。

（一）分离焦虑

1. 分离焦虑的概念

分离焦虑——指当宝宝已经与主要抚养人（如妈妈）之间建立了比较安全和稳定的亲子依恋关系，但同时又要和妈妈分离时，宝宝表现出的焦虑、不安、烦躁、惧怕等情绪反应。研究表明，6个月左右宝宝会出现分离焦虑。

当亲人离开时，宝宝会表现出条件性焦虑。这是非常正常的现象，也是宝宝认知、记忆能力发展的表现，是一种进步。但是这种焦虑如果持续时间过长，或者程度过于严重，就会限制婴儿认知、社交等方面的发展，也会对家长造成一定的负担。这种现象不能消除，我们要做的就是如何来缓解宝宝的这种焦虑，让宝宝能健康、快乐、自信地成长。

2. 如何减轻分离痛苦

（1）在妈妈需要离开宝宝时，要事先对宝宝安抚，如用语言"妈妈要离开一会，一会再回来看宝宝",并抱一抱、亲一亲宝宝,用食物或宝宝喜欢的玩具来安抚。

(2) 在妈妈离开时,另一位主要抚养人要来代替妈妈陪伴宝宝,用玩具逗引,分散宝宝的注意力。用这样的方法在妈妈离开时给宝宝一个预期的情境,逐渐地宝宝会知道妈妈走后还会回来,与母亲的分离焦虑就会逐渐减轻。另外,妈妈离开宝宝的时间应由短到长,让宝宝有一个适应的过程。

(3) 可以和宝宝经常玩"藏猫猫"的游戏,让宝宝意识到妈妈看不到了还会回来,以减轻宝宝的分离焦虑。

(4) 妈妈千万不能欺骗孩子,欺骗是父母在教育上无能和失败的表现。

(二) 安全依恋

1. 亲子依恋的内涵

依恋理论最初由英国精神分析师约翰·鲍尔比(Bowlby)提出,他试图理解婴儿与父母相分离后体验到的强烈苦恼。根据鲍尔比的观点,依恋是婴儿与特定对象之间的感情联结,它发生在婴儿和经常与之接触、关系最密切的成人之间。因此,感情依恋经常发生在母婴之间,分为安全型依恋、反抗型依恋、回避型依恋三种类型。

2. 宝宝依恋的发展阶段

前依恋期(0~6周):宝宝对任何人都会出现相似的行为,他会以哭、笑等情绪召唤照料者。

依恋关系建立期(6周至6~8个月):宝宝对父母等抚养者回报更多的微笑,这也带给了父母更大的满足感。

依恋关系明确期(6~8个月至18~24个月):当宝宝的抚养者要离开时,他们会大吵大闹明显地反抗。

3. 建立良好的安全依恋

宝宝和他的主要抚养人之间会建立起安全依恋,但不是所有的宝宝都十分相信他们经常接触的,哪怕是那个特定的对象。这就意味着并非每个宝宝都能对特定对象形成安全依恋。因此,并非每个宝宝都把母亲——最经常接近的特定对象当作"安全基地"来对待。

4.6个月的宝宝在主要抚养人(如妈妈)离开时,会出现焦虑不安的状况,这种焦虑状况只有在经历过母亲多次离开后的体验,对母亲离开时建立起她一定会回到身边的信赖感时,宝宝才会在母亲离开时有安全感。

具有安全感的宝宝能够毫无惧怕地离开母亲自如地到处探索,他们相信可供他们信赖的人不会丢弃他们,并会在他们需要的时候和他们在一起、对他们提供保护。这些宝宝的认知智慧和创造性等方面的发展能使其自身成为进取、胜任和聪颖的人,同时良好的社会交往能力能使他们很好地适应未来社会的需求。

未建立起安全感的儿童则缺乏这种信任,只要抓住母亲就想挂在她的脖子上,生怕她再离开。这样的儿童就在一定程度上失去享受与别人交往和认识事物的机会。

那么，形成依恋安全感的条件是什么呢？据安斯沃思（Ainsworth）的观点，母婴感情联结建立的关键变量，是母亲对婴儿所发出的信号的敏感性及其敏感反应。当母亲能始终不渝地听取婴儿的信号，正确地理解和解释这些信号，并作出及时、恰当的反应时，这意味着婴儿发出的信号产生了效果，从而发展一种对母亲的信任和预见，形成依恋安全感。

有研究表明，父母的抚养方式会导致宝宝千差万别的依恋类型。如何做才可以建立宝宝良好的依恋安全感呢？

（1）父母在宝宝出生后的6～18个月中，增加与他亲密接触的机会。即使是短暂的爱抚、拥抱、亲吻都可以让宝宝感受到你的爱。如果由于工作繁忙的原因，长时间地让保姆或祖辈带养宝宝，自然会错失良机。

喂养宝宝是母亲和孩子之间最常见也是最为密切的交流活动，母亲应利用这一活动，积极和宝宝建立良好的关系。比如：宝宝吃奶的时候，妈妈要抱抱小宝宝，多用手抚摸小宝宝的身体，由额头到脑后，由头到脚端，再由身体中心向手脚前端，这样有节奏地抚摸，而且动作要柔和缓慢，让孩子感受到妈妈的爱抚；母亲可以一边喂奶一边跟宝宝说话，让宝宝熟悉妈妈的声音；母亲还要多看宝宝，和宝宝形成目光的对视，让宝宝熟悉妈妈的脸，感受妈妈的存在。同时还要多朝宝宝微笑，亲亲宝宝的小脸蛋；当宝宝发出一些声音，母亲还要积极模仿宝宝的声音，给宝宝反馈，让宝宝感受到母亲关注自己，喜欢自己。

（2）宝宝经常会用自己的哭声、笑声、行为、眼神等表示自己的需要和反应，作为宝宝的主要抚养人，尤其是妈妈要认真倾听宝宝发出的信号，并且对这些信号做出合理的解释并给出正确的回应。

总之，在日常生活活动中，母亲首先增加与宝宝接触与交流的机会，并且对宝宝发出的各种信号能合理地理解并恰当地应答，增进母亲和孩子之间的情感交流，促进宝宝安全依恋的建立，从而减轻宝宝的分离焦虑。

三、宝宝认生——陌生人焦虑

（一）现象

宝宝长到4～5个月的时候变得怕生起来。前几个月，朋友来家做客，抱抱3个月的小宝宝，宝宝会笑脸相迎、手舞足蹈。而过了2～3个月朋友再来家里，他以为孩子长大了，他曾经抱过他，和宝宝算有了"交情"，可当他热情地再去抱宝宝时，宝宝竟然翻脸不认人，大哭起来，甚至拼命躲开客人。很多妈妈觉得很不好意思，认为宝宝真不给自己长脸。

（二）时间

婴儿出生后能感知到人脸的模样，他特别喜爱母亲的脸，以后逐渐辨认出亲近的人

0~3岁亲子教育

和陌生的人脸的不同,进而出现"认生",即陌生人焦虑。"认人"到"怕生"是婴儿认识能力发展过程中重要的变化,说明婴儿的感知和记忆能力在发展,对亲人和陌生人能加以区分,并产生不同的反应,因为对陌生人不熟悉,不喜欢,他会感到恐惧、不安全,所以产生了"怕生"现象。这说明婴儿开始有了情绪的记忆,这恰恰是一种进步。婴儿期的"怕生"现象一般在1岁半左右都会随着认识范围的扩大,接触陌生人机会增多,逐渐消除了对陌生人的恐惧,也自然地消除了"怕生"现象。但是,由于每个孩子所处的环境不同、父母的教育方法不同,有的孩子到了3~4岁仍然存在"怕生"的现象,这就需要引起父母的注意了。

(三)宝宝认生的原因

1. 环境是很主要的因素

现代家庭多为小型化的3口之家,住的又是高楼独户,关上门就是一个小天地。独生子女在家中多数时间仅面对自己的父母,长年累月无外人接触。父母仔细观察宝宝的反应,就能有针对性地让宝宝的需求得到满足,慢慢使孩子形成一种习惯,在心理上形成一种"定势",认为只有和父母在一起最安全,最自在。宝宝与父母之间建立起了一种依恋安全感,见到陌生人则感到不安全。

2. 教育不当会导致"怕生"

(1)怕孩子单独外出会闯祸,而吓唬孩子,孩子变得胆小,怕见生人;

(2)怕孩子外出受到别人的欺侮,怕吃亏、学坏,认为还是关在家中好;

(3)怕孩子与人接触传染疾病,情愿让孩子闭门独处。

这些父母都是人为地限制了孩子的活动范围和交往机会,使孩子不能获得外界的信息,过着封闭式的生活,就必然会使婴儿期自然的"怕生"现象延续到幼儿期,甚至还会影响到儿童和青年时期的个性。

(四)解开宝宝认生的对策

解开宝宝的怕生情结,不是一天两天的功夫,往往需要家人投入大量的时间和精力来培养。在平时的照顾中,父母就要注意一些细节问题:

1. 渐渐认识陌生人

家中来了陌生人,不要急于将宝宝抱到陌生人面前,介绍给客人,也不要马上让客人抱孩子,不然会造成孩子心理上的压力和不安全感,宝宝会因为紧张和惧怕出现哭闹。这时你可以把孩子抱在怀里,大人们先交谈,让孩子有一段时间的观察和熟悉,渐渐地他的恐惧心理消退后,就会对客人笑,会友好地"交流"。如果孩子见到陌生人后马上出现了哭闹,应立即把宝宝抱离客人,等宝宝情绪稳定下来再慢慢接近客人。

2. 陪伴宝宝

到了一个陌生的环境,宝宝可能会将你抓得更紧,这时,你不要离开宝宝,而应当多陪伴宝宝,和宝宝一起认识新环境,并将新环境里的一些有趣的东西指给宝宝看,让宝宝摸一摸，使宝宝对陌生的环境逐渐熟悉起来。等宝宝熟悉之后，就能放开手脚玩了。

3. 藏猫猫

宝宝3个月的时候，就可以和宝宝玩这个游戏。对现阶段的宝宝来说，不在眼前的东西就是不存在的。那时，你可以用丝巾蒙住宝宝的脸，然后，把丝巾从宝宝脸上移开，对宝宝说："猫。"或者用丝巾遮住你的脸，然后移开，宝宝一般会目不转睛地看、观察。这就使宝宝初步理解，看不到的东西不是不存在了，而是暂时看不见。宝宝八九个月的时候，你就可以躲得远一些，比如躲在门后边，藏到其他房间，让宝宝适应与你有短时间的分别。并逐步和其他看护的人建立起信任。这样宝宝就不会只缠住一个人不放。

4. 带宝宝到室外

只要天气好，每天都应该让宝宝到户外活动，一来可以认识许多事物，二来可以接触很多不同的面孔。对这些面孔，开始宝宝会惧怕，但时间长了，就渐渐不害怕了。

5. 带宝宝参加活动

父母们可以自发地，也可以到育儿机构，参加一些婴幼儿的活动，增加宝宝的参与意识，扩大宝宝和同龄伙伴的社交范围，让宝宝熟悉各种面孔，学会在陌生的环境与陌生人相处，让宝宝不再害怕。

四、父婴关系

一般来说，父亲角色和在社会上承担的职业职能决定了父亲参与抚育子女的时间少于母亲。但从对参与抚育婴儿或哺养早期婴儿负主要责任的父亲的研究中发现，父亲表现了与母亲同样的敏感、慈爱和技能，对婴儿发出的情绪和活动信号同样做出积极的关切和有效的反应。因此，父亲完全有能力和充分的责任心承担对婴儿日常生活的照料和与之进行有效的相互交往。父亲与婴儿之间的感情交流可以使父婴之间形成同母婴之间同样的依恋联结。

随着婴儿年龄的增长，父婴交往或父婴关系在婴儿的成长中，日益起着重要的、不可取代的作用。父亲在哺育活动之外还参与婴儿的游戏活动，成为婴儿重要的游戏伙伴。父亲与婴儿在游戏中和谐共处，交流玩耍技巧，分享游戏引起的兴趣、感情和成功的喜悦。有研究表明，婴儿在15个月时，母亲是主要的游戏伙伴；20个月时父亲就成为基本的游戏伙伴；而到30个月时父亲已成为主要的游戏伙伴了。还发现，20个月婴儿对父亲发起的社会交往游戏比对母亲的游戏更感兴趣，反应更积极；2岁半时，婴儿与父亲一起玩时更投入、更兴奋与合作。

通过父婴关系与交往，父亲对婴儿的多方面发展产生影响：

1. 父亲影响婴儿性别角色的形成

父亲与婴儿的相互交往，在与母婴交往相衬托和对比的情况下，有助于儿童对男性和女性的作用与态度产生理解；这方面如果没有父亲的参与，男孩的男性特征和女孩的女性特征均将因没有鲜明对比而受到削弱。研究表明，4岁前不与父亲一起生活的男孩在性别角色上趋于女性化。同时，早期失去父亲的女孩在女性角色的形成上也受到影响。兰姆等（1986）、李丹（1987）均报告过，单身母亲家庭生长的女孩，在以后与男性交往时往往表现焦虑和无所适从，因为她们缺乏稳定而可靠的男性榜样。

2. 父亲影响婴儿个性品质的形成

由于父亲引导婴儿参与的游戏往往较多是运动型的、技术型的和智能型的，父亲较多以他们固有的男性特征，诸如独立性、进取性、合作性、自信心等影响儿童。他们敢于冒险、勇于坚持和克服困难，热情、宽厚等特征，婴儿在不知不觉中模仿与学习。这就与婴儿从母亲的性别特征中得到诸如关心人、同情人、温和、善良等方面的潜移默化结合起来，形成婴儿较完整的人格基础。

3. 父亲影响婴儿认知的发展

婴儿经常从母亲那里学到语言、生活知识或物品用途等方面的知识，而父亲经常通过运动操作，诸如修理车辆、机械、使用工具、修整园林等活动，使得婴儿对动手操作感兴趣，这就激起儿童的探索精神、想象力和创造性，以及求知倾向。有研究发现，父亲与婴儿交往的数量和婴儿的智商有正相关。研究还发现，在4组男孩中，A，B两组是没有父亲或父亲基本上不参与儿童教养；C组父亲每周陪伴男孩不足6小时，D组父亲每周陪伴男孩在14小时以上。结果表明，C，D男孩智商高于A，B组，其中D组又高于C组（1980）。

4. 父亲对婴儿社会行为的影响

父亲与婴儿为伴往往能扩大婴儿的社会活动范围和社交内容，影响婴儿的社交兴趣和需要。这就有助于儿童积累社交经验和社交技能。父亲引导婴儿的游戏，与之频繁地交往，激起婴儿的积极反应和兴趣。在这类交往中的一个重要特点是双方更多以平等的、有来有往的方式进行，从而有助于儿童理解对方语言，体会对方感情，从而调整自己的行为。在此期间，婴儿不但学习了行为准则，而且懂得了许多社会交往技巧。

总之，父婴交往对婴儿及其日后发展有不可代替的作用。尽管这种关系存在着不同家庭之间的差异，然而，父婴关系与母婴关系互相补充和加强，是儿童社会行为、个性品德、智慧品质、感情色调等全面发展的最优条件。完美的父婴和母婴之间关系的协调将为我们培养儿童完善的个性提供沃土。

五、宝宝爬行

（一）爬行的好处

1. 宝宝爬时需要抬高并左右转动头部，这有利于锻炼颈部肌肉。

2. 宝宝爬行与其未来的脊椎健康有着密不可分的关系。爬需要胳膊及手腕的力量支撑整个上半身，因此，有利于锻炼胳膊及腕的力量，对今后用笔涂鸦、用勺子吃饭都有好处；爬行能强化宝宝手、脚的关节，并且锻炼腹部、背部的肌肉，使这些环绕在脊椎周围的肌肉强壮有力，有助于宝宝站立时维持良好的姿势，进而减轻脊椎的负担。

3. 爬行可以增强宝宝四肢肌肉的力量，促进四肢的协调、灵活及身体平衡。爬行时，四肢共同参与，共同用力，可以增强四肢肌肉的力量，为宝宝学习走路打基础；宝宝要顺利地爬行，四肢保持动作的协调一致很关键，这样有利于锻炼宝宝的协调能力，并使宝宝学会走路后，不易跌跤，增强动作的灵活性；爬行经常变换姿势，可以促进小脑平衡机能的发展。

4. 爬行可以让宝宝有更多的机会接触周围环境中的物体，丰富视听经验，为婴儿扩大对周围世界的认识创造了条件。

5. 爬行时手掌与地面或其他物体的接触，则有助于触觉的开发和手指的灵活运用。

（二）宝宝爬行的阶段及如何让宝宝学会爬行

根据爬的动作发展规律，宝宝的爬行可分为：蠕动打转爬、给外力爬和独自爬三个阶段。

1. 蠕动打转爬

这时婴儿要爬而爬不动，四肢挣扎，身体在原地打转而不动作。

这时成人要把婴儿喜欢的玩具放在其前方，左手托着婴儿的胸腹部，右手抵住婴儿脚底，促使他向前拿到玩具。如开始时婴儿实在爬不动，那成人可把玩具递给他玩，满足其愿望，以后逐渐学会。

2. 给动力爬

这时婴儿自己向前爬，爬不动，甚至向后退，但如果用力蹬着东西就能向前爬的动作。

这时成人在婴儿不远处的前方，放置孩子喜欢的玩具，成人一手推着左脚，一手推右脚，另一成人在前面拉右手，拉左手，使婴儿用力用脚蹬着成人的手掌向前爬。也可用毛巾毯兜在宝宝的腹部让其练习爬行。

3. 独自爬

这时婴儿不用人帮助，自己能爬。

这时成人要训练婴儿手脚协调一致地爬。

（三）爱心提示

1. 保护膝盖

孩子皮肤柔嫩，容易擦伤，最好在训练时给他穿上棉护膝或轻便长裤，切忌穿短裤训练。

2. 爬行环境的安全

孩子在学会真正爬行之前，也可能从安全的角落意外翻滚到危险的地方。在会爬之后，又毫无任何顾虑，乱拿东西放到嘴里。所以家长应想办法将房间收拾安排好，清除周围不安全的物品。

3. 让宝宝在自己的视野范围内

不要把宝宝单独留在房间里,这样容易发生意外。可以把宝宝放在安全的干净的地板上,周围放一些有趣的合适的玩具,并经常关注他。

4. 播放好听的音乐轻松愉快爬行

宝宝爬的时候,可以放些好听的音乐,妈妈也可以和宝宝聊天、讲故事,让他感觉爬是一件很轻松、快乐的事。

5. 时间不宜太长

每次爬的距离和时间不要太长,一般20米左右即可。

6. 趣味性

如果宝宝已经两三岁了,就有了很强的自我意识,再让他爬,他会反抗。因此想让孩子爬,大人仅仅站在一边督促是不够的,还要陪着爬,一来使十孩子通过模仿来学习,二来带动孩子爬的兴致。也可以用其他游戏增加爬的乐趣,比如,早晨起来时,妈妈让宝宝从被子的这头爬到另一头;让宝宝从扁的包装箱中爬过去等等。

六、训练宝宝站立

猿到人的很关键的一步是直立行走,这是需要克服很大压力的。站立的先决条件是腰及下肢骨骼和肌肉的充分发育。因此,家长应适时做好相应的准备工作。比如当孩子4个月时,就可以有目的地训练其腿的支撑力,可将双手扶在孩子的腋下,将其略举起后放下,当孩子的小腿一接触到平面时,即又将其重新举起,让他的小腿反复做蹬跳动作,并予以逗乐,以引起孩子欢快的情绪,但应注意举落的动作应轻柔、缓慢,次数不宜过多。

孩子的站立动作训练,可分为两个阶段,即扶站和独站。

(一)扶站

即孩子扶着人或物能够站立的动作。扶站又可以分为扶腋下站、扶双手站和扶一手站。

1. 扶腋下站

一般在孩子5~7个月时开始训练,如经常玩的《蹲蹲舞》。成人将两手伸入孩子腋下,使孩子双腿伸直站立在床(平)面上,一段时间后,成人可试着稍放松双手,让宝宝试着自己站立,应注意保护,以免摔倒。

2. 扶双手站

一般在宝宝7个月以后开始训练。成人紧握孩子双手,扶着宝宝站立在床(平)面上,这时宝宝两臂向前平伸,紧握成人双手,两腿伸直,两脚平放,孩子自己两手用力扶着成人站好,但此时成人万不可用双手提拉着孩子站立。开始训练时每次时间短一些,次数少一些,以后逐渐增加,但仍须注意保护,以免宝宝摔倒。

3. 扶一手站

宝宝用一只手扶着人或物站立的动作。一般在宝宝8个月后进行训练，也可根据"扶双手站"动作发展情况而定。

当成人扶着宝宝站立比较稳后，可安排宝宝扶着栏杆站立，也可训练把玩具放到栏杆上吸引孩子，使孩子从坐位扶栏杆至站立，或者把玩具放在床（平）面上，使孩子从扶栏杆的站立位到坐位的训练，这具有一定的难度，根据宝宝的具体情况慢慢训练。

（二）独站动作

即宝宝不用任何帮助，不扶任何物体，完全独自站立的动作，可分为独站片刻和独站自如两个阶段。

1. 独站片刻

即宝宝不用帮助，自己能站立一会的动作，一般在宝宝10个月左右开始训练，也可根据"扶一手站"的动作发展情况而定。方法：成人先扶宝宝站好，其后就试着松开宝宝扶着站的一只手，让宝宝练习单独站立的动作，最初很容易摔倒，成人应注意保护宝宝，以防摔倒。

2. 独站自如

即孩子不用帮助自己能站好，左右转身动作自如，一般在"独站片刻"动作发展的基础上，开始训练这个动作。

总之，训练孩子站立时，应借助玩具创设良好的站立环境（如平地、软地、低扶物、无尖角等）。天天训练并让孩子试着将两腿略微分开，以降低重心，使之站得更稳一些。

课程延伸

表23　7~9个月宝宝适合的玩具

名称	建议活动	所培养的技能
拉绳音乐盒	捆在婴儿车上，让宝宝学会如何通过拉绳使音乐盒发出声音	手眼协调；因果关系；音乐能力
玩具鼓	随意敲打，满足宝宝手的动作的需要	听觉刺激；手眼协调能力；因果关系
积木	练习抓握	手眼协调能力
	成人用积木搭出造型	
拖拉玩具	推拉，利用玩具上栓的绳把它拉过来	解决问题的能力
带盖的盒子或瓶子	盖盖	手眼协调能力；因果关系
装玩具的小盒子	把玩具拿进拿出	手眼协调能力；认知能力
	藏找玩具	
卡片	认识事物的名称	认知能力；语言能力

请你思考：

1. 宝宝爬行的阶段及各阶段的特点有哪些？
2. 宝宝分离焦虑和陌生人焦虑的原因及缓解途径是什么？

10～12个月宝宝

一、10～12个月宝宝发展状况

表24　10～12个月宝宝生理发展指标

	体重(千克)	身长(厘米)	头围(厘米)
男孩	10.49±1.15	78.3±2.9	46.8±1.3
女孩	9.80±1.05	76.8±2.8	45.5±1.3

二、10～12个月宝宝心理发展特点

表25　10个月宝宝心理发展特点

分类	项目	测试方法	通过标准
大运动	独站	扶宝宝站立后松开手	独站2秒以上
	扶推车走步	让宝宝扶推车或床沿,鼓励其迈步	能够站稳并迈步
精细动作	熟练对捏	把宝宝放在座位上,将米花放在面前的桌子上,鼓励其捏取	能熟练用拇食指捏取
	打开杯盖	父母示范打开杯盖过程,让宝宝模仿	能模仿做
言语	叫爸爸或妈妈	观察宝宝是否能有意识地叫"爸爸"或"妈妈"	见妈妈叫"妈妈",见爸爸叫"爸爸"
认知	认图片卡	念物名让宝宝拿出相应的图片卡	听物名能拿或用手指出相应的图片卡
社交行为	懂命令	指令宝宝做几件事,如"把※※拿来""把※※给妈妈""坐下"等	懂命令,并做相应的事
	配合穿衣	经常训练宝宝配合穿衣,鼓励宝宝穿上衣伸胳膊,穿裤子伸腿	能配合

表26　11个月宝宝心理发展状况

分类	项目	测试方法	通过标准
大运动	站稳	扶宝宝站稳,给他一个玩具后放开手	独站10秒以上
精细动作	翻书	向宝宝示范将硬皮书打开再合上,反复几次	能模仿父母的动作
	打开纸包	在宝宝注视下,用一张纸包裹2.5厘米的小球,鼓励宝宝打开	能主动打开并找到小球
言语	伸手"要"	观察宝宝是否有意识地发出一个字音,表示特定的意思,如"要""走""拿"等	能发一个字音,表示特定的意思或动作
认知	用棍够玩具	将玩具放在床下伸手够不到的地方,给宝宝一根棍子,看他是否知道用棍够	知道利用棍子够即可,不一定要取到
社交行为	随音乐或儿歌做动作	放音乐或念儿歌时,鼓励宝宝随节奏做动作,如点头、拍手、踏脚、摇动身子等	能随节奏做简单的动作
	蹬掉鞋	上床前让宝宝脱鞋	能用脚蹬掉鞋

10~12个月宝宝

表27　12个月宝宝心理发展状况

分类	项目	测试方法	通过标准
大运动	独走	鼓励宝宝在父母之间独立行走,不要快	能独立走2~3步
	蹲下又站起	逗引宝宝扶床栏站起,再用玩具引导他自己蹲下	能独自站起、蹲下
精细动作	用蜡笔戳点	用蜡笔示范,在纸上戳出点或画一道	能戳出点
	搭积木	拿出4块积木,向宝宝示范	会搭1-2块,且不倒
言语	模仿动物叫	向宝宝出示不同动物卡片,鼓励其模仿小动物的叫声	会模仿5种小动物的叫声
认知	人身体部位	指出身体各个部位,如手、脚、腿、肚子等,让宝宝回答	会认2-3处
社交行为	要东西知道给	向宝宝索要其手中玩具或食品	理解语言,知道给
	用勺吃饭	给宝宝勺和碗,让宝宝用勺吃饭	能将饭送入口中

二、宝宝动作能力发展的特点

儿童动作的发育包括了大运动和精细动作。大运动往往是指肢体、躯干的动作,而精细动作则表示手的动作及手眼的协调动作。

1~3个月的小婴儿动作的发育刚刚开始,还相当原始。1~3个月的婴儿大运动主要表现在头部的发育。1个月的婴儿,俯卧时头只能稍稍抬起一下,很快又下垂,扶坐时头低垂;2~3个月时,婴儿俯卧时头开始能抬起来,与床面呈45度角,扶坐时头能一晃一晃竖一下;3个多月的婴儿俯卧时能抬头达90度角,抬头较稳,扶坐头向前倾,但头竖得稳;4个月时就可以让宝宝练习坐了。

在婴儿空腹时,可以让他趴在床上,训练孩子抬头;当婴儿能用双臂支撑上半身抬头时,可拿玩具在婴儿的头前、左、右摇动,训练婴儿转头和把头抬得更高,然后帮助婴儿练习翻身;妈妈也可以一只手摇晃玩具,逗引婴儿向一侧转头,另一只手则轻扶婴儿背部,帮他侧翻身。

手部动作的发展:1~2个月的婴儿,由于握持反射的存在,手指虽然有时会伸展,但基本上是握紧拳头,或随同手臂和脚一起乱动。3个多月,随着握持反射消失,手经常呈张开姿势,开始有了一种不随意的抚摸动作,他可以无意地抚摸衣服,被褥,抚摸抱他的母亲,或者偶然碰到的东西,抚摸自己的双手,这种最初的抚摸动作标志了婴儿认识活动的开始。

婴儿动作发展的规律:

(一)从整体到分化

初生婴儿的动作是全身性的、笼统的、泛化的,进一步发展分化为局部的、准确的、专门化的。新生儿的体态呈蛙状,四肢屈于身体两侧。有需要时,总是全身运动。不论是愤怒的哭,还是高兴的笑,也不论是想吃奶,还是想睡觉,总是四肢挥动。随着年龄的增长,婴儿动作慢慢趋向分化。

（二）从上到下

婴儿大运动能力发展的规律：

抬头→翻身→坐→爬→站→走→跑→跳→攀登，从上肢到下肢的方向发展成熟的。

婴儿精细动作能力发展的规律：

双手紧握拳（1个月）→伸开手（2个月）→被动握持（3个月）→主动抓握（4~5个月）→抓不准（5个月）→伸双手满把抓物（5个月）→双手握积木（6个月）→倒手（7个月）→满手指捏（8个月）→拇指、食指捏（9个月）→食指扣、按、抠（10个月）→盖瓶盖（10个月以后），从无意识到有意识，即向有意识支配的方向发展。

（三）从大肌肉动作到小肌肉动作

婴儿动作发展是一个从胎儿（孕2~3个月）到3岁前后的连续性、阶段性的发展过程；动作发展受神经系统成熟程度的内在制约，而环境是其发展的催化剂，所以父母要把握时机，给孩子创造良好环境条件，全面促进婴儿各方面能力的发展。

三、正确对待宝宝扔东西

宝宝长到9~10个月，神经系统迅速发育，动作也有了很大进步，两只手的活动已很自如，不仅仅可以传递玩具，而且可以捏起小的物品，还能将发响的玩具捏出声音。这时，宝宝还喜欢把手里的玩具扔到地上，扔完一个再扔一个，如果家长帮他捡起来，他会再扔，而且可能还扔得更快，这是为什么呢？

（一）宝宝扔玩具的原因

1. 宝宝喜欢听玩具掉在地上发出的不同声音

不同的玩具掉在地上会发出不同的声音，宝宝被这些声音所吸引。有的宝宝还会用东西敲敲打打来满足自己听声音的兴趣。

2. 宝宝想引起成人注意

宝宝不喜欢孤独，喜欢成人逗他，陪他一起玩，他扔玩具是吸引成人和他玩，等成人走近他时，他边扔边笑，显得很开心。

3. 宝宝想借扔玩具来显示自己的能力

宝宝在说我不但可以站起来，还可以把东西扔出去。

（二）对策

1. 准备适宜的玩具

家长对宝宝的这一游戏要耐心配合，给宝宝一些不同弹性又耐摔的玩具，如皮球、吹塑玩具、木块等，让宝宝扔着玩，了解物体的不同性质。

2. 和宝宝一起扔着玩

妈妈也可以改变方式和宝宝玩，家长可以把玩具扔出去，让孩子体验捡东西的滋味，促进亲子互动。

随着思维的发展，宝宝扔玩具的行为会很快减少。

（三）"有意破坏"与"无意破坏"

宝宝的"破坏行为"可以分为"有意破坏"和"无意破坏"，1岁左右宝宝的"破坏行为"主要是"无意破坏"。这是因为宝宝的脑、眼、手、足之间的协调不能一致，大脑分析和判断事物的能力不够，以致判断时间和空间的距离、物体重量和体积的程度等方面不准确。这些由于生理原因造成的"无意破坏"，家长应该理解宝宝，而不能责怪或惩罚他。2岁以后，宝宝可能由于"敌对"情绪引起的报复、不愉快情绪的发泄或炫耀自己的能干而乱扔玩具或食物，就是一个应该教育的问题，家长应正确对待。

四、宝宝鞋子的选择

给宝宝选择一双好鞋非常重要。一般来说，穿鞋除了美观之外，最主要的功能是保护脚。宝宝7~8个月前穿鞋的主要目的是保暖，最好穿软底布鞋，并且鞋比宝宝的脚略宽。当宝宝开始学爬、扶站、练习行走时，也就是需要用脚支撑身体重量时，给宝宝穿一双合适的鞋显得非常重要。为了使脚正常地发育，使足部关节受压均匀，保护足弓，要给他们穿硬底布鞋。

选鞋时要注意以下几方面：

1. 依脚形选鞋

要根据宝宝的脚形选鞋，即脚的大小、肥瘦及足背的高低等。

2. 鞋面的质量

鞋面应以柔软、透气性好的材质为佳。

3. 鞋底不宜太软

鞋底应有一定的硬度，不宜太软，最好鞋的前1/3可弯曲，后2/3稍硬不易弯折；鞋跟应比足弓部略高，以适应自然的姿势；鞋底要宽大，并分左右；宝宝骨骼软，发育不成熟，鞋帮要稍高一些，后部紧贴脚，保护脚踝不左右摆动。

4. 尺寸不能过大

宝宝的脚发育较快，平均每月增长1毫米，买鞋时，尺寸应稍大些，但决不能过大，及时更换新鞋是很重要的。

五、学步车的选择与使用

在宝宝学会走路之前，很多家长都选择为宝宝选择学步车帮助宝宝学习走路，殊不知学步车的选择与使用也是有讲究的。

（一）选购要点

尽量购买正规厂家生产的学步车，并可按宝宝的身高进行调节。

注意产品的稳定性和框架强度，尤其要检查锁紧装置是否可靠，以防造成意外伤害。零部件要定期检查维修。

（二）使用要点

1. 宝宝没有学会爬之前不要使用，否则易造成身体平衡和全身肌肉的协调问题，还会增加"O"形腿和"X"形腿的发生率。

2. 父母要在旁边看护,严禁在高低不平的路面、楼梯口、厨房和靠近电器等危险场所使用。

3. 每次使用时间不要太长,最好不要让宝宝在车里独自玩耍。

4. 宝宝走一会儿,就把车子锁住,让他坐下来玩一会儿玩具或益智游戏。学步车前的玩具必不可少,有了它们,宝宝的学步欲望才会持续高涨。

5. 为宝宝准备一件背带装作为宝宝学步装,注意背带装的两条带子一定要有松紧性和可调节性。

6. 可用一条宽毛巾裹住宝宝胸腹部作为学步带,这样父母就可以基本直立,不会太累,而且宝宝要跌倒的时候,妈妈能立即保护好宝宝。

(三)长期逗留在学步车内的危害

1. 身体发育

学步车把宝宝固定在其内,使宝宝失去学习各种动作的机会,还可能会影响大腿部肌肉的正常发育,影响宝宝的协调性和平衡能力的提高,不利于身体的全面发展。

2. 情绪性格

宝宝被孤立,缺乏同周围各种事物的联系能力,容易变成一个冲撞、激进的宝宝。

3. 安全隐患

因无人靠近宝宝,宝宝在学步车内到处猛冲,很容易使自己受伤;孩子在学步车内会够到平时够不着的有毒物品或发烫的东西,非常不安全。

注:美国儿科学会(AAP)极力反对使用学步车。

六、宝宝学走路

走路,对宝宝来说是大运动发展的一个关键环节,也是家长关注的重点。大多数孩子在1岁左右开始学习走路。

(一)宝宝不宜过早学习走路

孩子出生后,从躺到站立行走约需一年的时间,如果孩子没有想走路就不要强迫他走。通常孩子在10~18个月开始学走路,具体到每一个孩子,一旦他感到自己能走了,就会给父母发出信号。因此,家长最好的办法就是耐心等待,顺其自然。

走路早仅仅表明孩子运动机能发育得比较早,孩子骨骼中含有较多的水分和有机物,柔软易变形,过早学习走路,腿部负担过重,即使不缺钙也容易因重力的作用,造成"O"形腿和"X"形腿,容易成"内八字"或"外八字"。

(二)宝宝学走路的过程

1. 迈步反射

刚出生时,宝宝的腿不够有力,无法支持自己的身体,不过,如果你在宝宝的腋下扶住他,他就能把腿垂下来,用双脚蹬在较硬的地面上,就好像走路一样。这是一种自然的条件反射，宝宝的这种行为只会持续两三个月。

2. 扶蹦

到宝宝5个月左右时，就可以由你扶着他在你的大腿上蹦一蹦了。在此后的两三个月里，宝宝最喜欢的活动就是这样蹦了。事实上，随着宝宝依次学会翻身、坐起和爬行，他的腿部肌肉力量会不断加强。

3. 扶物站、扶物走

到8个月左右时，宝宝大概开始能自己扶着家具站起来了，经过两三个星期掌握了这种站姿后，宝宝就会开始扶着东西走上几步，即从一件家具移向另一件家具靠着。宝宝甚至可能已经能松开手，不扶着东西独站上一会儿了。一旦他学会了不用支撑站立的技巧，当你扶着宝宝走时，他也许能向前迈步走出去，甚至还能在站着的时候弯腰捡起玩具来。所以，一定要确保宝宝能接触到的东西都是牢靠稳固的。

4. 屈膝、从站到坐

到9或10个月大时，宝宝会开始掌握如何弯曲膝盖，并学会从站立的姿势坐下来，这可比你想象的要难得多。

5. 独自站立、弯腰、蹲下，抓手走

到11个月大时，宝宝很可能已经掌握了独自站立、弯腰和蹲下的要领，甚至还能抓着你的手向前走，不过，可能至少还需要几周时间，宝宝才能开始自己独立迈步走。多数宝宝在最初学步时主要是用脚尖走，并且双脚呈外八字。

6. 独自行走

到13个月大时，3/4的宝宝都已经能自己走路了，只不过还是摇摇晃晃的。如果你家宝宝到这时候还要扶着东西走，那也只说明他还需要一些时间才能自己走。

（三）父母必知

1. 把握时机

孩子具备了一定的腿部力量，能够抛开支撑物，独自稳当地蹲下并起立时，是训练孩子学走路的最佳时机，这时需要家长正确、有效的帮助。

2. 给宝宝充分行走的机会

妈妈要放手让宝宝大胆地学习走路，不能嫌脏或怕摔一直抱着宝宝，让宝宝失去了学习走路的最佳时机。

3. 行走环境的创设

家长要注意给宝宝创设良好的学习走路的环境条件，地面平坦、舒适、清洁，周围没有安全隐患。

4. 玩具

给宝宝提供坚固可靠、支撑底座比较宽的学步玩具和拖拉玩具。皮球也是宝宝学习走路时很好的玩具。

5. 掌握正确的训练孩子走路的方法

①扶物站

一般孩子学走路的时候,一定是在支撑物的帮助下进行的。支撑物可以是成人的手、栏杆、床沿,也可以是学步车、小推车等;当孩子刚刚能够离开支撑物独立站立时,做父母的切不可一厢情愿地强迫孩子独立行走,而应让他继续在支撑物的帮助下练习。

②扶双手走

你可以站或跪在宝宝面前,伸出双手,鼓励他向你走过来。或者你也可以拉着宝宝的两只手向自己这边走。

③独自迈步

可以父母双方配合,妈妈在后面扶着宝宝的腋下,爸爸在前面用玩具逗引宝宝,鼓励宝宝向前迈步,妈妈可以根据宝宝的情况随时松开手,让宝宝独立迈步,但应该让宝宝在自己的一臂之内随时保护宝宝,爸爸在宝宝快拿到玩具的时候可以适当地向后退,逐渐增加宝宝走路的距离。

6. 可以通过游戏的方式让宝宝练习走路

相信通过父母的辛苦努力,宝宝很快就可以稳当地走路了。

七、宝宝赤脚走路

我们经常看到许多孩子喜欢赤着脚走路,甚至有个别孩子因偶尔赤着脚走路而显得特别高兴。

(一)赤脚走路的好处

1. 有利于增强宝宝的抵抗力和耐寒能力,增进健康,满足新鲜感。现在,许多国家都提倡让孩子赤脚走路。事实证明,孩子在赤脚走路后体质显著增强,特别是从小赤脚走路者,患伤风感冒的次数明显会减少。

2. 宝宝赤脚走路,使足底稚嫩的肌肤直接接触地面摩擦,从而增强足底肌肉和韧带的力量,促进足弓的形成,避免平足的发生。

3. 赤脚走路使感觉器官直接接受大地的刺激,可以为大脑提供更多更准确的信息,增强孩子的平衡性和协调性,从而增进宝宝的智力发展。

(二)宝宝赤脚走路注意事项

1. 路面平坦、洁净、安全

宝宝赤脚走路,应选择在干净的房间里、院子里或公园里,路面要平坦、洁净,无小钉、沙子、玻璃碎片等。若是在户外,最好是有草坪的地方,或专用的石子路,不宜安排在水泥地上。

2. 时间不宜过长

宝宝在户外光脚走路时,开始时间不宜过长,一般在10分钟左右,以后逐渐延长,但最多不宜超过半个小时,要注意走与坐相结合。

3. 季节选择

宜选择在春末至初秋季节,夏季要防止足部灼烫,不要在太阳暴晒的地面上让宝宝走。

4. 光脚走路后应及时洗净脚

总之,让孩子赤脚走路,对其各方面的发展大有好处。如果家有洁净的地板,可让孩子一年四季都走,冬季可加穿袜子,这样让孩子在日常点滴的生活活动中都得到锻炼,促进其动作的发展。

八、宝宝断母乳

国际卫生组织规定母乳喂养的时间为出生到两岁,但在我国,大多家长会选择在9~12个月这个时期为孩子断奶。

(一)断母乳前的注意事项

1. 按时添加辅食

母乳充足的宝宝,到4个月后应给宝宝添加辅食,为断母乳做准备。从开始断母乳到完全断母乳需经过一段适应的过程,通过逐步添加辅食来代替母乳。

2. 不能说断就断

不做好断母乳的前期准备,就突然不给宝宝吃母乳,会严重影响宝宝的情绪,甚至引起疾病。

3. 下列情况下不能断

炎热的天气,夏季气温高,宝宝食欲下降,影响了营养素的吸收,使身体抵抗力减弱;如果宝宝生病了,也应等到病愈后断母乳;如果宝宝移居外地或更换保姆,也暂时不宜断母乳。

4. 断母乳不能太晚

过晚断母乳,母乳中所含的营养物质逐渐减少,已不能满足宝宝生长发育的需要,容易导致宝宝发生各种营养缺乏症;而妈妈长期喂奶,容易引起夜间睡眠不良,精神不佳,甚至引起月经不调、闭经、子宫萎缩等问题。

(二)断母乳后的喂养

1. 选择食物要恰当

食物的营养要全面,除了瘦肉、蛋、鱼、豆浆外,还要有蔬菜和水果。断母乳初期最好保证每天饮用一定量的牛奶。

宝宝断奶时,尽量用品种丰富、易于消化的辅食来喂养他,这样可以尽快转移宝宝对母乳的依恋。半流质的汤、粥类不但容易吸收,而且富含多种维生素和膳食纤维,能够有效地保护宝宝的肠胃,预防断母乳后发生便秘。

2. 饮食要定时定量

刚断母乳的宝宝，每天要吃5餐，早、中、晚餐时间可与父母统一起来，但在两餐之间应加牛奶、点心和水果。

3. 烹饪要讲究

要注意宝宝辅食的色香味俱全，吸引宝宝吃辅食的兴趣，淡化对母乳的依恋。

（三）宝宝依恋母乳

1. 引起孩子依恋母乳的原因

（1）未及时添加辅食

4~6个月是培养孩子味觉适应的最佳期。无论孩子吃母乳，还是吃配方奶，这个时期均需要开始添加辅食。如果错过这个时间，会造成以后接受食物困难，有些孩子表现为只爱吃奶，拒绝其他食物。

（2）辅食添加不足

4~6个月开始添加辅食后，需要按添加顺序逐步添加食物种类，增加食物量，以补充孩子的能量及营养需求。如果此期存在辅食添加不足或不当，则孩子有可能表现为依恋母乳。

（3）分离焦虑

6个月以后，孩子出现了依恋行为，并有了害羞、分离焦虑等负面情绪。有些孩子以贪吃母乳的方式来缓解这种焦虑情绪。这种退化性行为是孩子自我保护的表现，以期从这种方式中得到安慰。

（4）生病

在孩子生病期间，会出现依恋母乳的情况。通过吸吮母乳，孩子的心理可以得到安慰，这也是寻求帮助的表现。

（5）用母乳哄孩子

婴儿早期，父母不细心地分辨孩子哭闹的原因，常用吃母乳的方式哄孩子，以至于养成了宝宝哭闹时依赖母乳的习惯。

孩子贪恋母乳的时间有长有短，短则几天，长则几个月的时间。当孩子出现这种行为时，会影响到孩子的体格发育。作为父母要适当地调节，尽量避免和减轻宝宝依恋母乳的坏习惯。

2. 预防及改变宝宝的依恋母乳行为

（1）按辅食添加原则及时添加足量辅食，只有这样，才能使孩子摄入足够的营养，不发生偏食现象。

（2）对于将吃母乳作为心理安慰的孩子，需要继续喂母乳，以安抚孩子心中的焦虑，同时，父母需要丰富孩子的生活，增加他的活动范围，将其注意力转移。待孩子不需要的时候，会自然减少吃母乳的次数，切勿打骂、训斥或拒绝孩子。

（3）抚养孩子的过程中，需要细心地照顾孩子，分析、了解孩子的需求，不能一味地用母乳哄孩子。

（4）如果父母想给孩子断母乳，需要选择气候适宜、孩子身体健康的时候，并要逐渐减少吃母乳的次数，不能断然不让孩子吃母乳。否则，孩子将有被遗弃的感觉，且心理会受到恶性刺激。在孩子贪恋母乳的时候，最好不要给孩子断奶。如果必须这样做，应该咨询保健医生，采取更有利于孩子身心发展的方法。

九、宝宝的学习

（一）习惯化与去习惯化

习惯化与去习惯化是一种在婴儿时期经常出现的，二者有着密切联系的学习现象。但是它们却经常被人们所忽略，而且可能还不认为这些现象中蕴含着学习。

习惯化是个体不断地或重复地受到某种刺激而对该刺激的反应减少的一种现象。这是人脑的一种功能，它是要排除那些已熟悉却仍重复出现的刺激物以免使脑负担过重的一种方式，为新异刺激保留注意的脑力活动。如：婴儿经常朝向某种新异刺激物，但在一段时间之后，对这一刺激物的注意较少或消失。习惯化反应（对刺激的反应减少）表明婴儿已习得了这个刺激，这时如果有另外的新异刺激出现，婴儿的注意立刻转向它，对新异刺激的反应恢复和增加，就是去习惯化。我们把婴儿的习惯化和对新异刺激的反应的现象看作是婴儿的特有学习方式。

习惯化和对新异刺激的反应性之所以被看作是婴儿的学习，是因为：

1. 在大脑中枢构造了刺激物的心理表象；

2. 对新异刺激物的知觉与已有表象之间的比较。

婴儿对重复作用于他的刺激物兴趣下降表明他已习得了这个事物，对新刺激物的新异反应表明婴儿对前后两种刺激物作了比较。一个刺激物重复出现时，表明新刺激与已有表象之间匹配一致，说明婴儿已"知道"了这个事物，不需要再去注意；而只有当新的刺激与已有表象之间不匹配时，注意才会再度出现，于是婴儿大脑中将储存更多的表象。

习惯化包括下列要点：

1. 能够引起习惯化的刺激必须是连续多次重复出现和出现时必须持续一段时间。

2. 能够引起习惯化的刺激必须是婴儿能产生选择性定向反应的刺激，如光线、颜色、形状、声音等。而那些不能引起婴儿选择性定向反应的刺激，如室温，则不会引起习惯化。

婴儿的习惯化与对新异刺激的反应现象经常发生在日常生活与人和物体的相互作用中。从早期婴儿学习的观点看，习惯化和去习惯化现象给我们的启示是：

1. 单调的、不断作用的刺激引起婴儿厌烦，失去兴趣，不利于学习经验的及时增长；

2. 单调的、不断作用的刺激不利于婴儿提高其对外界刺激的选择性和接受上的灵活性；

3.习惯化与新异反应性的适当运用是促使婴儿学习的有效手段。经常更换环境刺激物和玩具,可以保持婴儿的活跃、兴趣状态。以前熟悉了的刺激物,在间隔一段时间以后再出现时,也能起到一定的新异性作用。

但习惯化与新异反应不是较大儿童学习的主要方式。

(二)经典条件反应

1.条件反应形成的条件

(1)条件

①存在一种具有生物学关系的刺激与反应之间的联系,如食物出现引发唾液分泌,食物是无条件刺激,唾液分泌是无条件反应。

②出现一个中性刺激物,如铃声,铃声与食物和唾液分泌无关联时,它只引起一般的注意定向反应。

③当中性刺激与无条件刺激地出现在时间上有某种联系时,中性刺激则起着无条件刺激的作用,成为条件刺激。

(2)条件刺激与无条件刺激出现的时间对条件反应的形成十分重要。中性刺激前置、同时、后置都不会引起条件反应。

(3)刺激强度也是一个重要的因素。只有那些比其他刺激更为突出、更加引人注目的刺激才能起到条件反应的作用。通常,婴儿在熟悉环境中存在的一个强烈的新异刺激,或在陌生环境中出现一个强烈的熟悉刺激时,条件反应才容易建立。

(4)条件刺激与无条件刺激的结合往往需要多次匹配,条件反应才能形成。

2.条件反应在性质上的分类

条件反应从性质上可分为阳性条件反应和防御性条件反应,是从它们作为行为反应的作用而言的。

以食物(或借助于奶嘴吮吸)、口头奖励、亲吻拥抱等具有正性效应的方法建立的条件联系称为阳性条件反应。多用来为婴儿建立良好习惯、鼓励婴儿从事某种活动时使用。例如,以轻柔音乐建立婴儿睡眠节律是人们经常采用的办法;以玩具或食品引导婴儿与陌生人接近,也能起到有效的作用。

防御性条件反应在经典实验中是以电击作为无条件刺激,以铃声或灯光作为条件刺激,所建立的条件反应是由于铃声与电击的多次结合。动物在电击出现之前以抬腿来回避电击,抬腿即防御性条件作用。

防御性条件作用在婴儿生活中是经常发生的,对婴儿起着保护性作用。华生的白鼠实验具有代表性。众所周知,华生把心理归结为行为的主张曾用白鼠实验作为证据之一。华生认为,恐惧是从学习而来的。华生给两岁的Albert一只温顺的白鼠,Albert同白鼠一起玩,一点也不害怕。然而,每次当Albert伸手去抓白鼠时,华生就用锤子敲打一下钢棍。在这种情况下,响亮的钢棍噪声是恐惧的无条件刺激,恐惧是条件反应。通过接触白鼠与噪声的结合，白鼠变成了条件性恐惧反应的条件刺激。

婴儿生活中有很多引起他们恐惧或厌恶的条件刺激，形成很多条件性恐惧或厌恶。例如：医院里医生的白大衣是婴儿注射时引起疼痛的条件刺激，婴儿看见穿白大衣的人就产生躲避行为和哭闹反应。这就是婴儿生活中形成的防御行为。

条件性反应的形成要经过条件与无条件刺激的多次结合，也就是要经过多次强化。由于条件作用的习得性决定了在不强化的情况下，已建立的条件联系可以被消退，也就是产生遗忘。

另一种消除已建立的条件反应的方法是建立反条件作用。例如：一项实验证实，给一个名叫Peter的2岁男孩一只兔子，兔子对他来说，是一个恐惧刺激，同时给他吃喜欢的食物，食物是引起愉快的无条件刺激。经过几次这样的练习，Peter逐渐把兔子同愉快情绪联系起来，而不是同恐惧情绪联系起来，于是就克服了对兔子的恐惧。

条件作用是婴儿时期儿童广泛和普遍的学习方式。无论是他们自己在生活中自发遇到的刺激物之间的联系，或是成人有意在他们身上建立的联系，都是他们习得的行为方式或适应方式。如果父母或教师在对孩子施教时，能意识到那些外来影响的教育含义，就会在婴儿期给他们建立起行为举止、是非对错的内在标准。

（三）操作条件作用

美国心理学家斯金纳的操作条件作用弥补了经典条件作用把人类行为看得过于简单化的缺点，它与人类的学习特性更相符合。实际上人类的学习更多的是通过操作条件获得的。儿童的许多习惯和行为都是通过自身的操作习得的，其中蕴含着儿童的某些主动性。

人们都愿意或倾向于去重复那些有益处的或有愉快后果的行为，不愿做那些令人厌烦或对人有不利后果的事。人们的那些重复行为就起到了加强或避免某种后果的作用。两岁半的阿芳与小伙伴分享玩具的行为受到了妈妈的称赞，以后她就学会常常把玩具分给小朋友，以便更多地受到称赞，她从妈妈的赞扬中得到快乐、自信和满足。这就是操作条件作用。婴儿通过自身的操作行为培养了好习惯，锻炼了社会交往技能，这就是学习。

（四）模仿

模仿是婴儿学习的一种特殊方式。看和听在婴儿经验、脑中的积累，产生了注意、记忆和知觉，婴儿又通过自身的动作活动，反映着他们所看到和听到的，这就是模仿。模仿反过来又为从视听得到信息的保存和加工提供一种视—动觉之间和有机体外环境及内在模式（指记忆或知觉）之间联系的机制。

婴儿从何时能够模仿以及模仿什么是有争议的。

1977年，玛尔左夫和穆尔拍录了出生12~21天的新生儿对成人伸舌、张口和撅嘴的模仿照片。婴儿并不能看见他们本身的模仿动作，但他们十分喜欢重复这些动作，而在其他动作方面则不出现类似的模仿行为。

许多进一步的研究发现，在10~21周这种模仿消失，而不再出现。

5~6个月的婴儿出现了有意向的模仿。

此后，在10~22个月中，婴儿只是对他们理解了的动作，对他们有意义的姿势作出模仿。例如，对婴儿进行贝利测验（婴儿能力测验之一）时，指令婴儿操作时允许试验者先把操作示范给他们，在此情况下，8~12个月的婴儿会模仿指定的动作，诸如把木块放进盒子，把几何图形板放进模具中，尽管圆形或方形的摆放在开始时不一定准确。这种模仿行为在性质上的改变说明，婴儿早期的模仿反应只是一种不随意的自动化反应，它随着大脑皮质的发展逐渐被以后的有意模仿所取代。

课程延伸

表28　10~12个月宝宝适合的玩具

名称	建议活动	所培养的目标
球	滚球，踢球	大肌肉运动；因果关系
爬行隧道	练习爬行，攀登，锻炼身体各项技能的协调能力	大肌肉能力；探索能力
套塔/套杯	把套塔/套杯按照大小套上去	手眼协调能力；大小概念；因果关系
	旋转套塔/套杯，体会力量与速度的关系	
玩具琴	随意按键，满足宝宝手的动作的需求	听觉刺激；手眼协调；因果关系
	根据音乐做动作	
	给宝宝弹一首曲子	
形状分类玩具	认识形状	形状概念
金属丝串珠玩具	上下移动珠子	手眼协调，因果关系
婴儿餐椅	吃饭，游戏	生活自理能力

请你思考：

1. 引起宝宝依恋母乳的原因是什么？
2. 如何看待宝宝的扔东西行为？
3. 举例说明宝宝学习的几种方式。

13～15个月宝宝

一、13～15个月宝宝发展状况

(一) 13～15个月宝宝生理发育指标

表29　13～15个月宝宝生理发育指标

	体重(千克)	身长(厘米)	头围(厘米)
男孩	11.04±1.23	81.4±3.2	47.3±1.3
女孩	10.43±1.14	80.2±3.0	46.2±1.4

(二) 13～15个月宝宝心理发展特点

大运动——独走自如；用手和脚爬上台阶；双臂随大人做上下运动；能退着走；在大人帮助下能独脚站。

精细动作——能把小木棍多次插入孔内；把小东西放进瓶中，并能拿出或倒出；会盖盖子。

认知——知道书的概念，喜欢翻书页；会搭2～3块积木；会全手掌握笔自发乱画；会用四块积木排火车；会把圆形放入嵌板；指认红色。

语言——与他人进行面部表情和言语交流；说出儿歌的最后一个字；会指认眼、耳、鼻等3处身体部位；会说3～5个字。

社交行为——能听懂大人的简单指令，如"走过来"、"捡起娃娃"；能对大人的问题做出反应，如"你的鞋子在哪？"；知道烫的东西不能摸；大人给穿衣服时知道配合，尝试参与穿脱衣服；抓帽子放在头顶上；会脱袜子；会自己用勺装上食物放入口内；大小便前会用声音做出表示。

二、宝宝需要的环境——"无障碍环境"

(一) 什么是"无障碍环境"

"无障碍环境"是指根据宝宝成长发展的需要，对环境加以规划、调整，使宝宝的活动范围内没有障碍，避免危险。

(二) 创设原因

1. 根据宝宝心理发展的特点，1岁左右是宝宝行走的敏感期，他们热衷于走路，活动的主动性增强，活动范围扩大；

2. 随着宝宝各种能力的发展，对周围环境的支配能力逐渐增强，他们的探索延伸到各个角落。

因此，需要给宝宝创设一个"无障碍环境"。

（三）创设要求

1. 地板不要太滑、太硬，可以铺上地垫来增加安全性和舒适性；

2. 注意地板的清洁，如果有水要及时清理，最好能给宝宝穿上防滑的胶粒袜；

3. 应该把那些具有潜在危险的东西（绳子、药品、塑料袋、细小的东西、电器等）和自己认为最有价值的家当放在宝宝够不着的地方，让宝宝在有准备的环境中自由地生活，这样就可以避免很多危险事件和冲突的发生；

4. 不要使用台布，以防宝宝抓下台布，把上面的东西抖落在地，伤到自己；

5. 定期检查居家环境，消除安全隐患；

6. 开辟小小运动场，在户外为宝宝寻找一块安全的空地，如草地、沙地或儿童游戏场，最好有秋千、木马、滑梯等等。这对于喜欢走来走去、喜欢摇晃的宝宝来说，是锻炼行走能力和平衡能力的好机会；

7. 开发小小游戏场，可以有意带宝宝和同龄孩子玩耍，这时虽然他们还不能交流，不能你来我往地进行合作性的游戏，但可以使宝宝建立初步的同伴概念，培养宝宝不怕生，与别人一起玩的愉快情绪，这对发展宝宝的社会性大有帮助。

三、行走与搬运的敏感期

指孩子学会走路之后，随着运动能力和探索能力的增强，他们喜欢把自己的玩具和家用物品搬到家里的各个角落。宝宝玩得不亦乐乎，可是这样的行为愁坏了妈妈们。妈妈经常会斥责孩子，不要这样做，不要那样做。可是并不起什么作用，宝宝们反而会更加高兴地进行这样的游戏。

其实，我们应该很好地利用宝宝的这个敏感期：

1. 妈妈下班回家，让宝宝帮妈妈拿脱鞋，这样既可以满足宝宝行走与搬运敏感期的心理需求，还可以让宝宝帮妈妈做事情，增强宝宝为他人服务的意识，妈妈对宝宝说："谢谢"，还可以让宝宝体验到自己的本领，体验到为人服务的快乐。

2. 指导宝宝吃完东西后把垃圾扔进垃圾桶里，能让宝宝养成良好的卫生习惯。

3. 家长还可以以游戏的形式满足宝宝的需求。

四、走花坛边的益处

孩子从独自站立到行走，再到稳稳当当地走路、跑步等，是他自身平衡动作的一个发展过程。为了帮助孩子提高平衡能力，家长不妨让孩子走花坛边,进行平衡能力的训练，这不仅省力、省钱、方便，而且孩子喜欢走、乐意走、百走不厌，其好处是多方面的。

1. 让孩子沿着花坛边走，可以纠正孩子不良的走路姿势，如"内八字"步或"外八字"步，同时有利于宝宝足弓的形成，韧带肌肉的发育，增强其腿部力量。

2. 可以使孩子掌握平衡。如：走时如何使自己身体不倒，怎样走才能走得远而且不跌下来。开始时家长可以拉着孩子的手走，并教他脚跟对着脚尖，一步一步向前走。一段时间后,可试着让孩子自己走几步,并注意保护,最后让孩子自己独立行走。刚开始可以两手侧平举走,便于孩子掌握重心,待熟练后可让其拿着东西走,采用游戏的形式进行,如"过小桥"、"造房子"……父母和孩子一起走,使孩子觉得有趣,很乐意走,无意之中促进其平衡能力的发展。

3. 家长还可以利用花坛边,让孩子练习"往下跳"的动作,使其从高处跳下来而不跌倒。对于2~3岁的孩子,这一动作看似容易,做起来却难,需要高度的调整能力和技术。孩子喜欢登高,也喜欢从上面往下跳,开始容易摔跤,家长要注意保护,经过一次又一次的失败,孩子就能慢慢掌握不跌倒的方法,直至稳稳当当地跳下来。掌握跳下来后保持自身平衡的技能,为宝宝以后参加各类体育活动打下基础。

总之,家长应该利用生活中的点点滴滴,对孩子进行动作的训练。走花坛边只是其中的一个例子。

五、电视与儿童智力的开发

(一) 宝宝看电视的作用

有研究指出,儿童期80%的知识是从视觉中获得的。而电视是儿童智力开发的良好媒介,它是适合儿童特点的文化形态,有利于开发儿童智力。

1. 电视开阔了儿童的眼界,向儿童打开了认识世界的窗口,提高了认识能力。儿童可直接通过电视认识许多事物,了解大量的自然科学和社会科学知识,并在这一过程中培养儿童认识、理解问题的能力。如:儿童从"动物世界"中看到企鹅,感知了解了企鹅的许多知识,知道了企鹅生活在南极冰天雪地里,爱吃小鱼、小虾,走路摇摇摆摆。在平时的绘画活动中、儿童就会画出黑白企鹅,并加上雪景;在音乐活动中,能随着音乐摇摇摆摆的走路。

2. 电视还向儿童提供了人类社会生活的逼真画面,使儿童看到了人们的日常生活,增加了社会方面的知识。由此形成了孩子对成人社会表面性的认识。如:儿童从电视中了解了公安干警,也会有意模仿,个别的还设想,长大后,发明机器人做侦察员。电视不仅使儿童对成人社会有初步肤浅的认识,也萌发了儿童想象创造的兴趣。

3. 电视能促进儿童的语言学习,丰富儿童的词汇量。婴幼儿期是学习语言的关键期,电视以其标准的发音、生动的画面和动听的音乐,向儿童提供了模仿和学习语言的机会,儿童通过模仿与理解获得了语言。如:出现各种颜色时,常出现对应的"五颜六色,五彩缤纷"等词汇,儿童对其感兴趣,就会主动学习,反复练习而习得。儿童语言就在这刺激—反应—强化的过程中得到不断发展。

当然,电视也会带来一些消极影响,所以家长要科学地对待电视教育,充分利用积极面来教育儿童,使儿童充分吸收这个时代产物的"营养",开发儿童智力。

(二) 正确对待宝宝看电视问题

由于电视的广泛普及,电视对孩子的影响可能仅次于家庭的影响。对孩子来说,尤其是少儿节目，既能发展其视觉能力和接受科学知识、生活常识，又能形成某些良好的个性品质。家长在指导孩子看电视时，要注意根据年龄特点、理解能力等因素，选择适宜的内容。

3岁前的孩子还无法进行有目的、有组织的观察。他们感知的是事物的表象，喜欢看鲜明突出的事物。他们注意力保持时间短、稳定性差，思维和语言还没有得到很好的发展，家长在指导孩子看电视时，要注意以下几个问题：

1. 要掌握好每天看电视的时间

孩子处于生长发育阶段，需要玩，阅读、讲话、与人交往等各种活动。看电视时间多了，就会影响其他活动，看电视无法促进孩子的体格发育，也学不到社会技能。另外，幼儿的眼睛调节功能比成人差，不宜和成人一样看那么长时间。一般孩子看电视的时间应控制在半小时至一小时。

2. 家长要注意选择电视内容

一般来说，动画片、木偶片和少儿故事片都符合孩子心理特点和理解能力。这些节目中有科学、社会、音乐等方面的内容，孩子可以从各方面受到熏陶和教育。由于孩子的模仿性强，一些经常出现武力打斗的片子家长要妥善选择。

在孩子看电视时，家长也最好在旁边陪同观看，边看边讲，对故事中的优秀品质要加以肯定，对反面形象要着重指出他的错处，让孩子从具体形象的人或事中受到教育，懂得什么是对的，什么是不对的。同时，还可以及时提出一些问题，帮助孩子思考和回忆，比如"这样做好不好？为什么？"对一些题材好的节目，收看之后，还可以要求孩子用自己的语言把它讲出来，既可培养和发展孩子的想象力，又可提高其语言表达能力。

3. 注意看电视的卫生

首先，看电视要保持2～2.5米距离，并尽量保持平视，座位不要太偏，以免造成近视。吃饭时不看电视，以免影响肠胃的消化和吸收，最好饭后休息一会再看。看电视的姿势要端正，歪斜易使脊柱弯曲、变形，造成发育不良。家长还要注意为孩子增加胡萝卜、猪肝、鸡蛋、奶类等富含维生素A的食品，以补充看电视时大量消耗的"视紫红质"。

六、培养宝宝用匙吃饭

在日常生活中，我们常看到很多孩子已经三、四岁了，还要成人喂饭。这对孩子动作的发展及手眼协调能力的发展是极其不利的。一般来说，孩子1岁以后就可以训练用匙吃饭。这个动作的训练，大致可以分为三个阶段。

1. 用匙外溢（1～1.5岁）

孩子在用匙吃饭时，不能把匙中的食物完全送入口中，绝大多数从匙中洒在外面或脸上。

具体训练方法：孩子坐在餐桌边，桌上摆放着孩子用的小碗和小匙，碗中盛不太多的饭菜，饭菜不宜太热，而且味道要好，同时孩子要有饥饿感，这样比较容易学会。父母先示范吃饭，再手把手地教孩子怎样用手拿匙，怎样用匙盛饭菜，又怎样用匙把饭菜送到口中，然后就让孩子自己用匙吃饭。刚开始孩子掌握不好，匙中食物撒出很多，地上、桌上、脸上都是饭菜，父母千万不可嫌麻烦，夺走孩子手中的饭匙，改由成人用匙喂孩子吃饭。这样，一方面打击了孩子的积极性，也伤害了其自尊心，另一方面也阻碍了这一动作的发展。

2. 用匙稍外溢（约2岁左右）

孩子能用匙把大部分饭菜送入口中，撒在外面的食物不多，这是在上一层次训练的基础上逐渐形成的。这时父母同样应该与孩子面对面坐着，用语言或偶尔帮助的方法让孩子自己用匙吃饭，周围要少干扰，饭菜要可口，一对一地进行。

3. 独自用匙吃（2.5~3岁）

孩子自己能用匙自如地把食物送入口中，饭菜基本不乱撒在外面。这时父母一方面要督促孩子尽量不把饭菜撒在外面，另一方面还要注意孩子自己吃饭的量够不够，是否有不良的习惯等。

总之，自己用匙吃饭看起来是小事一桩，其实对孩子动作的发展、自理能力的培养、促进孩子养成良好的进餐习惯是极为重要的。

七、宝宝的脾气变暴躁了

1岁左右的孩子，一碰到不满意的事情，就趴在地上哭；近2岁时，不高兴时居然用手拍打头部；更大一点，不管在家里还是外面，碰到不满意的事情，就躺在地上要赖。碰到这种情形，父母们都会感到心烦头痛。

（一）孩子发脾气的原因

1. 与语言发展有关

这时，宝宝掌握的词汇少，语言发展处于萌芽阶段，很多日常话语不会说、说不清，因此不能很好地表达自己的想法和需要，有时只能通过发脾气、哭闹来表达自己的不满和挫折。

2. 是不安和愤怒的表现

刚开始发脾气时，是因为不能够做或不被允许做他想要做的事。

这种现象一般在1岁左右出现，3岁左右，随着宝宝语言和社会行为的发展，宝宝可按照社会接受的方式处理情感，行动上具有更多的内在控制力，发脾气会慢慢减少。

（二）对策

宝宝和大人一样，也有自己的喜怒哀乐，孩子也会通过发脾气来表达自己的不满。作为大人，如果不能正确地处理孩子这种情绪，可能会引起孩子强烈的反应。当看到孩子发脾气时，应该立刻抱起孩子，以温柔的抚摸和拥抱让孩子放松下来，同时针对不同年龄和特点的孩子，采取不同的措施。如：

1. 不会讲话的婴儿可能会以动作表达他们的情绪，所以成人可以用问话的形式把问题找出来,如"宝宝摔痛了?""玩具找不到了?"

2. 对于行为激烈的孩子,用转移注意力的方法,让他脱离刚才的场景,把他抱到另一处去,和他轻轻地说话。

3. 对那些稍稍懂事的故意耍赖的孩子,不妨先冷处理,不要理他,过几分钟,他反而会自己跑来找成人,这时再抱起他和他说话。对这些孩子,千万不能用哄的方法,越哄,他闹得越凶。

总之,成人总是以自己的方式来爱孩子。当孩子表示出他的要求时,成人却因一时疏忽,而没有做出相应的回应,这是大多数孩子发脾气的原因。所以平时就应该增进与孩子的了解与沟通,稳定孩子的情绪,他们就不会随便发脾气了。

课程延伸

表30　13～15个月宝宝适合的玩具

名称	建议活动	所培养的能力
能发出声音的拖拉玩具	随意推拉,增加行走的乐趣	行走能力
	把一个球当成目标,让宝宝试着用玩具撞球	有意行为,对身体的控制
球类	滚球、踢球、扔球,在活动中感知圆的特征,球的活动对宝宝永远充满了吸引和刺激	手眼协调、大运动技能、形状概念
积木	搭高楼、搭火车,再打乱,推倒	手眼协调、因果关系
	说出积木的颜色,认识积木的形状	颜色形状概念
	把积木放到一个盒子里	里外概念
套装玩具（套杯等）	根据大小套起来(3个左右)	大小概念
	认识颜色	颜色概念
	作为玩沙、玩水的容器	体积、容积概念
锤盒	把球敲进箱子里,问宝宝球到哪儿去了	手眼协调、因果关系
木钉板	把木钉插到板上,并说出颜色	手眼协调、颜色概念
儿童图画书或彩色图片	翻页	精细动作
	认识物品,讲故事	认知能力、语言能力
毛绒玩具	假装喂食、哄睡	精细动作、想象力和社会行为
	指认五官	认知能力、语言能力
玩具电话	学习给别人打电话	语言、社交行为
	认识数字	数概念
电子玩具	向宝宝展示玩具的功能,让他自己按按钮,探索	手眼协调、因果关系

请你思考:

1. 如何给喜欢走路的宝宝提供适宜的环境?

2. 对于乱发脾气的宝宝,你该如何处理?

16～18个月宝宝

一、16～18个月宝宝发展状况

表31　16～18个月宝宝生理发育指标

	体重(千克)	身长(厘米)	头围(厘米)
男孩	11.65±1.31	84.0±3.2	47.8±1.3
女孩	11.01±1.18	82.9±3.1	46.7±1.3

(二) 16～18个月宝宝心理发展特点

大运动——无方向扔球；双臂随大人的手做4个方向的运动；会溜滑梯；能牵着大人上、下楼梯；熟练爬上沙发或椅子；跑步不熟练，显得僵硬。

精细动作——敲打物体；用棍够取玩具。

言语——看图指出4种物体；说出自己的小名；会说10个词；理解大人的要求。

认知——会用4块积木搭高；模仿划道道；把圆形、方形放入嵌板。

社交行为——替大人拿东西或移动物品；模仿大人的词语和动作；开关门；认识自己的东西；端着杯子喝水；会脱掉内裤、袜子和鞋；会保护自己的玩具。

白天自己会控制大小便。

二、婴儿自我的发展

"自我"的研究是立足于作为一个主体的自我，对自己和自己与他人之间关系的认识。

自我是一个很广的概念。它包括自我知觉、自我认知、自我觉知、自我调节、自我监控、自我评价和自尊等概念。由此可见，从自我知觉的发生到自尊的建立，是一个相当长的发展过程，它远远超出婴儿时期而贯穿到成年，甚至终生。从这些概念中亦可见自我是偏重在对自己的认识这个范畴之内的，因此也可称之为自我意识的发展。在婴儿时期，我们大约只能涉及自我知觉、自我认知方面的发展。

主体我和客体我

威廉·詹姆士把自我分为主体我和客体我两个部分。主体我是在主体内、在主观上构成的自我，主体我体验着自己的身体、心理和关系，具有调整、控制和组织的功能，对客体我起支配作用。客体我是将主体作为客观存在的个体来认识的自我，是个体在与环境、他人之间的运作中产生的；是主体通过客观反映、客观评价而认识的自我。客体我又是社会自我，是通过社会折射而产生的。个体通过社会交往，可发现他人对自己的外表、举止、目标、个性等方面的评价，从而导致对自我的认知。

当代对婴儿自我发展的研究大都以婴儿在镜子面前是否产生和增加自我指向行为为指标，进行观察和实验。哈特（1983）总结了大量的有关研究，提出了一个婴儿主体我和客体我的发展体系。她把婴儿自我认知的发展分为5个阶段，前3个阶段为主体我的发展，后两个阶段为客体我的发展。

1. 5～8个月

婴儿显示对镜像的兴趣，他们注视它、接近它、抚摸它、微笑并咿呀作语。但他们对自己的镜像与其他婴儿镜像的反应没有区别，说明他们并未认识到镜像是自己的映像、自己与他人的差别，以及自己是独立存在的个体。因而，婴儿还没有萌生自我认知。

2. 9～12个月

婴儿显示了对自己作为活动主体的认识。表现为他们以自己的动作引起镜像中的动作。他们主动地引起自身动作与镜像动作相匹配，表明婴儿对自己作为活动的主体的认识。这一阶段产生了初步的主体我。

3. 12～15个月

婴儿已能区分由自己做出的活动与他人所做出的活动的区别，对自己镜像与自己活动之间的联系和关系有了清楚的觉知，说明婴儿已会把自己与他人分开。主体我得到明确的发展。

4. 15～18个月

婴儿开始把自己作为客体来认识。表现在对客体特征（如红鼻头镜像）与主体特征的联系上，认识到客体特征来自主体特征，对主体某些特征有了稳定的认识，反映了在客体我水平上的自我认知。

5. 18～24个月

婴儿已具有了用语言标识自我的能力，如使用代词（"我"、"你"）标识自我与他人。婴儿在此年龄已经能意识到自己的独特特征，能从客体（如照片）中认识自己，用语言标识自己。表明已具有明确的客体我。

综上所述，婴儿的自我认知能力是在与外界客体（在试验中使用的是镜像，把镜像作为客体）相互作用中产生的。这种自我认知能力的发展，毫无疑问，对婴儿处理自己与外界事物、自己与他人的关系上更接近社会通例，更符合社会交往准则。正如在前面阐述的同伴关系上，在与人平等相待、共享与分享所得之中，自我觉知有助于婴儿在自我与他人之间进行比较，有助于婴儿更好地将从他人处产生的移情转化为自觉的感情体验。例如，从移情转化为同情及助人意向和行为的过程，自我意识是重要的内在中介因素。婴儿的自我意识的发展，语言的掌握，是婴儿从自然人向社会人转化的关键一步和标志。

三、如何对待宝宝说"不"

15个月左右，不管妈妈对宝宝提出什么要求，她都说"不"，妈妈问宝宝："尿尿吗？"宝宝说："不。"妈妈怕宝宝尿裤子，就哄她尿尿。宝宝一边尿，一边嘴里说着"不不不不不"，搞得妈妈哭笑不得。

分析：

15个月左右，宝宝萌发了最初的自我意识，能够意识到自我的存在，初步认识到自己是一个独立的个体了。他开始使用自己的名字，认识自己的玩具和衣服，特别喜欢探索周围的环境，不仅用眼、手，还会用嘴，而且在自由活动中得到很多乐趣。"不"是表明自己立场和态度的有力工具，使用"不"是维护自己的独立和权益。但是，宝宝很多时候分不清，他是真的不想干这件事情还是顺嘴在说"不"，实际上，他很多时候都是在还没了解到要干什么就先表示自己的异议了。对于1岁多的孩子，有些反抗是完全正常的，其中有些行为不需要专门对待就会自然消失；某些无关紧要的事情，家长可以做些适当的让步，让宝宝按照自己的意愿行动，体验到自己的成功；但是涉及健康、安全等问题，就不能过于放任。对待宝宝说"不"，可以采取以下策略：

1. 不理睬宝宝顺嘴说的"不"

对于宝宝顺嘴说的"不"，家长不要理睬，可以利用自己的策略动员宝宝做你希望他做的事情。比如，宝宝说自己不尿尿，家长可以嘴上不说让宝宝尿尿，但行动上给宝宝脱下裤子，让他坐在尿盆上，如果有尿，他也就尿了。至于他说"不"，就让他说去吧。如果你叫宝宝来吃水果，他说"不"，你就可以描述这种水果多么好看、多么好吃，来吸引宝宝；或者请别人来吃水果，这样宝宝忍不住也过来吃了。

2. 转移注意力

对于宝宝出现的真正的抗拒行为，转移注意力的办法很有用。如宝宝要用嘴探索一个脏东西，不妨教他用手如何来玩这个东西，宝宝一定会有兴趣的，就会把刚才的事情忘掉了。还可以用另外的玩具来吸引宝宝，在这个年龄段的宝宝坚持时间不会太长，注意力很容易转移。

3. 在反抗行为中培养宝宝的独立性

宝宝反抗的目的是要争取独立，即争取按照自己意愿行动的权力。宝宝和家长发生的冲突大多是宝宝希望自己吃饭、喝水、穿脱衣服、探索环境，但是家长往往觉得宝宝年龄小，让宝宝自己做这些事情不仅帮不了忙，反而添乱，不如自己动手来得快。但是，对于宝宝来说，这是学习的机会。对于宝宝，学习的概念非常广泛，绝不只是知识的学习。所以，父母要熟悉宝宝学习的方法，给宝宝学习的机会。

宝宝在学习的过程中，始终需要父母的帮助和鼓励。帮助要适时适当，如果不给宝宝提供帮助，宝宝失败得太多，就会挫伤宝宝的积极性和自信心。但是，帮助太多，就成了包办代替，宝宝动手的机会就少了很多。可以把动作分解开，刚开始时让宝宝完成很小的一部分,逐渐增大量;即使在很小量的时候,也是先让宝宝自己去做,宝宝做不了,家长给予帮助。

鼓励不必是物质鼓励,一个眼神、拍拍宝宝都有肯定的作用,增强宝宝的自信心。对于宝宝,成功本身就是最大的鼓励。培养能力的过程,也是培养独立性的过程。宝宝有了做事的机会,反抗自然就会少了。

所以,家长应该学会在宝宝的反抗行为中培养其独立性。如果家长对宝宝的行为过多的限制,会造成宝宝的任性和执拗;如果家长过多包办代替,则会形成宝宝过分的依赖性。这都是我们不希望看到的。

四、培养宝宝良好的排便习惯

良好排便习惯的养成,有利于宝宝的身心健康。如果方法不当,宝宝时常憋尿或强忍大便,容易发生泌尿系统感染和大便干燥,影响宝宝身体健康;同时也会造成宝宝的紧张情绪。所以,家长应该适时适当地培养宝宝的排便习惯。

15个月时,宝宝开始有尿急的感觉,但往往不能很好地控制,尿液会很快流出来。妈妈可以根据宝宝大小便规律及时提醒,不时地问一下宝宝要不要小便,如果宝宝说不,一般来讲是真的不想小便,不必非让他去坐便盆。当宝宝向妈妈表示要小便时,说明尿已经很急了,可能忍耐不了多久就会尿到裤子里,这时,妈妈要让宝宝尽快去坐便盆。

1岁半到2岁的幼儿大脑神经系统发育成熟,能够控制大小便,可培养自己去坐便盆。

1. 为宝宝选择合适(大小、形状、高低、温度)的便盆

购买便盆时,要挑选适合宝宝用的,口径大小要与宝宝臀部吻合;高度以宝宝坐上后脚能着地为准;尽量满足宝宝的喜好,市场有专为幼儿制作的马头形扶手便盆,可以减少某些宝宝对排便坐盆的反感,可是有些宝宝不喜欢这些,就喜欢坐在痰盂上;便盆接触皮肤的地方有木头的、陶瓷的、塑料的,天冷时宝宝坐在上面比较凉,因此要用布把周围包上,否则影响宝宝坐盆。总之,要从各方面考虑,给宝宝选择合适的便盆。

2. 便盆位置固定

便盆要放在固定的地方,让宝宝知道并随时可以自己找出来使用,免得宝宝想要排便时找不到或够不着便盆。

3. 鼓励宝宝主动坐便盆

我们都说,宝宝是直肠子,吃后便能拉。所以我们还要培养宝宝定时排大便的习惯,通常是在早饭以后。父母要鼓励宝宝主动坐便盆,而不要催,更不要强迫。训练成功时,父母必须加以表扬和鼓励。如果强迫宝宝排大小便,宝宝会反抗、抵触,训练便成了问题。

4. 干净卫生

便盆要干净，不要让他感到坐盆不舒服而产生反感。每次坐盆时间不要太长，五六分钟即可，否则易使宝宝脱肛。

5. 父母的正确态度

由于宝宝约束自己大小便的能力需要时间，所以在练习自己坐盆排便时也会失败，因此父母不要惩罚或批评，要及时给宝宝换衣裤。

6. 专心坐盆

坐盆时不要玩玩具或吃东西，让宝宝知道坐盆是为了排便，不能坐在这里玩耍。虽然宝宝这时已可以独立坐盆排便，但父母也要密切观察动向，看宝宝是否需要帮助。

7. 便后洗手

排便后教宝宝将手洗干净，养成良好的卫生习惯。

8. 适时穿合裆裤

宝宝1岁半左右能自己坐盆排便，有了一定的生活自理能力，这时候就该让宝宝穿合裆裤。从夏季开始，先穿合裆短裤，逐渐适应在大小便时脱裤子，以后再穿合裆长裤。到冬季时，可以在里边穿开裆棉、毛裤，外面套一条合裆裤。也可以把裤裆做成既可开又能关的形式，既方便宝宝大小便，又达到穿合裆裤的目的。通过一段时间的训练和适应，到2岁以后，可以全穿合裆裤了。

穿合裆裤的必要性：

①穿开裆裤不卫生：宝宝会爬、会走以后，穿开裆裤坐在地上，容易使露在外面的外生殖器和臀部受感染。特别是女孩，会弄脏会阴部；女孩的尿道短，当尿道口受到污染时更容易发生尿道炎、膀胱炎等泌尿道感染（上行性感染）。

②容易传染肠寄生虫病。

③幼儿时期，宝宝的户外活动增多，冬季寒风从开裆处吹遍全身，容易使宝宝感冒。

④男宝宝穿开裆裤给其有意识地玩弄外生殖器创造了条件。

⑤较大的宝宝穿开裆裤不雅观。

五、吃出个健康宝宝

（一）影响宝宝吃饭的因素

1. 情绪好坏影响食欲

就餐时，中枢神经和副交感神经（保持身体安静时的生理平衡，如：协助营养消化，保存身体能量）适度兴奋、消化液开始分泌，胃肠就开始蠕动，有饥饿感，为接受食物做准备，接着完成对食物的吸收、利用，有益于宝宝的生长发育。情绪的好坏对中枢神经系统有直接的影响，当宝宝生气、发脾气时，易造成食欲不振，消化功能紊乱。

2. 边吃边玩害处多

宝宝一边吃一边玩，会导致胃的血流供应量减少，消化功能减弱，引起食欲不振。由于宝宝吃几口，玩一阵子，使正常的进餐时间延长，饭菜变凉，还容易被污染，影响胃肠道的消化功能，会加重厌食。这不仅损害了宝宝的身体健康，也使宝宝从小养成做事不严肃、不认真的坏习惯，长大后往往学习不专心，边玩边学，上课不专心听讲。

（二）宝宝养成吃饭好习惯

1. 饭前1小时内不吃零食，平时零食不能吃得过多，热量不能过高。
2. 不能进食过多凉食、冷饮，防伤脾胃，以保护肠胃功能。
3. 吃饭时忌看电视、书及手持玩具。
4. 饭菜花样经常更新，引起宝宝食欲。

（三）父母不可强迫宝宝进食

1. 容易导致厌食

为避免父母的责骂，宝宝在极不愉快的情绪下进食，没有仔细咀嚼，硬咽下去，宝宝根本感觉不到饭菜的可口香味，对食物毫无兴趣，久而久之，厌烦吃饭。

2. 消化能力减弱

宝宝在惊恐、烦恼的心情下进食，即便把饭菜吃进肚子里，也不易将食物充分消化和吸收。长期下去，会造成营养不良，更加重拒食，影响正常的生长发育。

（四）宝宝不宜多吃的食物

1. 肥肉

瘦肉含蛋白质多，肥肉含脂肪多，肉越肥含脂肪越多，供给的热量也就越高。肥肉很香，便于幼儿咀嚼、吞咽，许多宝宝爱吃肥肉，它能供给宝宝营养物质——脂肪，能提供热量，是宝宝生长发育所必需的，但不要多吃。

长期过量地吃肥肉对幼儿的生长发育十分不利。

（1）脂肪进食过多，导致体内脂肪过剩，使血液中的胆固醇和甘油三酯的含量增多，使心血管疾病的发生率增高。

（2）体内产热过剩，过多的热量以甘油三酯的形式储存在体内，是肥胖症的祸根。

（3）肥肉中约含90%的动物脂肪，其含饱和脂肪酸较多，含胆固醇高，由于消化率低，在胃内的停留时间长，吃后易产生饱食感，会影响宝宝的进食量。

（4）高脂肪的饮食将影响宝宝对钙元素的吸收。

2. 油炸食品

油炸食品中的油条、油饼、炸糕通常作为早点食用，炸薯条、炸土豆片是宝宝极喜爱的小食品。如果让宝宝经常食用，对他的正常发育很不利。

（1）油炸食品在制作过程中，大量的维生素被破坏，失去了食物中维生素的供给。

（2）油炸食物时反复用过的剩油，含10多种有毒的不挥发物质，对人体有害。

（3）油炸食品不好消化，影响食欲。

（4）制作油条时必须加入明矾，常用的有明矾和明矾钾，这两种物质都含有铝的成分。铝是两性元素，与酸碱都能反应，反应后产生的化合物易被人体吸收。

①铝化合物如沉积于骨骼中，可使骨质变疏松；

②如沉积于大脑中，可使脑组织发生器质性改变，出现记忆力减退、智力下降；

③如沉积于皮肤中，可使皮肤弹性降低，皮肤褶皱增多。

④此外，铝还会导致食欲不振和消化不良，影响肠道对磷的吸收。

3. 膨化食品

膨化食品香、脆、酥、甜，是宝宝喜爱的零食，但是这类食品不宜给宝宝吃，因为膨化食品中含有危害人体健康的铅。

当爆米花时，爆米机的铁罐被烧得很热，铁罐内壁上的铅锡合金，在加热的过程中便以汽化的形态进入爆开的米花中，污染了食物。含铅高时，全身各组织器官都受到影响，尤其是神经系统、消化系统、心血管系统和造血系统受损更严重，可表现为精神呆滞、厌食、呕吐、腹痛、腹泻、贫血、中毒性肝炎等。

尽管膨化食品中纤维素的含量较高，但与铅的危害相比，利小于弊，宝宝少吃或不吃为好。

（五）宝宝不宜吃太多——饮食过量导致"食积"

宝宝的自我控制能力很差，只要是爱吃的食物，如糖豆、牛肉干，就不停地吃。宝宝吃了过量油腻、生冷、过甜的食物，胃胀得鼓鼓的，小肚子溜溜圆，从而引起消化不良，食欲减退，中医称"食积"。

宝宝患食积后，腹胀、不思饮食、恶心，有时吐不出来，精神不振、睡眠不安。因此，父母要严格控制宝宝进食量，不能一味宠爱。

如果宝宝患了食积，可以从饮食入手调理。

适当控制进食量，饮食应软、稀，易于消化（米汤、面汤之类），经6~12小时后，再进食易消化的蛋白质食物。同时还要让宝宝到户外多运动，帮助消化、吸收。

父母要培养宝宝良好的饮食习惯，每餐定时、定量，避免食积发生。

课程延伸

表32　16~18个月宝宝适合的玩具

玩具	建议活动	培养能力
大型推动玩具	随意推动，增加行走乐趣	行走能力
	在车里放满玩具或食品，让宝宝送到屋子里的不同地方	行为的有意性，想象力
适合宝宝抓握的沙包(缝合紧密、不易破损、轻重合适)	指定一个目标(室内的盒子或室外的一块大石头)，让宝宝用沙包击中目标	手眼协调能力，行为的有意性
	让宝宝认识沙包的颜色、形状和数量	颜色、形状和数量概念
	和宝宝一起玩投掷，借此来说明轮流的概念	社会规范

钥匙(废弃的钥匙,注意卫生)	让宝宝用钥匙假装打开门或箱子	想象力
	把钥匙当作乐器使用,随着音乐打节奏	节奏能力
	在钥匙上贴上有颜色的标签,在纸板上剪出几个钥匙孔,并标记与钥匙相对应的颜色,让宝宝对号入座	手眼协调,颜色概念,一一对应
油画棒(无毒,易拿)	随意涂画	手眼协调,写字前的准备工作
	认识油画	颜色概念
形状盒(圆形、方形、三角形)	把不同的形状放到相应洞穴里,并说出形状名称	形状概念
	说出形状的颜色,数出数量	颜色概念和数概念
洒水玩具	浇花或把水洒在适宜的地方	手眼协调
	把水倒入其他容器,先倒入一个大容器,再倒入一个小容器	手眼协调,容积概念
烹饪玩具	模仿做饭	精细动作,想象力
	帮助宝宝把不同的食物分类,例如水果、蔬菜等	分类能力
玩具卡车	让宝宝往卡车上装货物,推着卡车前进	大运动,精细动作
	编故事,给宝宝描述卡车经过的地方遇到的人和事	语言能力,想象力

请你思考：

1. 婴儿自我发展的规律是什么？
2. 如何对待宝宝说"不"？

19～21个月宝宝

一、19～21个月宝宝发展状况

(一) 19～21个月宝宝生理发育指标

表33　19～21个月宝宝生理发育指标

	体重(千克)	身长(厘米)	头围(厘米)
男孩	12.39±1.39	87.3±3.5	48.3±1.3
女孩	11.77±1.30	86.0±3.3	47.2±1.4

(二) 19～21个月宝宝心理发展特点

大运动——扶梯上楼；会向不同方向抛球；能跟着音乐跳舞、做模仿操；用脚尖走；会跑但自己停不下来；能自己上下矮床。

精细动作——能控制手腕，做"倒"的动作；能拼接凹凸的塑料积木；能用玻璃丝穿过扣眼。

认知——认知方形；喜欢把物品拆开研究；认识书中的物品；积木搭高7～8块；模仿画出直线。

言语——指认身体各部位；能说3～5个字的句子；听短故事；回答简单问题。

社交行为——帮助大人做事；能等待食物或玩具3～5分钟；大小便时会拉开松紧带裤子；开口表达个人需要。

二、同伴关系

婴儿时期宝宝的社会交往主要是在与父母或其他关系密切的成人之间发生的。与同伴的交往在1岁左右也默默地出现了。

在社会性心理发展中，婴儿并非完全拒绝接触依恋对象以外的人，而是去适应与父母以外的人发生联系。由于婴儿生活活动范围的日益扩大，与依恋对象以外的人进行交往的机会与日俱增。因此，与依恋对象以外的人建立的交往行为系统，比依恋行为系统有更广泛和深远的影响。

交往行为的内涵已超出生物学需要，它是应广泛的社会适应需要而派生的。例如：婴儿在交往行为中与依恋对象以外的其他成人和小伙伴之间共处，共同从事某些活动或行为，交流"思想"和感情、分享乐趣、同情不良遭遇、建立和谐关系并彼此感到需要对方，向着形成友谊的方向发展。

(一) 同伴交往的发展阶段

婴儿社会联结感情的建立，认知能力和语言能力的发展，扩大了婴儿社会交往的范围。2岁以后婴儿的一个重大变化是他们能够忍受与依恋对象在一段时间内的分离，逐渐习惯于与同龄伙伴和其他成人，如与托儿所教师交往。这时期，与他人一起玩耍、嬉笑，甚至一起吃饭、午睡占据他们更多的时间。婴儿已开始能够延迟他们需要和母亲在一起的愿望和满足，懂得这种延迟是由于母亲去做别的事情所引起的。白天进入托儿所导致的分离痛苦，在2岁时，90%的婴儿会发生，而且要延续相当日子；3岁时只有10%的婴儿发生，而且很快这种痛苦就会消失。因此，在2岁半~3岁之间入托，从婴儿感情承担能力来说是合适的。

婴儿早期的交往行为似乎循着一个这样的固定程序进行：

第一阶段以客体为中心，此时（6~10个月）交往集中在玩具和物品上而不是针对对方，婴儿之间互不理睬，偶尔互相触摸、微笑、发出声音和短暂的注意。

第二个阶段出现了简单交往，此时（1~1岁半），婴儿交往具有了应答的性质，出现了婴儿之间互相注意、"对话"、给取玩具，甚至模仿等动作。

第三个阶段发生了互补性交往，此时（1岁半~2岁半）婴儿间出现了合作、互补和互惠行为。

伊克曼的研究表明：16~18个月和22~24个月两组婴儿的社会性游戏明显多于单独游戏；与同伴玩耍明显多于与母亲玩耍。如此看来，1岁半至2岁间，只要有与同伴交往的正常机会，这时期将是社会性交往发展的转折点。

缪勒（1980）等从社交技能的角度把婴儿的同伴交往分为4个阶段。

第一个阶段是单方面社交行为阶段，得不到对方婴儿的回应。

第二个阶段为社会性相互影响阶段，一方婴儿发起的交往行为能迅速地得到对方婴儿的反馈。

第三为同伴游戏阶段，婴儿们在游戏中表现出主动加入、轮流替换、模仿等行为。

第四阶段为早期友谊建立阶段，婴儿之间出现亲近、共享、感情交流，甚至偏爱与互相选择倾向。

同伴交往显然要求一定的环境条件。独生子女如果在3岁时还未入幼儿园，对同伴交往行为系统的建立有不利影响。他们没有经历同伴交往的上述历程，对同龄伙伴很不熟悉，不会与之相处。特别是不善于与同伴平等相待、和谐交流、共享玩具、同情受伤害着、产生歉疚感等行为反应。他们习惯于接受成人照顾、而缺少施予的行为模式，延长自我中心思维时期，难以享受与人分享玩具、欢乐和成功的感情体验，社会交往技能的形成也被推迟。

（二）玩具不能代替同伴

玩具陪伴孩子一同成长，它带给孩子的不仅是快乐，因孩子在玩玩具过程中不断探索、积累、发展，玩具还使他们变得更聪明、更灵活。由于孩子的思维是直观的，常常通过玩具才想玩游戏，如看见小汽车会当小司机，看见布娃娃会做娃娃过家家游戏等。玩具在孩子成长中的意义重大，是孩子生活中不可缺少的组成部分。

但玩具绝对不能替代同伴。孩子缺少与同伴交往的机会，只与玩具相伴就会处在不真实的世界里，交流是单向的，没有回应的，长此以往，孩子性格发展就有缺憾，容易任性、内向、孤僻、不易被他人接受。孩子与同伴交往有其独特的作用，同伴是孩子行为、语言等方面学习的榜样，孩子在与同伴的交往中，学会的是社会性交往能力，尝试调整自己的行为，主动适应并融入社会环境中。而这一切是玩具无法具有或替代的。如经常跟大方、大胆的儿童在一起，孩子也会以此标准衡量自己，并获得同伴认同，形成自我尊重的基础；在与同伴互动过程中，会认识到别人的观点、需要，学会了解别人、理解别人，约束自己的不合理行为；在成长过程中，孩子还会有许多困惑、烦恼、焦虑，在父母处可以得到宣泄，在同伴处也可宣泄。

现在的孩子大都是独生子女，家庭中原本就缺少玩伴，缺少与同伴沟通的机会，家长应该通过多种途径加以弥补，而不能让玩具替代同伴，导致孩子一系列社会性交往问题行为的发生，为一生发展带来遗憾。

（三）正确对待孩子的同伴

有的家长意识到同伴对孩子发展的作用，就会有意识地给孩子选择年龄相仿、志趣相投的宝宝一起玩。可是有的家长不知道如何给孩子选玩伴，他们更多是从自己的角度出发，用自己的方式来判断谁可以和自己的孩子玩。

孩子在选择玩伴时，有自己的标准和办法，他们并不以成人的想法行事，家长不必越俎代庖。

（四）帮宝宝建立良好的同伴关系

几个宝宝特别喜欢在一起玩耍，但玩不了多久，他们之间就开始争抢玩具甚至打架。有的宝宝在家里时对自己的玩具不屑一顾，可是几个人在一起时，哪怕是自己最不喜欢的玩具也成了争抢的对象。宝宝与他人的交往也像对环境的好奇一样，需要有机会学习才能建立和发展起来，1~2岁的宝宝走得稳了，话也多了，整天忙于探索，对所有的人和物都表现出好奇，这正是鼓励他和别的孩子交往的大好时机。这时的宝宝可能还不知道怎样与其他孩子打交道，但从看见新面孔，相互接触，交换玩具这些简单的活动中，他就能获得很多快乐。

建议：

1. 让宝宝学会正确的同伴间交往方式，每周给孩子2~3次机会让他与其他同龄孩子玩，让宝宝用自己的方式去接受别人，父母可以在旁悄悄鼓励，但不要强迫他要用某种方式去认识别人，宝宝经过尝试会找到适合自己的方式。

2. 让宝宝充分参与同伴间的平行游戏。这时是宝宝所谓的平行游戏时期，尽管他们很少对话，但在一起玩对宝宝潜在的好处远超过成人的想象。

3. 合理地处理宝宝间的冲突。让宝宝自己学习处理冲突，不要对宝宝过度保护。

不同类型的宝宝处理问题的方法：

①忍让的宝宝

若宝宝觉得把玩具给其他小朋友无所谓那就由他去；若是不情愿地把玩具让给别的小朋友，他自己心里会觉得委屈，时间长了可能会出现自我保护行为，不愿和别的小朋友交往，以免玩具被抢。

针对后一种情况，家长可以鼓励宝宝保护自己的玩具，捍卫自己的权利，以保持宝宝对社会交往的兴趣，同时可以教会他一些社会交往的技巧。如：可以和小朋友交换玩具，别人抢自己玩具时给宝宝一个替代品。

②霸道的宝宝

学龄前儿童都是以自我为中心，他们认为世界上的每件事都是因为他们才发生的。特别是独生子女，在家中没有兄弟姐妹，能得到父母更多的关怀，已经习惯了大家都把注意力放在他一个人身上，东西都是一个人拥有，缺少孩子之间的互助、互让和分享的体验，容易形成"霸道"。

这种小朋友在同伴交往中要控制所有的东西，不允许别人染指。在这种情况下，父母要帮宝宝发掘玩一件玩具的乐趣，这样玩、那样玩，把注意力集中到一件玩具上来，而不能霸着所有的玩具。若同伴比宝宝小，可称赞宝宝勇敢、强壮、聪明、灵巧，这样把宝宝的身价提高到大哥哥大姐姐的位置上来，把玩具分给小宝宝玩；若同伴比宝宝大，可以说，哥哥姐姐可以给你玩一个新的花样，你看，他们还可以这样玩，这样就把玩具给了别的孩子。

③孤僻的宝宝

如果宝宝比较孤僻，不太合群，很重要的一点是邀请性格相近，有共同兴趣的孩子一起参加活动。活动刚开始，孩子们如何相处不重要，重要的是他们有机会在一起，一起玩，一起游戏，宝宝获得了一次重要的共同经历，为以后的社交技能打下基础，一旦宝宝喜欢与同伴相处，父母就应该对宝宝强化朋友的价值，鼓励他们交往，不要鼓励宝宝抱怨同伴，否则就会强化他的孤僻。

三、宝宝总是小病不断怎么办

(一) 表现

宝宝在一次疾病后，可能会导致机体抵抗力降低，出现反复的上呼吸道感染，甚至反复肺炎，这与以下几种因素有关：

1. 患病后，机体虚弱，对外界病原体的侵袭不能够阻抗；

2. 由于病原体的感染，破坏了机体免疫系统，导致免疫系统紊乱；

3. 患病后服用各种药物，致使白细胞降低，对病原菌的作战能力下降；

4. 患病后父母格外保护，过于捂孩子，不敢让孩子接受新鲜空气；室内温度过高，总是出汗，结果更容易感冒；

5. 频繁服用感冒药，宝宝的毛孔始终处于张开状态，更易遭受病毒侵袭。

(二)如何增强宝宝抵抗力

1. 加强室外锻炼

适当的室外体育锻炼是增强宝宝体质最有效的方式。新鲜的空气和自由的空间对宝宝的成长至关重要。经常运动还可以增强食欲，对提高抵抗力有辅助作用。

2. 天凉慢添衣服

耐寒锻炼是提高宝宝对寒冷反应灵敏度的最有效方法。有些家长总是怕孩子受冻，天气稍冷就给宝宝加上厚厚的衣服，这样会给宝宝造成一种恒温环境，没有经过寒冷锻炼，反而更容易感冒。

3. 营养均衡

宝宝正处在生长发育最旺盛的阶段，对营养素的需要量自然较多，但由于宝宝的消化功能尚未完全成熟，所以很容易发生营养素缺乏的状况；营养不足，抵抗力自然就比较差。

4. 少去医院

宝宝感冒了，如果没有发烧，只是有点流鼻涕、咳嗽，应该是一般性感冒，多给宝宝喝点水，症状不重的话也不必吃药；宝宝腹泻了，如果只是比平时多拉一两次，水分不太多，那么有可能是肚子着凉或甜东西吃多了，消化不良。这种情况可以先控制一下饮食，比如喝点粥，观察一下，要是大便性状很快好转，就不要去医院。

四、手的思维

皮亚杰把婴儿期的认知能力称为感觉运动能力，因为它更多依赖感觉和运动的概念，婴儿用手把弄物体中蕴含对物体的分析和综合性的操作，属于思维范畴，因此有一些心理学家把婴儿的思维称为"手的思维"。

双手操作物体能力的发展对婴儿认知的发展十分有益，在操作中，婴儿能了解物体的大小、形状、颜色、质地等各种属性，这对婴儿建立起对这个物体的完整概念非常重要，对物体的操作过程和经验，为婴儿提供了大量的周围环境的信息，如果没有手的帮助，婴儿的智力仍然可以发展到一定水平，但是，如果借助于手的帮助，其智力可以发展到更高的水准，所以当你看到婴儿正兴致勃勃地玩弄玩具时不要打搅他，因为他正在用手进行思维。

五、顿悟——婴儿解决问题能力的发展

问题解决属于思维范畴，是思维活动的一种特定形式。在婴儿与周围环境的相互作用中，经常会遇到各种各样的问题，对于婴儿问题解决的能力只是处于萌芽水平，它的发展取决于婴儿许多方面的发展状况，包括婴儿的大肌肉运动能力和手的操作技能、婴儿在识记活动中认知经验、语言发展水平及其他的许多非智力因素等，婴儿解决问题的过程，实际上包含着"尝试—错误"过程和"顿悟"现象。

1岁半以后婴儿的问题解决，从行为观察发现，可以用"顿悟"现象来说明，这时，婴儿开始说话，思维活动向着以表象形式为主发展，不仅用外部动作来寻找新方法，而且也用头脑内部的动作达到突然的理解和顿悟。例如，婴儿够不着的地方有一块小面包，面包附近有一根小棍子。当他反复够面包而没有够到时，突然抓起小棍子，把它伸向面包，并且够取到面包。即使婴儿用顿悟的方法解决了问题，手的动作依然起着重要的作用。所以，为婴儿提供可操作的材料和可探索的环境，不管从哪个角度讲都是很有意义的。

六、涂鸦环境

20个月的威威很喜欢像妈妈那样，拿一支笔在纸上"写字"。妈妈也很支持他，但妈妈总认为他涂得乱七八糟。

其实，1~3岁的孩子正处于绘画的"涂鸦期"。这时的宝宝喜欢探索，好奇心也很强，喜欢模仿日常生活中成人的活动。看见成人在写字，他们也会像大人一样拿起笔在纸上画，他们把绘画当成一种很好玩又有趣的游戏，纸和笔在他们的眼中只是一种玩具，并且也常常为自己所创作的"作品"感到十分快乐和满足。由于这个年龄阶段的孩子手部肌肉还没有发育完善，而且他们对事物的认识还不全面，思维也处于直觉思维时期。因此，他们无明确的绘画目的，只是对笔在纸上划出的痕迹感到无比的兴趣，而完全不在乎在纸上画出什么，也不把成人的评价当回事，这些行为表现在人们面前的就是在纸上画得一塌糊涂。

这个时期家长应为孩子提供足够的纸和笔，允许孩子用自己的方式，根据自己的兴趣和喜好，在纸上尽情地乱涂乱画，成人不必要求孩子一定要画得像什么，而应该对孩子的大胆表现给予及时的鼓励和支持，使孩子在无拘无束的活动中体会到创作的乐趣，并为以后的绘画能力和创造力发展打下良好的基础。

七、让宝宝学习双脚跳

让孩子学会双脚跳，对其身心发展有着重要的作用。从生理角度看，跳是一个复杂的条件反射建立过程。孩子在克服自身体重跳起来时，需要付出很大的努力。因此这能锻炼孩子身体大肌肉群和预防肥胖。从心理角度看，孩子学会跳能产生愉快情绪，增强自信和产生勇敢精神。

一般在近2岁时，可以让孩子进行这一动作的学习。但在学习双脚跳之前，成人要做一些准备工作。比如，孩子跌倒了，要自己爬起来；在大人保护下玩各种大型玩具；看一些哥哥姐姐的跳跃游戏，从中激发孩子学跳的愿望。

具体方法是：

1. 让孩子扶着大人的双手双脚跳。这时成人用双手拉着孩子的双手，然后和成人一起用力跳起来，跳一会儿，休息一会儿，千万不能用力提拉着孩子的手做双脚跳的动作。

2. 让孩子扶着大人的一只手做双脚跳的动作。成人可在前一基础上,慢慢地让他扶着物体跳,也可采取从最后一个台阶扶着栏杆往下跳等办法。

3. 独自双脚跳。成人可采取让孩子通过跳拿玩具,或做小白兔游戏、摘果子的游戏等形式进行。

让孩子学习跳的动作一定要注意由易到难,循序渐进。双脚跳的正确动作是落地时,要教孩子两脚掌先着地,两腿稍曲成半蹲状,然后站直。

课程延伸

表34　19～21个月宝宝适合的玩具

名称	建议活动	所培养的能力
凹凸的塑料积木或操作板	拼搭成各种物品	精细动作,想象力
	在操作板上玩积木配对的游戏	精细动作,观察力
简单拼图(不超过5个部位)	演示后让宝宝拼起来	观察力,精细动作
	根据拼图,给宝宝讲故事听	语言能力
	在组合完整的拼图中,拿走一个部件,问宝宝哪个不见了	观察力,记忆力
玩具录音机(耐用,经得起摔,最好有录音功能)	逐渐让宝宝自己操作录音机,放喜欢的磁带	精细动作,因果关系
	帮助宝宝录下自己的声音,回放给宝宝听,让他认识自己的声音	自我概念
	录下一些熟悉的声音,如风吹树叶的声音、洗衣机工作的声音等,让宝宝辨认	记忆力,辨别力
玩具手电筒	开关手电筒,寻找光源	精细动作,因果关系
	对黑暗的地方用手电筒光来做探索	认知,因果关系
	在手电筒的镜片前贴上不同颜色的玻璃纸,观察灯光颜色的变化,并说出每一种颜色	因果关系,颜色概念
打击乐器(鼓、响铃、沙锤等)	先做示范,让宝宝即兴演奏	因果关系,音乐能力
	准备一段节奏鲜明、欢快的音乐,让宝宝跟着节奏打拍子	因果关系,音乐能力
	每个人拿一种乐器,组成一个打击乐队,一起为一首乐曲打节奏	因果关系,音乐能力
万花筒	拧动万花筒,体验视觉的变化	精细动作,因果关系
	让宝宝说出看到的是什么	语言能力,观察力
	给宝宝解释万花筒的原理	科学概念
排序玩具	根据颜色把玩具分类	分类能力,颜色概念
	根据大小给玩具排队	大小概念,排序能力
	给小动物编一个故事,讲给宝宝听	语言能力,想象力

请你思考

1. 如何为宝宝创设适合的涂鸦环境?
2. 如何培养宝宝养成良好的排便习惯?

22～24个月宝宝

一、22～24个月宝宝发展状况

（一）22～24个月宝宝生理发育指标

表35　22～24个月宝宝生理发育指标

	体重（千克）	身长（厘米）	头围（厘米）
男孩	13.19±1.48	91.2±3.8	48.7±1.4
女孩	12.60±1.48	89.9±3.8	47.6±1.4

（二）22～24个月宝宝心理发展特点

大运动——向两个方向踢球；跑步较稳；双脚跳离地面；扶栏杆下楼；能大致沿直线走；会骑四轮车。

精细动作——会拧门把手；使用夹子夹东西；会用线串珠子；手腕、手指能灵活运动（如拼图、贴贴纸）；能逐页翻书3页以上。

语言——会说"我的"；会说自己几岁；指认书中图画；说两句以上儿歌（背完整儿歌）；问"这是什么"。

认知——会将熟悉的形状配对；会指1和许多；会数数1～5（但不会点数）；会认两种颜色；听完故事能讲出什么人、什么事；说出常见物品的用途。

情绪与社会行为——会自己脱裤子；能用毛巾擦手；会穿鞋、内裤；能短时间控制情绪；能独立吃饭，不用父母喂。

喜欢重复是宝宝很重要的一个心理特点。宝宝的动作在重复中变得娴熟，宝宝的心智在重复中得到提升，这不是简单的重复过程，而是螺旋上升的过程。所以，如果宝宝对某个游戏特别感兴趣，重复了一遍又一遍，家长一定要有耐心陪宝宝玩，这正是培养宝宝各种能力的大好机会。只要宝宝喜欢，以前做过的游戏都可以再玩。至于玩的次数和频率，就看宝宝的兴趣了。

二、感觉统合

（一）感觉统合的概念

蒙台梭利认为，孩子在6岁前各种感觉处于敏感期，而且在6岁前学习的最主要的方式就是感觉学习。我们在日常生活中也是通过各种感觉来认识事物，各种感觉都不是孤立存在的，而是在大脑的作用下整体协调起来的，做出协调的指令，也就是感觉统合。

感觉统合这一概念是由美国心理学博士加州·艾尔斯于1972年提出的。

感觉统合，是指个体对进入大脑的各种感觉刺激信息（视、听、触觉等），在中枢神经中形成有效组合的过程。即个体在特定的环境内有效地利用自己的躯体，对不同感觉通路（视、听、触、嗅等）而来的空间和时间上的输入信号进行解释、联系和统一。

因此，①感觉统合是一个信息加工过程，大脑必须以灵活的、不断变换的方式比较、选择、联系、增强和控制感觉信息，即大脑必须统合信息才能产生注意、记忆、思维和推理等心理活动。②儿童的感觉统合功能是在发展的过程中，从单纯的各种感觉发展到初级的感觉统合，即身体双侧的协调、眼手协调、注意力、情绪的稳定及从事目的性的活动，进一步发展到高级的感觉统合，即注意力集中、组织能力加强，自我控制、学习能力、概括和推理能力不断发展等。③人类感觉统合的基本能力是与生俱来的。每个人生下来就具有这种能力，但他需要从小与周围事物接触，相互往来，并让身体和大脑顺应环境的挑战，才能不断发展和完善感觉统合功能。

婴儿感觉产生大量的组合，使之进一步发展而产生爬、运动和站立等动作；阅读需要视觉、颈部肌肉和内耳特殊感觉器官等非常复杂的感觉统合；舞蹈家和运动员在肢体和重力感觉方面有很好的统合，因此举手投足都非常优雅；艺术家和技术工人则依靠眼睛和手的良好统合和协调等等。

例如：本体感

不用看镜子，我们可以正确摸到鼻子、眉毛；不用看阶梯，可以灵活上下楼梯；拍球、开车、骑自行车、游泳、双手双脚及身体双侧协调，运作自如，这便是本体感。

本体感又称身体形象或身体地图，这是肌肉、关节运动神经组织、身体神经组织和大脑长期互动练习过程中，协调出的自动自发能力，如果平衡感、触觉、前庭觉不良，本体感便很难健全发展了。

人的身体的活动，大多是在不知不觉下进行的，人不用老是顾虑身体如何行动，手脚才能灵活、心情才不会紧张、焦虑，也才能有足够的自信心，本体感发展良好，大脑功能才能发挥自如，观察力敏锐、反应迅速，人生最重要的想象创作能力也才能丰富地发展起来。

通常，儿童的大脑感觉统合功能发展良好，且足以适应环境时，儿童的反应会有胜任、启发和满足感，他们在迎接外界各种挑战时会充满信心，并获得很大的满足感，这又进一步刺激了儿童去迎接挑战，战胜困难的信心，如此良性循环，就能促进儿童感觉统合能力的不断发展，促进儿童学习能力的不断提高。

感觉是一切学习的基础，任何幼儿都必须经由感觉学习，大脑才能有效地发展出完整的思考能力，产生自动自发的学习效果。

（二）什么是感觉统合失调

1. 感觉统合失调

指的是脑内与感觉系统有关的部分无法正常而有效地发挥功能，好比肠胃道的消化不良，无法消化、吸收感觉信息。

感觉统合失调的孩子对一般的活动要求都感到难以应付自如，学习知识就更成了难事。但感觉统合失调的孩子通常在六、七岁以后才因为学习困难、多动、注意力差、胆小或不善于人际交往等原因到心理咨询机构或医院咨询时被发现。此前就已经有一些感觉统合失调的表现，却没有被家长发现。

2. 感统失调的症状

（1）好动不安，注意力不集中；

（2）脾气暴躁；

（3）写字笔画颠倒、出格、大小不一；

（4）阅读困难，计算出错；

（5）吐字不清，口吃；

（6）认知语言能力差；

（7）用词组句能力差；

（8）做事或写作业磨蹭；

（9）生活自理能力差；

（10）常看不懂，记不住，复述能力差；

（11）动作不协调；

（12）肌肉张力不足，手脚笨拙；

（13）胆小退缩，社交能力差；

（14）易受挫；

（15）粘人，好哭闹；

（16）常常视而不见、听而不闻；

（17）偏食、厌食、饮食习惯差；

（18）吮手指、咬指甲、咬人；

（19）怕人触碰，攻击性强；

（20）常和同伴打架，喜欢惹人，不时出现恶作剧；

（21）恐高、晕车；

（22）因感统失调引发的弱视、斜视；

（23）自信心不足等。

3. 感统失调的危害性

儿童感统失调无疑会造成儿童学习和交往的障碍，尽管这样的儿童有正常或超常的智慧，但由于大脑的协调性差，影响注意力、记忆力、语言表达能力、人际交往，因而，直接影响了儿童学习、生活、运动，也影响人际关系，妨碍正常的成长教育。

（1）严重影响儿童心理素质的提高。

(2)对儿童的智力开发和综合能力的培养不利。

(3)学习能力和性格上出现障碍。

(4)人际关系敏感或社交退缩,心理素质差。

4.感觉统合失调的原因

(1)生理原因

中枢神经系统不健全,如发育迟缓,轻度大脑功能失调。

(2)环境因素

①都市化生活竞争激烈,生活节奏加快,母亲在怀孕期间也必须参加紧张、忙碌的工作或家务劳动,长时间保持某一种姿势,影响胎位,进而影响胎儿前庭感觉、本体感觉能力的学习和发展;

②母亲的不良生活习惯,如:抽烟、喝酒、喝浓茶、喝浓咖啡等;

③活动空间狭小或过多地依赖学步车,导致俯卧爬行不足;

④独生子女家庭缺乏兄弟姐妹,可模仿的同龄对象少,加之现在邻里关系淡薄,很少往来,缺乏与伙伴交往的机会,人际关系发展不佳;

⑤祖父母(外祖父母)在照顾孩子时,容易出现过度保护的倾向;

⑥电视、游戏机成为孩子主要的玩具。

5.感觉统合训练

感觉统合训练,是为了使儿童充分感知各种刺激,在大脑进行感觉的统合,并做出适应性反应。6岁前是最佳预防期,7~10岁是最佳治疗期。

(1)感觉统合训练的方法是采取游戏形式,使孩子乐于接受,主动参与,同时游戏的项目是个别化、针对性的设计。

感觉统合训练因势利导激发儿童对训练项目的兴趣,在游戏中促使儿童坚持活动,协调儿童各种感觉活动的兴奋与整合。因此感觉统合训练不是刻板单调的教导儿童活动,而是生动活泼,符合儿童生理、心理发展水平的游戏训练。

感统游戏:

①梳子游戏

用梳子轻轻梳头,头皮是感觉敏感的部位,可以直接刺激大脑皮质感觉区,对身体形象的建立有很大帮助。可以每天10分钟左右,也可以用吹风机吹身体各个部位,强化身体形象感觉。

②抓痒游戏

让孩子躺在床铺或软垫上,张开四肢,父母跪在身旁,在孩子身上玩抓痒痒游戏,可以每天10~15分钟左右。

③毛巾游戏

用毛巾将孩子包在其中,由父母各拉一头,左右或前后摇动。此游戏不但可以强化触觉，对前庭固有感觉的发展也有很大的帮助。

④球池游戏

大部分的早教机构或游乐场所都有此设施。球池又称为浮力球，不但对孩子的触觉有所帮助，对前庭固有感觉的形成也有好处。孩子可以整个人藏入球池中，划动四肢或翻动身体。也可以站立，两脚踏动，或由上跃下，将身体投入球中。

⑤跳床游戏

孩子可自己或由父母背着，在跳床上跳动，对固有平衡感及脑干组织的发展颇有帮助。

⑥大笼球游戏

父母协助孩子坐或趴或躺在大笼球上，父母抓住宝宝两脚，保持平衡；用大笼球压过孩子的身体，对孩子触觉学习及身体形象强化有很大帮助。

治疗器械：

大陀螺、万象组合（跳、爬、钻、投）、滑板、羊角球、跳绳、跳袋等。

（2）感觉统合训练的原则

感觉统合训练的关键是同时给予儿童前庭、肌肉、关节、皮肤触压、视、听、嗅等多种刺激，并将这些刺激与运动相结合。只有这样，才能在脑干、丘脑、小脑、边缘系统、大脑皮质广大区域分级发生感觉、运动整合，在整合中促进上述脑区脑细胞成熟、神经通路专门化，并开拓新的神经专门化通道。

在感觉训练过程中，应注意以下几方面：

①要让孩子自由自主地玩

②用耐心培养孩子的兴趣，建立孩子的自信心

③让孩子感到快乐

④感觉统合训练内容因人而异

⑤每天都有多样的感觉刺激

（3）感觉统合训练的本质

感觉统合训练不只是一种生理上的功能训练，而是协调心理、大脑和身体三者之间相互关系的训练。儿童在训练中获得熟练动作，增强自信心和自我控制能力，并在游戏中感觉到自己对躯体的控制，变焦虑为愉快，并在积累经验的基础上，敢于对更复杂的身心任务进行挑战。

三、合理饮食

（一）食物杂

这个阶段宝宝的主食以米、面、杂粮等谷类为主，要吃得杂一些，小时候的饮食偏好会伴随宝宝一生。

（二）荤素搭配，取长补短

荤素搭配能加强营养互补，有益健康。比如有的宝宝不爱吃胡萝卜，可以做成猪肝胡萝卜汤；将猪肝和胡萝卜分别洗净切成片；用适量清水，先放入胡萝卜，煮20~30分钟，再放入猪肝，煮片刻加油盐调料即可食用。此汤还可预防贫血及维生素A缺乏。

与植物类食品相比较，宝宝更容易从肉类食品中摄取铁质，所以不能忽视肉类，平均每天给宝宝吃15~30克的肉食。

（三）吃蔬菜的科学

蔬菜在日常生活中的重要性仅次于粮食，它是我们每日必备的食品。蔬菜中含纤维素较多，还含有大量的矿物质和维生素，可以促进机体吸收蛋白质、碳水化合物和脂肪。多纤维的蔬菜还能锻炼咀嚼肌及提高牙齿的坚固度。

在宝宝的食谱中经常变换选用各种蔬菜，宝宝就能从不同的蔬菜中得到多种营养素，利于其生长发育。

给宝宝做蔬菜时注意：

1. 减少维生素的损失

蔬菜在烹调时应先洗后切、现吃现做、急火快炒，以减少维生素的损失。

2. 制成饺子和包子

对于不爱吃菜的宝宝，可以将菜和肉一起做成馅，制成包子和饺子，还可以做成菜团子或馅饼，鼓励宝宝食用。

3. 生熟搭配

有些蔬菜可以生吃，生吃可以避免维生素的破坏和流失。另外，夏天可以拌些凉菜并加点醋，醋既能保护菜里的维生素C不被破坏，还可以调味，刺激食欲，帮助宝宝消化。

（四）多吃水果少吃糖

水果中含有丰富的维生素和纤维素，每天给宝宝准备适量的水果，可以补充宝宝所需的维生素，有利于宝宝排便。宝宝们都喜欢吃糖，但是过多摄取糖分，容易引起B族维生素缺乏，产生嗜糖性精神烦躁症。所以，不要让宝宝吃过多的糖。

（五）喂养禁忌

不要在宝宝面前吃你不希望他吃的食物，同样，你希望宝宝吃的食物，在他面前也不要表现出厌恶感，"已所不欲，勿施于人"。

四、亲子阅读

1岁2个月的宝宝已经开始会翻书了，他们对书上的一些图画和文字已经有了兴趣，1岁5个月时，他们可以从左到右翻书，并能够指认书上的一些物体了。这时可以给他们买一些适合阅读的图书，父母跟他们一起读。这个时候读书重点不在识字，学知识，而在于培养宝宝对语言、对书籍的兴趣和良好的读书习惯。

（一）亲子共读的好处

孩子的心灵需要父母的呵护，"亲子阅读"就是以阅读为纽带，为父母创造与孩子沟通的机会，使孩子的心灵得到更多的关爱。大量证据表明亲子阅读的好处，有以下几种：

1. 增强宝宝语言能力

喜爱阅读的孩子的语言能力特强，在听、说、读、写方面较不爱阅读的孩子高，孩子从书中领悟复杂的意念，欣赏语言的美妙。

2. 增加宝宝知识量

阅读使孩子涉猎多方面的知识、文学、历史、地理、科学、政治等，增广见闻，对学习大有裨益。

3. 通过培养孩子的阅读习惯和兴趣来带动识字

早识字可以让孩子更早地开始独立阅读，扩大知识面。

4. 可以锻炼孩子的记忆力，并且增加父母与孩子的感情，密切父母与孩子之间的关系

5. 可以发展宝宝的思维

研究证明，婴儿在19个月时可以区分图像符号。在试验中，不到19个月的婴儿把图像当作是真正的实物，他们想去拿或搬动图像中的实物；而19个月的婴儿却只是指着图像中的实物。此外，研究者还发现，婴儿接触图像符号（此处指图片）的次数越多，那他能够辨别象征性符号的年龄会越早。所以，阅读对宝宝的思维发展大有好处。

孩子读得越多，理解力越好；理解力越好，就越喜欢读，就读得越多。孩子读得越多，知道得就越多，知道得越多，就越聪明。因此，父母应该每天都抽出一定的时间给孩子读书，既营造了和谐的亲子关系，又让孩子享受到了读书的乐趣，而且还让孩子体会到学习的乐趣。

（二）亲子阅读的注意事项

1. 选择读物——绘本（图画书）

应该给宝宝选择什么样的图书呢？这可能是家长最为关心的问题。多罗西·怀特说：图画书是孩子们在人生道路上最初见到的书，是人在漫长的读书生涯中所读到的书中最最重要的书。一个孩子从图画书中体会到多少快乐，将决定他一生是否喜欢读书。儿童时代读书的感受，也将影响他长大成人以后的想象力。所以，我们要推荐给父母的就是图画书。画面生动、色彩艳丽的图画书对宝宝有极大的吸引力，能激发他们读书的兴趣。

2. 亲子共读

我们提倡父母和孩子一起读书，读书过程中父母可以教孩子正确的读书姿势、翻书的顺序、看图画书的过程，可以将图中的事物与语音和字对应上，让宝宝喜爱读书。同时父母和孩子一起读书还能够增进感情，让宝宝能快乐地成长。

爸爸/妈妈：宝宝啊，翻书的时候是有一定顺序的，要从左向右，一页一页地看。你看第一页，画的是什么？

宝宝：猫猫。

爸爸/妈妈：猫猫啊。猫的眼睛呢？鼻子？嘴巴？……（让宝宝指认）现在爸爸/妈妈来指，宝宝来说好吗？（宝宝跟着爸爸/妈妈的手指来说出名称。）

爸爸/妈妈：宝宝真棒！都说对了。你再看看，猫在哪里？（引导宝宝描述图中的场景。）

3. 要让宝宝喜欢阅读，家长要学些讲故事的艺术

要有角色意识，如讲老人说话时，声音要显得苍老些，讲到小孩说话时，声音就显得稚嫩些；不同的动物也要有不同的语气，如小猫的可爱，小熊的憨厚，这样在书中注入了情感，宝宝自然爱听，逐渐也能学会绘声绘色地讲故事，体验到阅读的快乐。

4. 阅读时间的安排

因为宝宝的注意力容易分散，开始阅读时，时间可以短一些，只看几分钟或更短，逐渐增加到10分钟。每天可安排1～2次，一次安排在早饭或晚饭后，这时宝宝吃饱了，睡好了，精力充沛，情绪平稳，注意力容易集中；另一次可以安排在晚上睡觉前，用睡前故事作为一个常规项目，帮助宝宝建立良好的睡眠习惯。当然，阅读的次数和时间要根据宝宝的需求来定，根据宝宝的兴趣和反应做适当调整。

不管宝宝每天阅读几次，每次的时间多长，阅读时间都要选择在宝宝情绪平稳时，如果宝宝太兴奋或低沉，则不适宜阅读。读书要根据宝宝的意愿，如果宝宝不想看书，家长不可强求。如果宝宝不停地扭动身体或东张西望，就该停止了。

5. 反复读

此外，这一时期的宝宝喜欢重复阅读一本书，对同样的故事情节百听不厌，家长需要理解这一现象，满足宝宝的需要。

课程延伸

表36　22～24个月宝宝适合的玩具

种类	建议活动	所培养的能力
四轮自行车	学习骑车	身体双侧协调
	前后转	身体控制能力、方向感
	扮邮递员	语言能力、想象力
滑梯	爬上爬下	理解上下、高矮，大肌肉、空间关系、语言
秋千	荡秋千	大肌肉、愉悦情绪、理解高低、空间概念
串珠	串成项链	双手协调、想象、颜色、形状
橡皮泥	随意捏	精细动作、想象力、认识颜色
	利用捏出物玩过家家	社会行为、想象力
手偶玩具	手控制手偶	精细动作
	编故事	想象力、语言
配对卡片（熟悉、感兴趣的图案）	观摩相同与不同之处	观察力、分类能力
	用图形、卡片排序	分类、排序能力
清洁玩具(刷子、海绵)	学习清洁物品的顺序	精细动作、自理能力
适合搂抱的动物或娃娃	编故事	语言、想象力
	过家家	社会行为、想象力

请你思考：

1. 什么是感觉统合？什么是感觉统合失调？通过哪些游戏可以预防宝宝的感统失调？
2. 如何给该阶段宝宝合理安排饮食？

25～30个月宝宝

一、25～30个月宝宝发展状况

(一) 25～30个月宝宝生理发育指标

表37　25～30个月宝宝生理发育指标

	体重(千克)	身长(厘米)	头围(厘米)
男孩	14.28±1.64	95.4±3.9	49.3±1.3
女孩	13.73±1.63	94.3±3.8	48.3±1.3

(二) 25～30个月宝宝心理发展特点

大运动——交替双足上楼梯；爬上椅子再上桌子够取物品；双足离地跳远后站稳；单足站稳3～5秒。

精细动作——拧开螺口瓶盖按大小配上；画圆圈；拼切开4块以上的图片；按秩序套上6～8个套筒；模仿搭桥。

认知——背数到5～10；分清前后、内外；学会猜声音、知道谁讲话、动物怎样叫；认识4种以上颜色、几何图形；知道哪些动物会飞、水中游，哪些生活在大树林中，熟悉它们的特性。

语言——说出自己的姓名、岁数和父母的姓名；背全首儿歌；说出图中的人或物，说明它在干什么；说"这是我的"；会用礼貌语言"谢谢"、"您好"、"您早"、"再见"等；耳语传话。

社交行为——用勺子吃饭；及时上厕所，穿脱松紧带的裤子；回答冷、饿、喝、困时应怎么办一类的问题（冷了要穿衣，累了要休息，饿了要吃饭，渴了要喝水）；学会解扣扣子，开关拉锁；能参与同伴的游戏，如玩"过家家"等。

二、鼓励孩子玩假装游戏

游戏是宝宝认识的源泉，他们在假装游戏中通过扮演角色与假想的各种人物交往，模仿成人的语言、行为、动作，这就促使他们进一步注意了解自己身边的一切，从而培养他们的观察力、想象力、思维力和解决问题的能力。

家长如果看到宝宝在玩这种假装游戏，千万不能取笑或者去中断他，而是加入游戏中，回应宝宝的假装游戏。因为宝宝是在与周围人和事物的比较中认识自我的，他们手中的娃娃就是他们自己，而他们所表现的就是自己的妈妈或是希望自己的妈妈出现的语言、行为。

1~3岁的孩子在假装游戏中，常出现以下情况：

1. 游戏主题依赖于玩具、材料等物的操作。宝宝一般是见什么玩具，就玩什么游戏，所以家长应更多地运用玩具及富有情感的语言，帮助宝宝确定游戏主题，并尽快投入游戏。

2. 孩子不明确自己担任的角色，只是热衷于模仿某一动作或活动，如抱"娃娃"的孩子并不明白自己是"妈妈"。所以家长一方面可以提示角色，让孩子选择，如"你想当妈妈还是娃娃？"另一方面，游戏中也可以不断引导孩子，帮助孩子将兴趣从模仿动作转向扮演角色，如"你是汽车司机吗？"等。

3. 孩子不能较长时间自始至终扮演某一角色，而是凭对动作的兴趣不断变换角色。这是由于宝宝年龄太小，对角色理解不够，因此在游戏中有许多无意识的行为。他们会很偶然地说出一句话，做一个动作，可一会儿，脑海里什么也没有了。家长平时应多带宝宝观察、模仿成人的动作，帮助宝宝积累丰富的角色经验。家长还要设法参与宝宝的游戏，帮助宝宝发展游戏情节，使宝宝对游戏始终保持浓厚的兴趣，要及时分享、感染宝宝的游戏情绪。

三、零食的选择

多数医生和儿童保健专家认为，适当给宝宝补充零食是必要的。因为宝宝胃容量小，而新陈代谢旺盛，每餐进食后很快被消化，所以要适当补充一些零食。

但零食选择不当或过多，会扰乱宝宝正常的消化活动和规律，影响宝宝的身体健康。因此，选择零食还要掌握好种类和添加的时间。

1. 零食的种类

零食可选择各种水果、面包、全麦饼干等，但量要少，质要精，花样要经常变化。

2. 掌握好吃零食的时间及合适的量

可在每天午餐与晚餐之间或午睡后，给宝宝一些点心或水果，约占每日总热量的10%~15%。

切勿在饭前让宝宝吃零食，否则影响正餐进食，破坏正常的饮食规律。少吃高糖、高脂肪、生冷的零食以及太甜、太油腻的糕点。冷饮和碳酸饮料不宜作为零食。

3. 选择零食要有计划、有控制

父母不可用零食来哄逗宝宝，不能宝宝喜欢吃什么就买什么。

选购零食时还要注意食品的清洁、卫生、新鲜，并仔细察看包装上的生产日期，确保食品未过保质期。

4. 彩色食品不宜多吃

彩色食品所用色素虽少，但如食用过多，时间过长，就会使色素慢慢地蓄积在体内，增加肝脏负担，影响神经系统发育，从而损害宝宝的身体健康。

宝宝神经系统对化学物质尤为敏感，如过多食用合成色素，容易引起好动或多动症。

四、养成良好的卫生习惯

宝宝会走路后,眼界开始开阔,学习机会逐渐增多,学习的积极性也很高,此时,让宝宝主动参加一些盥洗活动,从小培养讲究卫生的好习惯。

(一)保持皮肤清洁

勤洗手、早晚洗脸、睡前洗脚、洗屁股,定期洗头、洗澡、理发、剪指甲,从小培养宝宝随时注意仪表整洁的习惯。父母还要耐心纠正宝宝吮手指、挖鼻孔、抠耳朵等坏习惯。

(二)养成使用手帕的好习惯

教宝宝用手帕擦汗、擦鼻涕、擦眼睛、擦嘴上的食物残渣、擦手、擦衣服上的污物等。从小培养宝宝在咳嗽、打喷嚏时用手帕捂住口鼻的好习惯。但要注意手帕必须每天清洗。现在大家都在用纸巾,觉得手帕已经过时了,其实,对宝宝来说,用手帕、洗手帕是培养卫生习惯、生活自理能力的好办法。

(三)学习刷牙漱口

1. 漱口

漱口能够漱掉口腔中部分食物残渣,是保持口腔清洁的简便易行的方法之一。从1岁左右可以教宝宝学着漱口,开始可能漱不好,经常把漱口水咽下去,因此要用温开水漱口。漱口时,教会宝宝将水含在口内、闭口,然后鼓动两腮,使漱口水与牙齿、牙龈及口腔黏膜表面充分接触,利用水力反复来回冲洗口腔内各个部位,使牙齿表面、牙缝和牙龈等处的食物碎屑得以清除。父母可以先做给宝宝看,让宝宝边学边漱,逐步掌握、提高,慢慢养成饭后漱口的习惯。用淡盐水和茶水漱口,更有助于口腔清洁。饭后2~10分钟漱口效果最佳。

2. 刷牙

刷牙是预防宝宝患龋齿病的最有效、最经济的方法。刷牙不仅可以清除食物残渣,防止龋齿,同时能按摩牙龈,促进牙龈的血液循环,减少牙周疾病。2岁半以后20颗乳牙萌出后就要学习刷牙。

(1)培养兴趣

先向宝宝讲明,现在长大了,自己的事情要自己做,使他愿意学习父母的一种本领,带他一起去买自己喜欢的牙刷、牙膏,培养宝宝对刷牙的兴趣。如果宝宝不喜欢刷牙,爸爸妈妈不可强迫和大声呵斥,可以让宝宝自己来挑选喜欢的有小动物头的牙刷和宝宝牙膏使用。对于2岁多的宝宝,可以让他模仿妈妈的动作来刷牙,还可以做互换游戏,让宝宝给妈妈刷牙,妈妈给宝宝刷牙,让宝宝觉得刷牙是一件快乐的事情。

(2)为宝宝选购牙膏

低龄宝宝不要使用含氟牙膏,最好使用可吞食的牙膏,以免宝宝误食。

(3)为宝宝选购牙刷

刚开始学习刷牙的宝宝要选用刷头较短、较窄,刷毛较软、毛间隙较大的牙刷,刷头较大或刷毛较硬会刺破或擦伤宝宝牙龈。买牙刷时让宝宝试着握持牙刷,看看是否好用。最好选择正规厂家生产的符合卫生要求的保健牙刷。

(4) 刷牙的方法

刷牙时要照顾到各个牙面,将牙齿里外上下都刷到;采用竖刷法,刷上牙床由上向下,刷下牙床由下向上,反复6~10下;刷牙时间不要少于3分钟;刷完后将牙刷用清水冲洗几次,甩干后头向上放置在通风干燥处。每天早晚各刷一次,晚上刷过牙后就不要再吃东西了,尤其是不能吃糖和含糖的食物。最好能3个月左右换1支新牙刷。

教宝宝刷牙时,父母和宝宝各拿一把牙刷,父母一边做示范动作,一边讲解,身教和言教并重。开始不要用牙膏,待宝宝掌握方法之后再加上牙膏。如果宝宝需要把牙刷带到幼儿园去使用,最好在牙刷的手柄上做上记号,以免与其他宝宝用混。

(四) 公共卫生

教育宝宝不随地吐痰,不随地乱扔果皮、纸屑,不随地大小便等等。

父母要为宝宝创造和准备洗漱的环境和用品,每天坚持,从不间断,久而久之就能养成好习惯。同时父母以身作则,更有利于宝宝良好卫生习惯的养成。

五、宝宝的"第一反抗期"

(一) 什么是宝宝的"第一反抗期"

由于生理和心理的成熟发育,2岁的宝宝,自我意识迅速发展,产生了强烈的自主性和独立性,出现了自我行动的意愿,什么事都想自己干。他开始知道自己的力量,会用语言指使别人。出现占有意识,什么都是"我的"。此时的宝宝活动能力增强,活动范围扩大,活动的主动性增加,探索精神和求知欲望高涨,喜欢模仿成年人或同龄小伙伴所干的事情,你要是不让他干,他会说"不",还以哭闹或其他形式进行反抗。例如,2岁左右的宝宝想自己使用勺子或筷子吃饭,不愿意让他人喂饭,如果强行喂饭,孩子会产生反抗情绪——不好好吃饭。心理学家把宝宝成长中出现的这种亲子冲突形象地比喻成"儿童的反抗期"。一般出现在宝宝2~5岁的时候。

反抗是宝宝人生的第一次自我塑造,父母因为生气、愤怒而采用高压政策,过多压制反抗期的宝宝,会使宝宝形成"奴性"的人格,长大后唯唯诺诺、胆小怕事、缺乏主见。宝宝若屈服于自己所处的劣势,会产生很多不良的情绪,在长期找不到合理宣泄的情况下,会给宝宝产生不可修复的伤害。但是也不能过分溺爱,一切都由着宝宝的意愿来。到底该如何对待这个阶段的宝宝呢?

(二) 应对"反抗期"宝宝的技巧

该阶段宝宝自我意识、自主性和独立性的发展,什么事情都想自己做。他有时说"不",不是针对某个人,也不是针对某件事,而是想表达自己有权利做一些事情或否定一些事情。因此,父母要鼓励宝宝说出自己的想法,学会尊重宝宝的想法,尽量满足宝宝的合理要求，让他们认为自己是一个独立的、可以有想法的人。对待这个阶段的宝宝，了解、尊重是亲子沟通的前提。尤其是当宝宝疲劳、饥饿或生病的时候，情绪很低落，容易和父母对着干，这时父母更应理解、宽容宝宝。

1. 避免正面要求

这个阶段的宝宝往往本能地反感被要求做这做那，喜欢自己"当家做主"的感觉。因此，家长希望宝宝从事某种活动时，尽量避免直接向宝宝提出要求，而是使用旁敲侧击的办法，引起孩子的兴趣，让他觉得是他自己想干的。如你看到孩子搭积木老搭那么几样儿，想教他搭个别的，最好不要对他说："你怎么就会这几样，我们来个别的好不好？"而是若无其事、兴致勃勃地跟他一起搭，他看到你搭得那么好，自然会学着模仿着搭的。你希望他练习写字、画画时，可以找出他以前的一些"作品"，假装惊奇地说："这幅画怎么画得这么好！该不是你画的吧！"孩子可能就会马上得意地当场挥笔作画，证明给你看。

2. 后果处罚法

在一定的范围内，可以运用孩子行为后果本身，自然而然地惩罚他的行为，比如宝宝非要去摸热水瓶，你与其反复警告他、吓唬他，不如把瓶塞打开，抓住他的手放在热气上，当他感到烫时，以后就再也不会要热水瓶了。

3. 适当说"不"

我们要尊重宝宝，让他按照自己的意愿做事情，但并不等于让宝宝为所欲为。在有危险的情况下，要坚决对宝宝说"不"，体现你坚定的态度和意志，让宝宝知道什么是该做的，什么是不该做的。比如孩子在超市里大吵大闹地要买这买那，不能因为周围人的目光就让他得逞。你可以把他带出来，用平静的语言告诉他："因为你的表现很差，所以妈妈不能给你买"。当然在你做出行还是不行的决定之前，要充分考虑到他的心理承受能力。

4. 多项选择法

在亲子间发生对抗冲突的时候，家长不必急于将自己的意见坚决执行。可以给出几种选择，让宝宝选择其中的一种并照此执行。如："恬儿，必须睡觉了，因为明天我们还要做很多事情。如果你现在还不想睡觉，可以选择再听一个故事或者玩十分钟，你选择哪一个？"这种多项选择法在与宝宝打交道的过程中十分有效，很多宝宝即使两个方案都不是他原来想要的，但是他喜欢自己拿主意、做决定的感觉，所以能接受，并且因为方案是自己选择的，所以执行起来十分利落。

5. 约法三章法

宝宝生来就是有秩序感的，可以利用这种心理和他共同商定日常的作息时间及对某些事情的处理方式，否则一个外在的规则会被宝宝视作异己加以排斥。一旦他参与了制定，他便会觉得这些规则很神圣，会努力遵守。家长也要认真对待和宝宝的约定，在发生冲突的时候，家长可以提醒宝宝遵守约定。

6. 角色扮演法

轻松的亲子游戏能让宝宝明白应该做什么。你可以装成一个做事拖沓又极不听话的孩子，让宝宝扮演妈妈的角色，看看他是如何来对待你的。有的宝宝会用你常用的方式对你，也有的宝宝会用他心目中期望的你对待他的方式对待你，你需要细心观察。通过角色扮演，亲子之间的对抗自会逐渐消失！

六、亲社会行为、反社会行为、儿童退缩性行为

有些孩子在家里的时候，和家长玩得说得都特别好，但是一出来看到陌生人就什么都不说了，也不喜欢和别的小朋友玩，只和妈妈黏在一起。

（一）什么是退缩性行为

退缩性行为，从人格上讲叫回避型人格，又叫逃避型人格，它的最大特点是退缩、心理自卑，面对挑战采取回避和无能应付。

（二）儿童退缩性行为的表现

1. 沉默寡言，不爱交际，孤独离群。平时很少说话，从不与人交流思想感情。

2. 缺乏自信心和进取精神，十分自卑，害怕参加各种竞赛活动，不敢承担力所能及的任务。

3. 难以适应新环境，不愿意去陌生的环境。不愿意见陌生人。在陌生的场合往往显得过于羞怯，坐立不安，无法顺利地去做各种事情。

（三）儿童退缩性行为的危害

1. 阻碍宝宝自身潜能的开发和创造力的发展。由于退缩型宝宝过于胆怯，失去了婴幼儿特有的生机和强烈的好奇心，缺乏对新生事物大胆探索的愿望，因而严重束缚了创造想象能力和创造思维能力的发展。

2. 影响宝宝的社会化发展。退缩型的宝宝由于过于被动和依赖，不愿意主动与人交往和接触，因而不会妥善处理人与人之间的复杂关系，在集体中难以与同伴进行有效的合作。不仅社会化发展落后于正常的宝宝，而且极容易导致孤僻、怪异等不良的性格和行为。

3. 不利于宝宝的身心健康。有退缩性行为的宝宝敏感多疑、过度焦虑，这本身就是心理不健康的表现。由于他们缺乏稳定乐观的情绪和心理承受力，将来在变化急速、充满竞争的现代社会中难以维持自己的心理平衡，不仅容易导致心理疾病，严重的可能成为精神病人。

（四）儿童退缩性行为的原因

1. 环境因素。现代家庭以独生子女居多，无形之中减少了孩子与同伴交往的机会，加上城市独门独户的生活环境，导致人际接触减少。

2. 个性问题。有的孩子性格天生就内向、害羞、胆小，这种孩子就比较容易产生社交退缩性行为。

3. 安全感缺失。在宝宝行为发展的第一年，他会对主要抚养人产生强烈的依赖感。如果此时不注意他与人接触过程中的正确引导，容易造成孩子对生人产生畏惧、不信任，缺乏安全感。

4. 父母教养态度。许多父母习惯对孩子的事务包办代替，大大减少了孩子和他人接触的机会，从而学不到如何与人处事交往；有的父母忙于工作，和孩子缺少沟通交流，或者讨厌孩子吵闹、怕孩子打扰做事，让孩子以看电视、听音乐等打发时间；有的父母怕孩子在外面被别的孩子带坏或者受欺侮等；孩子想要和父母及外界互动的欲望一再被压制，也很容易造成他惧怕与人交往的情结。

（五）如何来矫正儿童的退缩性行为

1. 以尊重儿童的个性为前提。每一种个性都有它存在的理由，有它的优点与不足。父母可以诱导宝宝，但一定是以尊重宝宝的个性为前提，抱怨、强行扭转都有可能适得其反，使宝宝无所适从。

2. 深入细致地分析造成宝宝退缩行为问题的根本原因，再对症下药，分阶段采取相应的措施。5岁以内的宝宝的心理正处于发展阶段，有很大的可塑性。所以，通过有效的教育矫治，是可以得到纠正的，时间越早效果越好。

3. 给予宝宝更多的关心体贴，重视宝宝的情绪反应。内向胆小的孩子容易有压抑感、自卑感，对别人的态度特别敏感。他们在外不能充分表现自己，较少获得关注和满足，在家里就更需要父母重视宝宝的情绪反应，给予宝宝更多的关爱，让宝宝能够以豁达的态度接受生活中的成功和失败，否则，宝宝容易变得忧郁。

4. 提高宝宝的语言表达能力。一个口齿伶俐的孩子是不会没有玩伴的。所以，平常不如多让孩子复述故事或把自己的想法表达出来，这样当孩子一人独自在家时，他可能就会主动提出到别人家去寻找伙伴玩。

5. 帮助宝宝掌握一技之长。有一技之长的宝宝有可能成功地表现自己，这样可以增强宝宝的自信心。宝宝越自信越敢于表现自己。

6. 多给宝宝创造与人交往和表现自我的机会。多带宝宝到亲朋好友家拜访，并鼓励宝宝参加各种集体活动，多与小朋友交往、玩耍，增加交往机会。同时鼓励他在集体活动或游戏中大胆表现自己。

7. 用游戏和童话启发。拿宝宝平时喜爱的布偶，和宝宝玩角色游戏，通过角色扮演让宝宝体验一些生活情景，增加其交往经验。另外，3岁左右的宝宝已听得懂故事，爸爸妈妈可以通过故事内容，开启宝宝的心扉。如害羞的鸭子和没有自信心的天鹅，如何勇敢地踏出第一步，结果变成美丽又受欢迎的成员等。

七、2~2.5岁宝宝语言的发展

2岁是宝宝语言发展的爆发期，2岁以后，一直到入学前，是学前儿童基本掌握口语阶段。他们在掌握语音、词汇、语法和口语表达能力方面都较前一阶段有明显的进步，他们开始逐步用语言来表达自己的需要和情感，用语言来调节自己的动作和行为，基本上能用语言与人交往，语言成了这一阶段宝宝社会交往和思维的一种工具。

这一阶段，宝宝在运用语言和词汇方面有显著进步，能用3～5个单词组成的句子来与人交谈。他们和大人的对话变得更加自由和顺畅，同时他们也开始能用比较完整的句子与人交往，并学会倾听别人的讲话，表达自己的要求和愿望。

（一）语言发展特点

1. 基本上能理解成人所用的句子

2～3岁的宝宝词汇量迅速增长，对语言的理解能力也迅速提高，宝宝能理解的词汇达九百多个，词的泛化、窄化和特化现象明显减少，对词义的理解也日益接近成人用词的含义。词的概括性程度进一步提高，对有些词（如树、花等）已能理解为代表一类事物的词，除了能叫出自己家附近的树和花以外，在外面也能主动说出他们熟悉的树和花的名字。对某些词汇在理解上还具有直接性和表面性。

2. 语音逐渐稳定和规范，发不出的语音逐渐减少

由于宝宝发音器官逐渐成熟，在发音方面的困难日渐减少。唇音已基本没有问题，但凡是需要舌头参与的音（舌尖、舌面、舌根等音），还存在不同程度的困难，尤以舌尖音突出，如"zh、ch、sh、r"等，少数极个别的宝宝发"g、k、h、u、e、n、l"等音也有困难。如把"姥姥"说成"naonao"。

3. 能运用多种简单句型，复合句也逐步发展

在宝宝使用的句子中，简单句约占90%左右，复合句占10%左右。简单句句型较多，主要有主谓结构和主谓补结构两种类型。宝宝使用的复合句大多是不完全复句，是省略连词的简单句的组合。句子的含词量也在不断增多。宝宝大约在25～27个月左右开始出现了三词句，28～30个月左右出现了四词句，有个别的宝宝还出现了五词句、六词句。这个阶段的宝宝虽然在使用句子方面有明显的进步，但表达水平仍不高，尚处在情境语言阶段，说话时多用些不连贯的短句，辅以手势、动作和面部表情，这种情境性语言，对于不熟悉情况的人，往往是难以理解的。

4. 疑问句增多

2岁左右是宝宝疑问句的主要产生期。2岁4个月到3岁是疑问句的快速发展期。"这是什么？""这是谁的？""为什么呢？""妈妈这个怎么做呀？""在哪里啊？"这是这个阶段宝宝挂在嘴边的问题，也是令妈妈和老师很头疼的问题。提问是宝宝与社会进行信息交换的主要途径，宝宝利用提问来获取各种需要的信息，家长也可以根据宝宝提的问题、提问题的方式和对问题的回答来了解宝宝的认知和语言发展水平。

5. 语言常常使用接尾策略

接尾策略是宝宝使用语言中常用的一种策略，即不管实际情况如何，只选用问句末

尾的一些词语作答，主要发生在1岁半～2岁半，3岁左右消失。如成人问"吃了没有？"（刚吃完饭）回答"没有"。问："快收拾好玩具，跟妈妈出去玩，好不好？"（立即站起，丢掉玩具，一副要出去的样子）可听到的回答却是"不好"。这些答话与情景的不合和前后回答的矛盾，就是婴儿的接尾策略在起作用。我国学者郑厚尧在《影响儿童理解选择问句的若干因素》一书中，发现宝宝在回答选择问句时也适用这种策略，即根据选择句的后一个选项来回答，而不管是否符合实际。2岁半以前主要使用这种策略，3岁时才逐渐放弃。

（二）语言教育活动

1. 让宝宝多看、多听、多说、多练

多看：有计划地带领宝宝直接观察外界物体，积累丰富的感性经验；还可以让宝宝通过看图片、图书、电影、电视等获得现实的知识。只有有了丰富的生活内容和知识，宝宝才会拥有丰富的语言。

多听：培养宝宝能注意地倾听，是发展他们口语的先决条件。要学习语言，首先要学会听，能够听得准确，听得懂，才有条件正确地模仿——说。可以让宝宝听录音故事、成人讲故事、乐器的声音、生活中和自然界中的各种声音，听后让宝宝试着想象、模仿。

多说：给宝宝创设轻松、自由的说的环境，让宝宝能够随时随地、无拘无束地与人交谈。

多练：3岁前宝宝的语言教育任务主要是培养宝宝正确发音，丰富词汇，教会他们说话。这些内容都得在语言实践中学习、掌握，这就必须通过多种方法反复练习。

2. 鼓励宝宝同伴之间的自发模仿和相互交谈

1岁半的宝宝进托儿所时，除了哭叫以外，基本没有说话的声音，而2岁以后的宝宝则不同，他们午睡起床后会叽叽喳喳地讲个不停。有的互相模仿，有的呼唤同伴，有的小声念儿歌，有的要求老师帮忙，也有的向同伴或老师讲述某个问题，表现出在集体活动和自由活动中说话的基本态度。教师应该提倡和鼓励宝宝这种积极说话的态度，同伴间的自发模仿和互相交谈，会带给宝宝许多乐趣，提供相互间语言交往和学习的机会。

3. 随时随地帮助宝宝正确使用语言

日常生活是宝宝学习语言的基本环境。在这个环境中丰富词汇，发展口语，有很多得天独厚的条件。

日常生活中，宝宝接触到的词句都是与具体的事物、动作同时出现的，物与动作总是同时作用于宝宝的视觉和动觉，对宝宝来讲凡是形象具体的事物都比较容易理解和掌握；日常生活中的语言多是常用的、反复出现的，这样易于加深宝宝的印象和理解，如穿衣时，可以教宝宝正确说出各种衣服、五官及身体各部分的名称等；在日常生活中，成人最容易发现宝宝说话中的问题(如发音不准、用词不当、口吃或语病等)，并能通过示范予以纠正。

4. 在游戏中练习说话

通过游戏练习讲话，可以在宝宝自由玩耍时，询问他们在玩什么东西（说出物体的名称），在做什么事情（说出自己的动作或活动内容）；成人也可以扮演游戏中的一个角色与宝宝对话；也可以设计专门的游戏，让宝宝练习发音。

5. 组织多种形式的语言教育活动

语言教育活动是指有目的、有计划、有组织地进行集体语言教育活动。设计这类教育活动的出发点应是本班宝宝语言发展的一般水平，欲达到的语言发展目标是大多数宝宝力所能及的。语言教育活动的组织形式应多样，语言教育活动的主要形式有倾听、表述、欣赏文学作品、听说游戏、早期阅读等。

课程延伸

25～30个月宝宝适合的玩具

主要是益智类玩具

1. 镶嵌板

培养能力：培养宝宝的观察能力及练习一一对应。

家长：让宝宝自己操作、思考，不要代替宝宝去做。

2. 拼图

培养能力：使宝宝理解整体与部分的关系，建立思维逻辑性。

家长：宝宝在操作中遇到困难，家长应启发宝宝去寻找另一种方法或就物体的形状、大小等问题给予提示。

2岁左右初步理解图形的概念，具有一定的操作技能，可以玩拼图，但选择的拼图图案简单、拼块较大，数量较少，质地较硬，否则宝宝会失去兴趣。最好选宝宝熟悉的卡通人物或交通工具等，增加兴趣。

初次玩时要有大人指导（年龄小，观察分析能力弱，无太大耐心），大人在旁提醒宝宝如何观察图案特征，帮宝宝把图块转到合适角度，若宝宝愿意，可把正确的图块递给宝宝。

鼓励宝宝耐心、细心，家长也要耐心对待宝宝在拼过程中的错误，不可急躁，说宝宝笨，打击其自信心，若宝宝完不成，家长协助其完成，给宝宝做个榜样，教宝宝有始有终，不可半途而废，并让宝宝享受成功的乐趣，这样宝宝才会有信心，有兴趣向更难的拼图挑战。

3. 套盒、套杯、套娃

培养能力：排序，通过观察发现事物的规律性，增强宝宝逻辑思维的发展。

家长：物归原处的次序、规则，本身也是归类能力的培养。

4. 图片、图书

培养能力：配对、一一对应、阅读。

请你思考：

1. 如何培养宝宝养成良好的卫生习惯？
2. 如何应对宝宝的反抗行为？

31～36个月宝宝

一、31～36个月宝宝发展状况

（一）31～36个月宝宝生理发育指标

表38　31～36个月宝宝生理发育指标

	体重（千克）	身长（厘米）	头围（厘米）
男孩	15.31±1.75	98.9±3.8	49.8±1.3
女孩	14.80±1.69	97.6±3.8	48.8±1.3

（二）31～36个月宝宝心理发展特点

大运动：

1. 立定跳远20厘米左右（用A4纸放在脚前，跳后双脚同时落地，不会踩到纸）；

2. 双脚交替跳（双脚在原地交替跳起5厘米以上）；

3. 跳高10～15厘米；

4. 爬上三层攀登架；

5. 走25厘米高的平衡木。

精细动作：

1. 折纸边角整齐（"宝宝，你看，我现在要做一本书，一会你也像我一样做一本书"，强调边角整齐、压平，折2次，示范2次，提供无折痕纸）；

2. 模仿画十字（夹角大于45°）；

3. 积木搭高10块（试3次）；

4. 画出一个人头轮廓，并填上眼、鼻、嘴等（宝宝能画出2～3个器官）；

5. 撕纸（按针孔撕纸）；

6. 折纸；

7. 用剪刀。

认知：

1. 懂得"2"；

2. 能准确挑出两张有错误的图片（雨下看书，小鸡游水）；

3. 能找出图片中缺失的部分（小猫没有尾巴，小狗没有耳朵）；

4. 能区分大小、形状、颜色不同的物体；

5. 玩石头、剪刀、布，宝宝知道赢与输。

语言：

1. 说出性别；

2. 连续执行三个命令（"宝宝看，我现在做三件事情，一会你也像我一样来做"①把椅子搬开，②把娃娃放在小床上，③把球放到桌子下面，三件事情要做完，顺序可以颠倒，但不能提示）；

3. 说出14样图片；

4. 复述故事（讲7～8个简短童话故事）。

社交行为：

1. 会穿鞋（将宝宝鞋脱下，鞋尖对着宝宝脚尖，穿上即可，不要求分左右和系鞋带）；

2. 模仿刷牙；

3. 鼓励宝宝独立穿脱衣服、鞋袜，整理床铺；

4. 能完整地做自我介绍（正确回答自己的年龄、性别等），并说出父母的姓名、职业、单位等；知道家里的电话。

二、独立自主能力的培养

3岁的幼儿已大体上具备了作为通常人的基础能力。因此，他已不满足依赖父母给予的帮助，而是逐步要求独立行动，自己思考。这时期幼儿的自我意识开始萌芽，从过去对周围事物不分是非，一味模仿的时期，进入到按自己的想法进行创新的最初时期。幼儿学习新事物的热情很高，常依照自己的想法，有目的地行动，凡事都想自己干。

通常来说，发达国家的父母很重视对孩子的独立性的培养，他们往往对孩子进行指点和引导，鼓励孩子自己去思考、去实践，自己去大自然或者社会中增长知识、增强才干。

改革开放不久，我国有个教授到美国去考察幼儿教育，到了一个幼儿园，他看见一个三岁的孩子，别的孩子都出去玩了，这个孩子低着头在系鞋带，非常吃力，对三岁孩子来说系鞋带是一种技能，是很困难的。这位教授看见这个孩子很费劲地在系，于是他就走近这个孩子，非常亲切地跟这个孩子说："我来帮助你吧"，这在我们国内这是很自然的事情，但是没想到这个三岁的孩子，立刻拒绝，他站起来，挺着胸脯，把他那小脚缩回来，说了一句"我都三岁了"，他那意思是说，我不需要你帮助，我都三岁了。

那么，从这件事情，我们就可以看出，这个小孩，他的独立意识是很强的。什么都要我自己来，这样的表现应该说是父母与幼儿园共同教育的结果。

美国教育专家罗伯特曾经提出现代幼儿教育的十大目标，其中第一大目标就是独立性。在这样一个文化背景下，家长从小就注意到培养幼儿的独立性，因为这关系到孩子未来的生存。这样的明智之举很值得中国的家长借鉴，面对爱子或爱女，需放手时要勇于放手！

如何培养孩子的独立性呢？

（一）放手让孩子做力所能及的事情（勤动手）

孩子的独立性是在实践当中培养起来的。教育家陈鹤琴先生提出了教育的一些原则，他说，凡是儿童自己能做的应该让他自己做，不要代替他，这是一个教育原则。孩子长到两三岁就有了强烈的我自己干的要求，他有这种独立愿望，家长就因势利导从孩子日常生活的初步自理能力开始培养。我们主张孩子从一岁半开始自己吃饭。让孩子自己吃饭，自己穿脱衣服，穿脱鞋袜，自己如厕，自己收拾玩具，自己擦鼻涕，吃东西前后或便后自己洗手。开始时家长可以从旁帮助。幼儿期的自理能力是独立性培养的最主要内容，到了五六岁要求可以高一点。在这过程当中逐渐培养孩子的独立意识、独立生活能力和自己去做力所能及事情的好习惯。

我们做事情往往都有一个规律：从不会做到会做，从做不好到做得好。小孩子更是这样。一岁多的孩子开始自己吃饭，撒得到处都是，这是一个必经的过程。若看到孩子撒得一塌糊涂，就想自己来喂，这样就会剥夺孩子自己锻炼吃饭的机会，错过让孩子发展的机会。我们要把目标放在孩子的发展上，所以不要怕他们做不好，不要去包办，更不要责备，只要孩子去做，就鼓励他。

家长还可以想一点办法鼓励孩子自己做事。比如说让孩子看自己能穿鞋袜、衣服的照片。这对孩子是一个强化，是一种鼓励，可以帮孩子建立自信，一个自信的孩子更愿意自己去做事情，这是培养孩子独立性的一种动力。

（二）培养孩子独立思考的能力（勤动脑）

陈鹤琴先生讲过这样一个教育原则，凡是儿童自己能够想的就应该让他自己去想。所以我们不仅要孩子自己独立动手去做事，还要孩子独立动脑去想问题。这样就能够培养孩子独立思考的习惯和能力。孩子特别爱问问题，但家长要区别对待孩子的问题，不要有问必答，而要注重引导孩子自己去思考，自己去寻找问题的答案。

昊昊妈妈写了一篇教育笔记，她就比较注重培养孩子独立思考的能力。她说她带孩子走到立交桥上，孩子就问"立交桥上为什么没有红绿灯呢？"家长当时没有回答他，而是引导他独立思考，先让他想想马路十字路口为什么要装红绿灯，红绿灯的作用是什么，孩子说："我明白了，立交桥上没有交叉的路，不需要红绿灯"。这样的母亲启发孩子自己去想问题，而不是有问必答。

家长注重开发孩子的智力，也鼓励孩子问问题，培养孩子的求知欲。但常常有问必答，即给知识。其实培养孩子获取知识的能力比直接给孩子知识更重要。家长在给孩子讲故事或孩子问问题的时候，应该不断地提出问题，不断地引导孩子独立思考，这样孩子就动脑了。家长如果对孩子的问题一知半解，也可以给孩子提出几种解决问题的方法，和孩子一起去寻找问题的答案。

（三）创造机会培养孩子自己拿主意做决定

很多家长不注意倾听孩子的需要，从生活小事到孩子的发展方面，认为孩子听话、顺从就好。比如：很多孩子考大学，考哪个系都是家长给他包办，有主意的孩子反而会引起家长、老师的反感，觉得孩子不听话。其实，我们应该给孩子创造机会，主张孩子从小就自己拿主意，培养孩子自我抉择能力。如：早上起来可以给孩子两件衣服，让孩子自己做主穿哪件。

蒙台梭利认为，给孩子一个自由的、有准备的环境，让孩子自己选择玩伴，自己选择玩具。她还认为老师是一个环境的创设者、很好的观察者、指导者，老师要认真地观察孩子在有准备的环境中游戏，在必要的时候给孩子适当的指导，这对孩子独立性的培养是大有裨益的，我们在教育中可以适当地借鉴。

三、饮食注意事项

不同的孩子食量各不相同，一般吃到成人普通食量的1/3到一半就足够了。但为什么有的孩子吃得很多却特别瘦，甚至营养不良，这是为什么呢？

1. 宝宝对食物的消化、吸收差，营养素未被身体吸收、利用；
2. 食物中的蛋白质、脂肪含量低，长期食用这样的食物，体重也不会增加；
3. 患消化道寄生虫病，如蛔虫、钩虫、绦虫等；
4. 内分泌系统疾病导致内分泌失调；
5. 个别宝宝活泼好动，活动量极大，所摄入营养跟不上运动量的需要。

（一）瘦宝宝的喂养

1. 应该增加食物量；
2. 及时调整营养结构，但要保证食谱中蛋白质、牛奶、鸡蛋、鱼、瘦肉、肌肉、豆制品等轮换提供；
3. 蔬菜、水果每日必不可少。

（二）肥胖儿的喂养

很多父母看到孩子吃得很香就非常高兴，只要不出现消化不良的现象，就不限制孩子的食量，可是如果孩子摄入的食物热量过多就会导致肥胖。

对于宝宝来说，每个年龄阶段都有标准身高和标准体重，如果宝宝体重超过同性别同身高相应标准体重10%则为超重，超过20%则为中度肥胖，超过50%为过度肥胖。现在肥胖儿越来越多，肥胖对孩子的危害也日益显示出来。

1. 肥胖对儿童成长的危害

（1）健康隐患

体重增加无疑增加了心肺负担，很多肥胖儿还潜在有高血压、高血脂和动脉硬化的隐患，而且在病情危重时肥胖还会影响抢救和治疗工作。

（2）影响智力的发展

肥胖儿容易感到烦躁、嗜睡，有时会出现思维迟钝，智力评分偏低。

（3）心理自卑

肥胖再加上动作笨，相貌不美，常会成为同龄儿童的取笑对象。宝宝在心理上容易受到伤害，产生怕羞或自卑感。

2. 单纯性肥胖的主要原因是营养过剩，运动少，因此控制肥胖儿的饮食很关键

（1）调整饮食结构

多选择一些热量小而体积大的食物以满足宝宝的饱腹感，比如富含纤维素的芹菜、韭菜，适量的粗粮等。肥胖宝宝的食谱中多缺少蔬菜，所以，每天要保证胖宝宝进食3种以上的新鲜蔬菜。

优质蛋白质不可少，如鱼、瘦肉、鸡肉、蛋、奶、豆类等。为减少热量摄入，可以用鱼和豆制品代替肉，以脱脂奶代替普通牛奶。

肥胖儿要少吃油腻食物，不吃肥肉，不吃或避免吃甜食。

（2）改掉不良饮食习惯

父母要督促宝宝改正不良饮食习惯，而且晚饭也应少吃，晚餐应占全天食量的30%以下。吃饭要细嚼慢咽，吃到八九分饱即可。

（3）增加活动量

少看电视、少玩电脑，天气好时多到户外玩耍。

四、到大自然中去

阳光、空气、水，是大自然赋予人类的三大法宝，空气浴、日光浴、玩水、玩沙是上天赐予宝宝最好的礼物。

（一）空气浴

空气浴是利用气温与人体体温之间的差异形成刺激，刺进新陈代谢，增强呼吸系统抗病的能力。增加户外活动本身就是一种空气浴，但要到空气新鲜、环境绿化好的地方去。

（二）日光浴

日光浴可促进新陈代谢，促进维生素D的合成，预防和治疗佝偻病，并有杀菌作用。

在进行日光浴时，尽量使宝宝裸露皮肤，还要避免强烈阳光直射头部，可以给宝宝戴夏凉帽，炎热的夏季也可选择在树荫下。

时间：上午9点~10点，每次15~20分钟。

（三）玩水

宝宝喜欢玩水，可以进行水浴锻炼。

最佳的水浴是游泳，有条件可以让宝宝学习游泳。

对体弱的宝宝可在家中采用冷水擦身，开始水温30℃左右，每3天降1℃，直至与室温相近。先用冷水擦拭，然后立即用干毛巾擦拭，使身体产生温暖感觉。可用冷水冲淋，但水温要不低于26℃，时间以20~40分钟为宜。

（四）玩沙

沙子在宝宝心目中有独特的魅力，玩沙可以充分发挥宝宝的空间想象力，锻炼手部精细动作的能力。

要允许和支持宝宝玩沙，但要禁止他们用沙子互相打闹，以免迷眼。

五、入园前的准备工作

该阶段的宝宝即将或有些已经步入幼儿园，在入园的时候家长应该注意哪些事项，应该培养宝宝具备哪些方面的能力呢？

1. 独立性尤其是生活自理能力的培养

生活自理能力是宝宝进入幼儿应该掌握的最基本的能力，也是宝宝从事其他活动的前提。在这个阶段，妈妈要让宝宝学习穿脱衣服、系扣子、穿脱裤子、穿脱鞋子、喝水、上厕所、睡觉、吃饭。告诉宝宝自己长大了，自己的事情要自己做。

2. 体格检查

在宝宝入园前应该对宝宝进行一次全面的体格检查。如：心肺功能、五官、身高、体重、头围等。经检查，无传染病或其他严重疾病后，才能入园。入园时要详细填写健康卡片，项目包括既往病史、预防接种史和一般健康情况等内容。

3. 语言方面的准备

给孩子讲故事，并提适当的问题让孩子回答，增强孩子的语言表达能力；多给孩子提供语言表达的机会；鼓励孩子大胆地表达自己的意愿或需求等等。

4. 广交朋友，减轻依恋

这个阶段的宝宝活动范围扩大了好多，很多宝宝会把注意力集中在玩具或小伙伴的身上，所以家长要给宝宝提供更多的机会与小伙伴一起玩耍，广交朋友，增强朋友间的友谊，体验有朋友的快乐，减轻对母亲的依恋。

5. 参观园所，熟悉老师

带孩子参观附近的幼儿园，让宝宝了解小朋友在幼儿园的吃饭、睡觉、游戏、玩玩具，提前感受幼儿园的氛围，减轻幼儿入园的畏惧感；可以让宝宝与老师交流，熟悉幼儿园的老师，增加和老师之间的亲切感。

6. 培养规则意识

在游乐园玩耍时是需要买票的，告诉宝宝要遵守规则——排队买票。让宝宝在和小伙伴玩游戏的过程中，遵守游戏规则。父母与宝宝也可以一起制定一些规则，双方都有意识地去遵守这个规则，父母要以身作则，给孩子树立可以模仿的榜样。

课程延伸

31～36个月宝宝适合的玩具

1. 成套的玩具——模拟生活空间

医院游戏玩具、娃娃家游戏玩具（娃娃屋）、卧室玩具、厨房玩具、浴室设备。

2. 增加创造力和想象力的益智类玩具

磁性益智积木、圆桶积木、几何形状板、七巧板、雪花片（拼插、镶嵌）、小熊穿衣、智慧盘、智慧盒、智力屋、多米诺骨牌。

注：增强小手肌肉的灵活性，丰富经验，促进智力开发。

3. 增强动手能力的玩具

拆装工具车、工程师仿真工具、螺母组合、时钟拼摆等。

4. 大运动方面的玩具

大型滑梯、平衡木、秋千、跷跷板、攀登架、塑料手榴弹、沙袋、飞碟或其他投掷玩具，以及小推车、三/四轮自行车、各种球类等。

注：这一年龄段孩子能玩一些大型运动玩具和各种形式的游戏。特别是发展走、跑、跳、攀登、钻爬及投掷等大动作的玩具，所以要时刻关注孩子的安全。

5. 感统器材——预防感统失调

请你思考：

1. 如何培养宝宝的独立生活能力？
2. 入园前应做好哪些方面的准备工作？

附录1：

0~3岁亲子教育游戏集

新生儿（出生到28天）

一、大运动游戏

（一）游戏名称：蹬蹬腿

1. 目标：锻炼腿部关节与肌肉的力量
2. 准备：宝宝清醒、情绪愉快
3. 方法与步骤：

（1）让宝宝平躺在床上，成人坐在宝宝的脚后方；

（2）轻轻握住宝宝的小脚踝，慢慢地做交替蹬车的动作，一边做一边说："今天天气真好，宝宝蹬蹬腿。"

温馨提示：

在宝宝有主动蹬腿动作的感觉时，让宝宝自己蹬；成人在帮助宝宝做动作时，动作幅度无须过大，以免拉伤宝宝。

（二）游戏名称：浴巾游戏

1. 目标：刺激前听觉，发展平衡感
2. 准备：干净柔软的大浴巾1条，需要两位成人参与
3. 方法与步骤：

（1）将宝宝放在浴巾的中间；

（2）成人分别握住浴巾的两头，轻轻来回晃动，一边晃一边说："宝宝荡秋千啰！"或念儿歌："摇啊摇，摇啊摇，宝宝坐小桥"；

（3）稍稍抬高宝宝头部一端的浴巾，使宝宝能微微"坐起"，改变宝宝的身体位置，促进前庭觉的发展。

温馨提示：

经常和宝宝做这样的游戏，宝宝会喜欢玩，会因为身心愉悦而发出笑声，此时成人要及时给予宝宝鼓励；刺激前庭觉和发展平衡感的游戏可以预防宝宝感觉统合失调。

二、精细动作游戏

（一）游戏名称：拉拉手

1. 目标：锻炼抓握能力
2. 准备：摇铃一个
3. 方法与步骤：

（1）将宝宝平放在床上，将食指放在宝宝的小手中，让宝宝握住成人的手；

（2）一边提宝宝，一边说："拉拉手，拉拉宝宝的小手，我和宝宝拉拉手"；

（3）将准备好的摇铃让宝宝试握，可以经常让宝宝抓握摇铃。

温馨提示：

宝宝具有抓握反射的本能，只要是长条的东西都可以用来锻炼宝宝的抓握能力，使用时要注意安全；摇铃等有把手的玩具会发出响声，响声会吸引宝宝的注意，还可以刺激宝宝的听觉发展。

（二）游戏名称：小摇铃

1.目标：知道用手抓握物品

2.准备：带手柄的摇铃一个

3.方法与步骤：

（1）准备好摇铃，对着宝宝摇动，使宝宝听到摇铃的声音；

（2）对宝宝说："摇铃的声音真好听！宝宝用小手拿一拿摇铃。"一边说，一边用摇铃的手柄轻轻刺激宝宝的手心，促使宝宝握住摇铃；

（3）当宝宝握住摇铃后，会无意识地晃动小手，使得摇铃发出声音，此时要及时给予鼓励："宝宝真棒啊，小手会摇摇铃了，摇铃真好听！"

温馨提示：

生活中有很多东西都可以让宝宝抓握，但要注意抓握的物品要干净、卫生、安全，当宝宝弄出声音时，要及时鼓励宝宝的探索行为。

三、认知游戏

（一）游戏名称：你看你看，妈妈的脸

1.目标：

（1）发展宝宝视觉能力；

（2）通过观察、记忆亲人的脸庞，发展最初的记忆能力；

（3）鬼脸能吸引宝宝的注意力，增添乐趣，还能刺激宝宝的模仿能力；

（4）增进亲子感情。

2.准备：宝宝躺在床边

3.方法与步骤：

（1）妈妈靠近宝宝床边，在距离宝宝眼睛20厘米左右的地方展露笑脸，温柔地和宝宝讲话；

（2）妈妈还可以对着宝宝做鬼脸，如吐舌头、挤鼻子、眯眼睛等；

（3）妈妈和宝宝近距离玩耍一段时间后，还可以抱起宝宝，让宝宝感受妈妈的气息。

温馨提示：

1.除了让宝宝看妈妈的脸，还可以看其他人（如爸爸、爷爷、奶奶）的脸。

2. 还可以让宝宝看娃娃或小动物的图片，注意要选择色彩鲜艳的图片，吸引宝宝的注意力。

3. 妈妈的语调要平和、亲切，可给宝宝良好的语言刺激。

（二）游戏名称：看图片

1. 目标：

（1）拓宽宝宝的视觉领域，增强视觉刺激；

（2）训练可以增强宝宝的专注力和记忆力；

（3）满足宝宝的兴趣，可以培养良好的情绪状态；

（4）能发出响声的玩具，还可以促进宝宝听觉的发展。

2. 准备：高对比度的黑白图形，如人脸图形

3. 方法与步骤：

（1）在床栏的右侧挂上家长自画的黑白脸形，大小与人脸相仿，先画似母亲的脸形，让婴儿在觉醒时观看，父母可用钟表记录婴儿集中观看的时间；（因为高对比度的黑白图形对新生儿最有刺激性。）

（2）新的图形会引起婴儿注视7～13秒；

（3）当婴儿看熟了一幅图后，注视时间缩短到3～4秒，这时就应该换另一幅图；（婴儿注视新图时间越长就越聪明，由于注视比逗笑出现较早，所以观察注视时间是第一个测验婴儿智力的方法。婴儿以时间反应来区分新图和旧图，表明新生儿具有分辨能力和记忆能力。）

（4）用墨笔画女孩男孩的脸形、竖形条纹、斜形条纹、葡萄状、棋盘状、地图状等供婴儿观看，边说话边逗笑以缓解疲劳，使这种视力分辨与视力记忆训练成为快乐的活动。

温馨提示：

1. 每次提供的图片不能多，要根据婴儿注视情况更换图片。

2. 在婴儿观看的时候，妈妈可以边说话边逗笑，缓解视觉疲劳。

3. 让婴儿在快乐的氛围中学习。

4. 在小儿卧位的上方，挂一些使之感兴趣的能动的物体，如彩色的花环、气球等。每次一件，定时更换，最好是红色、绿色或能发出响声的玩具，触动这些玩具，能引起小儿的兴趣，使他的视力集中到这些玩具上，每次几分钟，每日数次。

四、语言游戏

（一）游戏名称：悄悄话

1. 目标：

（1）发展宝宝听觉，增进亲子感情；

（2）促进宝宝接受性语言能力的发展；

（3）培养宝宝良好情绪的发展，为以后进行交往打下良好的社会基础。

2. 方法与步骤：

（1）当孩子哭时，用温和亲切的语调哄他，如"哎呀，宝宝怎么了？别哭了，妈妈在这儿呢"，并观察孩子的反应；

（2）在喂奶时，轻轻呼唤他的乳名，反复对他说："××饿了，妈妈给你喂奶来了"；

（3）无论给孩子做什么事，都要用柔和亲切的声音、富于变化的语调与宝宝讲些"悄悄话"。

温馨提示：

1. 和宝宝说话不是妈妈的专利，爸爸也要参与进来，多和宝宝说话，这样既有利于培养宝宝勇敢性格的形成，也可以增进爸爸和宝宝之间的感情。

2. 和宝宝说话时要柔和亲切，语调要富于变化。

3. 做任何事情的时候都可以和宝宝说话，如换尿布等。

（二）游戏名称：小老鼠，上灯台

《小老鼠，上灯台》

　　小老鼠，上灯台，偷油吃，下不来，

　　喵喵喵，猫来了，叽里咕噜滚下来。

反复练习一些朗朗上口的小童谣是我们童年的最爱，孩子也一样。从宝宝出生后，妈妈就可以经常给宝宝朗诵一些小歌谣，让宝宝感受语言的起伏和变化，体会言语的温馨与神奇。

五、社交游戏

（一）游戏名称：你看我，我看你

目标：初步发展自我意识，感受家人的爱

在宝宝情绪好时，母子面对面，相距约20厘米，孩子会紧盯着你的脸和眼睛，当你们的目光碰在一起时，和孩子对视并进行无声的语言交流，即做出多种面部表情，如张嘴、伸舌、呲牙、鼓腮、微笑等。

（二）游戏名称：笑一笑

1. 目标：宝宝能够模仿微笑。

2. 准备：宝宝清醒并情绪愉悦，妈妈参与活动。

3. 方法与步骤：

（1）将宝宝放在床上，或将宝宝横抱在手臂中，与宝宝对视；

（2）做出微笑的表情，对宝宝说："笑啰，笑啰，宝宝笑一个"；

（3）当宝宝露出微笑的表情时，妈妈要及时给予鼓励："宝宝笑啰！宝宝笑啰！亲一亲宝宝！"

温馨提示：

宝宝会不自觉地模仿他人的表情，成人可以表情稍微夸张地"笑、噘嘴"等，并配合相应的动作。

1~3个月宝宝

一、大运动游戏

(一) 游戏名称：盘过来盘过去（腰腿部运动）

1. 目标：

(1) 盘腿的动作可以增强宝宝腿部的力量，使宝宝腿部肌肉、骨骼、关节得到良好的锻炼；

(2) 盘的过程还可以增强宝宝腰部的灵活性；

(3) 宝宝的运动智能可以得到很好发展，有助于宝宝形成健康的体魄和积极向上乐观的性格。

2. 准备：柔软整洁的床或地面

3. 方法与步骤：

(1) 把宝宝放在柔软、整洁的床或地板上，握住宝宝同侧的脚踝和大腿盘向另一条腿（宝宝的小屁股和身体会跟着动），然后恢复到宝宝的初始姿势；

(2) 换另一条腿，向相反的方向重复做。

儿歌：

　　两个小家伙，看看谁会盘，

　　你会盘，我会盘，我们两个盘过来。

温馨提示：

1. 每次给宝宝换尿布之后，可以让宝宝躺在松软的地方，慢慢把宝宝翻过来再翻过去，动作一定要轻柔。

2. 宝宝冬天穿衣较多，可以在洗澡后或临睡前做这个游戏。

3. 和宝宝游戏时，妈妈应始终微笑着注视宝宝，让宝宝感到安全与开心。

4. 游戏要循序渐进，每天坚持和宝宝玩游戏。

(二) 游戏名称：小淘气踢球球（腿部运动）

1. 游戏目标：

(1) 踢球的锻炼可以使宝宝腿部肌肉、骨骼得到健康发展，为宝宝日后活动范围的不断扩大奠定了良好的基础；

(2) 给宝宝创造安全舒适的生理和心理环境，让宝宝能够感觉到自己的家是温暖的，帮助宝宝形成善良、热情、开朗的好品格。

2. 游戏准备：充气塑料彩球（大红色气球一个）

3. 方法与步骤：

（1）把大红色的气球用结实的线拴好挂在婴儿床上方，宝宝抬起脚刚好能够碰到；

（2）轻轻抓住宝宝的一只小脚丫，抬起来踢一下彩球，对宝宝说："小淘气，踢球球，球球撞到脚丫上"；

（3）宝宝踢到球后，妈妈亲亲宝宝的小脚丫，给宝宝以鼓励；

（4）左右脚轮流踢，或抓住宝宝的两只脚同时踢。也可以举起宝宝的小手去拍球，左右手轮流拍。

温馨提示：

1. 球不要太大，颜色要鲜艳，最好是单色，如红色。

2. 球要悬挂在宝宝胸部正上方，不要挂在眼睛上方或距离眼睛太近的地方。悬挂的位置也要经常换，以防宝宝眼睛出现内斜视。

3. 球晃动的幅度要控制好，以免宝宝的视线跟不上，从而影响宝宝的积极性。

4. 游戏中，妈妈和宝宝进行目光交流，语气活泼，动作轻柔，这也是母子之间的感情交流。

二、精细动作

（一）游戏名称：小手小手拍拍（认识手）

1. 目标：

（1）增强宝宝对自己小手的认知；

（2）锻炼手部的肌肉，促进运动智能的发展；

（3）游戏中，父母的高涨情绪会影响宝宝情绪的发展。

2. 方法与步骤：

（1）宝宝舒适地靠在妈妈身上，妈妈举起宝宝的两只手，在其视线正前方晃动几下，引起宝宝对手的注意；

（2）一边念儿歌，一边轻轻拍动、摆动宝宝的小手，让宝宝的视线追随手的运动；

（3）儿歌："小手小手拍拍，小手小手摇摇，小手小手摆摆，小手小手跑得快。"当说到"跑得快"时，以稍快的速度将宝宝的双手平放到身体两侧。

温馨提示：

1. 妈妈的服装要柔软，最好不要有扣子，以免划伤宝宝或给宝宝造成不适。

2. 玩的时间不要长，要以宝宝开心、舒适为前提，每次重复两三次即可。

3. 若宝宝烦躁或有不舒服的表示，应该及时调整或终止游戏。

4. 做游戏时要注意动作的幅度和力度。

（二）游戏名称：手指游戏

1. 目标：

（1）按摩手指尖，活动手部肌肉群，为发展手部精细动作做准备；

（2）刺激宝宝语言的发展；

(3) 增强亲子感情。

2. 方法与步骤：

把宝宝抱在怀里，握着宝宝的小手，边说歌谣边揉宝宝相应的手指尖。

儿歌：

  大拇哥，二拇弟，（揉捏大拇指、食指）

  三姑娘，四弟弟，（揉捏中指、无名指）

  小妞妞，来看戏，（揉捏小拇指）

  瞧手心，看手背，（用手指点宝宝的手心、手背）

  你是妈妈的小宝贝。（把宝宝抱在怀里，让宝宝的耳朵贴着妈妈的胸口）

温馨提示：

1. 揉捏宝宝手指尖的时候动作一定要轻柔，不要太用力。

2. 妈妈要穿柔软的衣物，以免伤到宝宝。

三、认知游戏

（一）游戏名称：转转真好玩

1. 目标：

（1）转动可以让宝宝面对不同的视觉领域，增强视觉刺激；

（2）丰富的视觉刺激可以丰富宝宝的认知；

（3）增强宝宝的空间感知能力；

（4）增强视觉敏感性和准确性，提高观察能力。

2. 方法与步骤：

（1）在屋子里，妈妈把宝宝面朝外抱着向不同的方向慢慢转动；

（2）妈妈也可以和宝宝面对面一起转动；

（3）转圈时可以哼唱熟悉的歌谣，如《小燕子》、《丢手绢》等。

温馨提示：

1. 不管怎样抱宝宝，转圈时都一定要抱稳宝宝，如果出现焦躁不安，应立即停止。

2. 旋转的速度要缓慢，以防宝宝眩晕。

3. 爸爸在陪宝宝做游戏时，要注意适当控制力度，不要吓到宝宝。

（二）游戏名称：照镜子

1. 目标：

（1）提高宝宝对自我的认知；

（2）有助于宝宝了解身体各部位的名称；

（3）促进宝宝语言能力的发展。

2. 准备：大的穿衣镜一面

3. 方法与步骤：

（1）给宝宝穿上漂亮的衣服，将他带到镜子前，用手敲一敲镜子，吸引宝宝看镜子；

（2）帮助宝宝发现镜子里的小婴儿，问："镜子里是谁呀"；

（3）摸一摸宝宝的小脑袋，摸一摸宝宝的小鼻子，并且告诉宝宝每个部位的名称；

（4）经常强化，帮助宝宝认识自己的身体。

儿歌：两个小朋友，想要手拉手，一个伸右手，

　　　一个伸左手，小手碰小手，就是好朋友。

温馨提示：

1. 家长可以经常抱着宝宝照镜子，而且每次可以给宝宝穿不同颜色的衣服。

2. 家长一定要利用游戏的机会，帮助宝宝"学习"词语，尽管宝宝还不会说，但是不断地强化会有利于宝宝语言能力的发展。

3. 宝宝非常喜欢看婴儿的脸，看到镜子里的自己，就会表现得很惊奇。慢慢地，宝宝就会意识到镜子里的是自己，穿的衣服和自己的一样，也有鼻子、耳朵等等。

四、语言游戏

（一）游戏名称：小蜘蛛

1. 目标：

（1）帮助宝宝理解语言；

（2）增强宝宝对自己身体的认知，增强其触觉；

（3）增强宝宝的愉悦情绪。

2. 方法与步骤：

一只小蜘蛛，爬上了出水口，

　　（用食指和中指交替从宝宝的肚子爬到下巴上）

刮风了，下雨了，

　　（用手掌从宝宝下巴到肚子上做蛇形运动）

小蜘蛛被冲下了出水口，

　　（食指和中指迅速交替，快速滑到宝宝的小腿上）

太阳公公升起来，

　　（用手掌轻轻地拍宝宝的小肚子）

小蜘蛛晒干身上的水，

　　（用食指和中指交替在宝宝小肚子上踏步）

他又爬呀爬呀，爬上了出水口。

　　（食指、中指交替爬上宝宝的下巴）

温馨提示：

1. 食指和中指交替的时候要注意力度。

2. 妈妈可以给宝宝穿棉质的衣物，便于做动作。

3. 妈妈可以试着反复从上面掉下来，增加游戏的趣味性和宝宝的愉悦情绪。

（二）游戏名称：辅音游戏

1. 目标：辅音发声练习，逐渐知道各种声音的含义。

2. 准备：柔软的垫子，妈妈参与活动。

3. 方法与步骤：

（1）将宝宝放在柔软的垫子上，让宝宝的眼睛看着妈妈，妈妈用夸张的口型使劲说"妈妈"，并用手指自己。可以重复说，尽量使声音和人联系起来。宝宝发音时要鼓励，并重复宝宝的声音；

（2）跟宝宝说话的时候要夸张口型说"爸爸"，让宝宝看到爸爸或者爸爸的照片。生活中，妈妈可以边说边做："妈妈来了"、"妈妈给宝宝洗澡来了"、"妈妈亲亲宝宝"、"妈妈给宝宝换尿布来了"；

（3）宝宝常常自言自语，发出"啊不"、"啊噗"等声音，大人可以重复宝宝的话与其呼应。

温馨提示：

日常生活要有意识地经常对着宝宝夸张地发出此类的辅音，有助于宝宝今后能发准辅音，为宝宝认识人物称谓、物品名称、动作名称奠定基础。

五、社交游戏

（一）游戏名称：藏猫猫

1. 目标：

（1）增强宝宝的视听能力；

（2）激发宝宝愉快的情绪体验；

（3）有助于增进宝宝与家人之间的感情。

2. 方法与步骤：

（1）宝宝躺在舒服的床上，妈妈与宝宝面对面，轻轻呼唤宝宝的名字，吸引宝宝的注意；

（2）妈妈突然用双手捂住脸，问宝宝："妈妈哪儿去了"；

（3）突然将双手拿开，对宝宝说："喵，妈妈回来了！妈妈在这儿呢"；

（4）反复两三次，逗宝宝笑。

儿歌：小宝宝，仔细瞧，妈妈怎么不见了？

　　　妈妈妈妈我知道，你在和我藏猫猫。

注：藏猫猫游戏是宝宝整个童年期都很喜欢的经典游戏，这个阶段的宝宝特别喜欢看人脸，从现在开始，就可以和宝宝玩这个游戏。

温馨提示：

1. 这个阶段的宝宝对一些动作所表达含义的理解还比较弱，因此，玩这个游戏，不仅仅是方法上的简单操作，更重要的是要融入对宝宝的爱，才能达到游戏的目的。

2. 游戏中，妈妈要通过夸张的语调，帮助宝宝认识到特别的动作。

（二）游戏名称：镜子里的宝宝

1. 目标：萌发自我意识，发展观察能力

2. 准备：将放大镜放在地垫旁边，妈妈参与活动

3. 方法与步骤：

（1）在镜子前为宝宝换尿布，让宝宝从镜子里看见自己，一边换尿布一边告诉宝宝："宝宝，看见了吗？妈妈在给你换尿布"；

（2）换好尿布，把宝宝抱起来，让宝宝看见镜子中的自己；

（3）抓着宝宝的手触摸镜子中的宝宝，让宝宝和镜子中的自己说话；

（4）经常和宝宝玩这样的游戏，宝宝就会对镜子里的宝宝微笑、触摸，喜欢玩镜子游戏。

4~6个月宝宝

一、大运动游戏

（一）游戏名称：拉大锯，扯大锯

1. 目标：

（1）6个月的宝宝腰部肌肉的力量迅速发展，通过游戏可以帮助宝宝锻炼腰背部肌肉、骨骼力量；

（2）增强宝宝身体的控制能力；

（3）扩大宝宝的视野；

（4）促进宝宝空间智能的发展。

2. 准备：宝宝睡醒时，保持仰卧姿势，帮助宝宝放松上肢。

3. 方法与步骤：

（1）手指轻轻在宝宝小手上画圈儿，画两三下后，让宝宝自然地抓住你的手指；

（2）将宝宝慢慢地拽起，让宝宝练习稳定地坐；

（3）再轻轻地将宝宝放下，让宝宝保持仰卧；

（4）重复4~5次；

（5）轻轻抚摸宝宝的腰背部，使其放松腰背部肌肉。

儿歌：拉大锯，扯大锯；姥姥家，唱大戏；
　　　接闺女，迎女婿；小外甥，也要去；
　　　你去不去？

温馨提示：

1. 刚开始时，妈妈可以抓住宝宝的手腕，把他拉起来。

2. 练习的时间不要太长，3分钟左右就要让宝宝躺下来休息一会儿，以免宝宝太过疲劳。

（二）游戏名称：膝盖舞

1. 目标：

（1）让宝宝体验运动的快乐，感受美妙的节奏；

（2）感受整个空间移动，促进身体空间知觉的发展。

2. 准备：妈妈怀抱宝宝坐在椅子上，让宝宝舒服地坐在妈妈的膝盖上。

3. 方法与步骤：

（1）扶稳宝宝，边哼唱儿歌，边轻轻重复地抬起脚跟，再放下，带动膝盖上下移动，宝宝也随之轻轻颠起；

（2）慢慢向左移动双膝，让宝宝身体尽可能向左倾斜；

（3）再慢慢向右移动双膝，让宝宝身体尽可能向右倾斜；

（4）恢复游戏初始姿态，让宝宝坐直身体。

温馨提示：

1. 宝宝的身体控制能力仍然非常弱，游戏中双腿运动的速度要缓慢，便于宝宝适应。
2. 游戏时要保护好宝宝的安全，始终用身体护住宝宝的身体。

二、精细动作游戏

（一）游戏名称：小手够玩具

1. 目标：锻炼宝宝手部的运动能力，发展手眼协调能力。

2. 准备：可悬挂的干净的玩具和充气球等、婴儿床。

3. 方法与步骤：

（1）让宝宝仰卧在舒适的婴儿床内，在宝宝的面前悬挂玩具，距离宝宝近些，玩具高度要让宝宝能够够得着；

（2）吸引宝宝用手够玩具，悬挂的玩具因为会移动位置，够取悬挂的玩具要比拿取桌上的玩具要难；

（3）开始宝宝会用单手拍打或抓玩具，能够拍准玩具，说明宝宝可以调整手的动作和物体的位置相适应了，不过单手会把玩具拍走；

（4）宝宝会拍玩具了，就需要尝试用双手配合抱住玩具。成人可以先帮助宝宝抓住一只手配合另一只手，多练几次，宝宝逐渐会用手协调把玩具抱住。

温馨提示：

宝宝喜欢把抱住的东西放在嘴里，所以成人应保证玩具干净、无毒。

（二）游戏名称：抓摸球

1. 目标：促进婴幼儿手部抓握能力，双手协调能力。

2. 准备：乒乓球、触摸求、不同材质的纸巾、轻音乐。

3．方法与步骤：

（1）将宝宝抱在怀里，拉着宝宝的手，边念儿歌边做动作；

（2）将装有小球的筐子放在宝宝面前，鼓励宝宝用手去抓。鼓励宝宝、帮助宝宝将球从一只手传递给另一只手；

（3）宝宝躺在床上，父母提起纸巾，放在宝宝正前方25CM的位置，边晃动边鼓励宝宝用双手抓住纸巾。

儿歌：《手指谣》

　　一个手指点点点，两个手指剪剪剪，

　　三个手指捏捏捏，四个手指搓搓搓，

　　五个手指抓抓抓，五个兄弟爬上山，

　　叽里咕噜滚下来。

三、认知游戏

（一）游戏名称：纸飞机

1．目标：

（1）丰富宝宝对颜色的认知；

（2）宝宝的视线追随纸飞机的飞行路线，可发展其视觉追踪能力和空间智能。

2．准备：用鲜艳的彩纸折若干飞机

3．方法与步骤：

（1）拿起红色的纸飞机，展示给宝宝，告诉宝宝这是"红飞机"；

（2）将纸飞机轻轻地抛向前方；

（3）问宝宝"红飞机飞到哪里去了？"让宝宝指指看；

（4）换另外颜色的纸飞机重复上述过程。

温馨提示：

1．飞机不要抛得太远，速度也不要太快，否则不利于宝宝追踪。

2．抛飞机的动作不要太大，否则容易让宝宝关注飞机的动作，而忽视了观察飞机的飞行路线。

3．用来折飞机的彩纸颜色尽可能鲜艳，对比要较鲜明。

（二）游戏名称：顶鼻子（认识五官）

1．目标：

（1）帮助宝宝了解和认识自己的五官及名称，初步感受五官的存在；

（2）增进宝宝与家人的亲密接触，促进其交往智慧的发展；

（3）帮助宝宝逐渐熟悉常用词汇的发音，提高其对语言的敏感性。

2．方法与步骤：

（1）妈妈抱着宝宝或让宝宝仰卧在床上，与宝宝视线相对；

（2）妈妈问："宝宝的鼻子呢?"然后用手轻轻点宝宝的小鼻子，说："啊，宝宝的小鼻子在这儿呢"；

（3）妈妈再次与宝宝视线相对，问："妈妈的鼻子呢?"拿起宝宝的小手，让宝宝触摸妈妈的鼻子，并告诉宝宝："妈妈的鼻子在这儿呢！这是妈妈的鼻子"。

（4）妈妈靠近宝宝，轻轻和宝宝顶鼻子，同时发出"嗯嗯嗯"的声音。

儿歌：小鼻子，用处大，闻出气味全靠它。

小眼睛，亮晶晶，样样东西看得清。

小耳朵，灵灵灵，样样声音听得清。

小嘴巴，用处大，吃饭唱歌全靠它。

温馨提示：

1. 宝宝喜欢重复性高的游戏，这些游戏在成人的眼里，也许会感到很"幼稚"，但正是这些简单易行的游戏孕育宝宝的发展。

2. 家长可以根据宝宝的实际情况，对游戏进行扩展，让宝宝认识其他的器官。

四、语言游戏

（一）游戏名称：蒸馒头

1. 目标：

（1）通过儿歌的朗读及动作的配合，帮助宝宝理解语言；

（2）增强宝宝的触觉，及对身体部位的认知。

2. 方法与步骤：

蒸、蒸、蒸馒头，（握住宝宝的小手，拍拍宝宝的掌心）

帮我蒸一个大馒头，（握住宝宝的小手，拍拍宝宝的掌心）

活好面，（揉一揉宝宝的小手）

拍一拍，（拍拍宝宝的小手）

然后再来揉一揉，（再揉宝宝的小手）

再在中间点个点儿，（用手指点宝宝的小鼻尖）

放到蒸锅蒸一蒸，（握住宝宝的小手，拍拍宝宝的掌心）

馒头蒸好了，把它送给谁？（停顿）

送给我心爱的小宝贝。（挠宝宝的脚心、胳肢窝，或亲吻宝宝的肚皮，拥抱宝宝）

温馨提示：

做语言游戏时，妈妈吐字要清楚，语速要慢，口型要夸张，以给宝宝足够的语言刺激，为宝宝创设丰富的语言环境。

（二）游戏名称：蹲蹲舞

1. 目标：

（1）提高宝宝的音乐感知能力和语言感知能力；

(2)增强宝宝对身体的控制能力,促进其身体协调发展;

(3)锻炼宝宝腿部的肌肉,增强腿部肌肉力量。

2.准备:节奏明快的圆舞曲

3.方法与步骤:

(1)家长扶着宝宝的腋下,让他站在自己的腿上或硬木床上;

(2)有意识地放松手腕,让宝宝自己的小屁股一蹲一蹲地跳"蹲蹲舞";

(3)播放音乐,让宝宝尽量配合乐曲的节奏。

儿歌:

  宝宝宝宝蹲蹲,宝宝宝宝站站,

  宝宝从小会跳舞,蹲蹲站站真好看。

温馨提示:

1.选择的乐曲要表现力强、节奏明快、简短悦耳。

2.宝宝下肢的支撑力仍非常弱,要控制好游戏的时间,不可以让宝宝疲劳,2分钟即可。

3.不要在宝宝吃饱饭后马上进行这个游戏。

五、社交游戏

(一)游戏名称:见人就笑

1.目标:

让宝宝学习主动同人打招呼,养成活波开朗的性格,减少怕生人的范围,使其将来很容易进入到群体。

2.方法与步骤:

经常抱宝宝到街心公园或者人经常散步的地方,大人同邻居们打招呼时,也让宝宝接触这些大人和小孩。人们都喜欢孩子,会逗他笑,宝宝也会报以微笑,以后见到这些人时,宝宝会主动笑,很招人喜欢。父母应该在宝宝认生之前,带宝宝认识更多的亲属和邻居,让他经常用笑同人们打招呼,以后宝宝懂得怕生时,这些都是宝宝之前的熟人,怕生的范围和程度就会减少。

(二)游戏名称:举高高

1.目标:

让宝宝体验体位升高时,看到的东西与平时不同,促进其前庭系统的发展,同时增强父婴之间的感情。

2.方法与步骤:

爸爸抱着婴儿双手托着婴儿的腋下,把宝宝举高,停留一会,让宝宝观看更广阔的视野,或者爸爸举着宝宝走几步,看到更多的事物后,慢慢把宝宝放下来。第一次举高时如果宝宝不害怕,没有尖叫或啼哭,过一会可以再来一次,爸爸举着宝宝慢慢上下或者举着宝宝一颠一颠地走，使婴儿体位经历一些颠簸，当宝宝体位变动时，身体会自觉地保持平衡，使其前庭神经系统得到锻炼。

7~9个月宝宝

一、大运动游戏

(一) 游戏名称：足球小子

1. 目标：锻炼宝宝的下肢力量，为站立和行走做准备，提高宝宝的运动智能。

2. 准备：彩色橡胶球一个

3. 方法与步骤：

(1) 家长从宝宝的背后扶住他的腋下，让宝宝站立；

(2) 将彩色的橡胶球放在宝宝的脚边3~5厘米处；

(3) 让宝宝抬起脚踢球；

(4) 抱着宝宝"走"到球的旁边，再踢。

温馨提示：

1. 球的质地要软，软橡胶或塑料的均可。

2. 球的大小要合适，类似排球大小为宜，因为此时宝宝"踢"的准确性尚不高。

3. 球最好为彩色条纹的，这样，滚起来的时候比较醒目，可以提高宝宝"踢"的兴趣。

(二) 游戏名称：浴巾的妙用

1. 目标：锻炼宝宝身体的灵活性

2. 准备：一块大浴巾，大小为能把宝宝完全包裹在里面还有一部分富裕。

3. 方法与步骤：

(1) 荡秋千

爸爸和妈妈各抓住浴巾的两个角，左右晃动宝宝。

一、二、三，荡秋千，四、五、六，坐里边，

七、八、九，拍拍手，宝宝高兴乐悠悠。

(2) 裹香肠

妈妈把浴巾裹在宝宝的身上，裹好后抽动浴巾，把宝宝从浴巾里抖出来。

(3) 滚圆筒

爸爸和妈妈把浴巾张开，让宝宝在浴巾上滚动；

滚、滚、滚圆筒，咕噜咕噜滚圆筒；

滚过来，(滚到妈妈那里) 滚过去 (滚到爸爸那里)；

滚出一个好身体。

二、精细动作游戏

（一）游戏名称：手指偶

1. 目标：

（1）这个时期，宝宝的手指已比较灵活，小小的指偶可以吸引宝宝的注意力；

（2）通过指偶表演讲故事，可以促进宝宝的语言智慧发展；

（3）随着小指偶的运动，还可以促进宝宝视觉空间智慧的提升。

2. 准备：用旧手套或小布头，分别做红色和绿色的指偶各一个，编一个"红鼻子和绿鼻子捉迷藏"的故事。

3. 方法与步骤：

（1）分别将指偶套在两个手指上，然后屈伸，给宝宝行个礼；

（2）借用手指偶，给宝宝讲故事，一边讲，一边用指偶配合表演简单动作，如弯腰行礼、藏起来、张望寻找、找到后碰碰头等。

儿歌：

  小指偶，做游戏，弯弯腰，敬个礼。

  你是我的好朋友，藏哪儿都能找到你。

温馨提示：

1. 指偶颜色可以随机调换，但最好为鲜艳的颜色。

2. 故事情节要简单，有利于指偶配合做动作。

3. 指偶的运动速度要慢，目的在于吸引宝宝的注意力。

（二）游戏名称：积木游戏

1. 目标：

（1）这个阶段的宝宝非常喜欢传递物体，这样的游戏有利于他精细动作的发展；

（2）敲击积木可以让宝宝认识到敲击的动作和声音之间的关系；

（3）帮助宝宝活动上肢并感受节律。

2. 准备：一个积木筐和中号积木若干块

3. 方法与步骤：

（1）将盛满积木的积木筐放在宝宝面前；

（2）让宝宝从积木筐中取出一块积木递给家长；

（3）家长接过宝宝取出的积木，然后再让宝宝取一块，再接过来；

（4）反复2~3次后，家长双手敲击两块积木，给宝宝示范；

（5）鼓励宝宝敲击手里的积木。

温馨提示：

1. 选择积木时注意喷漆积木的含铅量是否符合儿童玩具标准，最好给宝宝玩打磨光滑的原木积木。

2. 家长要随时注意纠正宝宝握积木的姿势，防止宝宝在敲击积木的过程中敲伤自己的手。

三、认知游戏

(一) 游戏名称：指认花、草、树木

1. 目标：

(1) 引导宝宝接触大自然，喜欢大自然；

(2) 吸引宝宝认识大自然中的花、草、树木。

2. 方法与步骤：

父母把宝宝带到室外，指着户外的花、草、树木问宝宝"宝宝，这是什么呀?"父母可以拉着宝宝的小手去接触一些看到的物体；

父母告诉宝宝"哦，宝宝，这是××"，"来宝宝闻一闻，看这些花香不香"；

父母可以拿起来一朵花放到鼻子边，并露出夸张的表情"好香的花呀"；

父母在与宝宝观察花草树木的过程中，可以将颜色的认知、形状的认知渗透在里面。

温馨提示：

父母注意带宝宝外出到大自然中时，要选择适宜的天气。

(二) 游戏名称：感知"大"与"小"

1. 目标：促进宝宝大小概念的认知

2. 准备：大小两个筐子，篮球一个，小按摩球一个，苹果一个，樱桃一个。

3. 方法与步骤：

(1) 父母把第一组教具拿出来，通过与宝宝一起玩球，告诉宝宝"篮球是大的"、"按摩球是小的"，多次强化，并引导宝宝把篮球放在大筐里，按摩球放到小筐里；

(2) 父母把第二组教具拿出来，通过与宝宝一起观察，告诉宝宝"苹果是大的"、"樱桃是小的"，多次强化，并引导宝宝把苹果放在大筐里，樱桃放到小筐里。

温馨提示：

宝宝很容易将教具尤其是食物类教具放到嘴巴里，所以要注意教具的清洁与卫生。

四、语言游戏

(一) 游戏名称：打电话

1. 目标：

(1) 打电话的形式可以调动宝宝对语言的兴趣，促进他的语言智慧的发展；

(2) 可以帮助宝宝认识一种与人交流的形式，对宝宝交往智慧的培养也非常有帮助。

2. 准备：玩具电话听筒两个

3. 方法与步骤：

(1) 家长拿起玩具电话，对着电话说"喂喂，宝宝在吗"；

(2) 家长帮助宝宝拿起电话，和家长"对话"。

儿歌：喂喂，你好，喂喂，你好；我是宝宝，咱俩聊聊?

注：在学会说话以前，宝宝"说"的兴趣也很高的，正是这个时候的"听"和"说"，铸就了宝宝以后真正的"听，说"能力。

温馨提示：

1. 家长在"电话"中，尽量强调宝宝对生活常用词的认识和理解，比如"尿尿，饿了，高兴，漂亮，红色，耳朵"等。

2. 在"电话"中，要调动宝宝"说"的热情，因此家长要尽量地重复宝宝"咿咿呀呀"的语言。

(二) 游戏名称：雪花

1. 目标：

(1) 培养宝宝的语言感知能力；

(2) 可以帮助宝宝完善手部的精细运动能力；

(3) 有利于宝宝颜色识别能力的提高；

(4) 发展宝宝的空间智慧；

2. 准备：将几张彩纸剪碎，像彩色的雪花，放在广口的盒子里。

3. 方法与步骤：

(1) 给宝宝一个坐垫，让他坐在地板上，将装有"彩色雪花"的盒子放在他面前；

(2) 家长抓起一些"雪花"握在手里，手心向下，然后慢慢松开手掌，让雪花飘落下来；

(3) 鼓励宝宝同样抓一把雪花，伸出手臂，然后松开小手，让雪花飘落；

(4) 如此反复多次，不断地抓握再放开。

儿歌：《雪花》

雪花飞啊飞，飞成彩蝴蝶。

落到手心里，变成小水滴。

水滴轻轻说，我从天上来。

跟上娃娃走，一起找春天。

温馨提示：

1. 注意照看宝宝，以免宝宝把纸屑填进嘴里。

2. 要尽量选择在地板上进行游戏，便于清扫。

3. 纸屑要多准备一些，便于宝宝抓起。

4. 可以准备不同质地的玩具供宝宝抓玩。

五、社交游戏

(一) 游戏名称：玩具被人拿走了

1. 目标：促进宝宝观察力的发展

2. 准备：小鼓、两根敲鼓棍

3. 方法与步骤：

父母与宝宝同玩一个小鼓，两人各拿一根棍，一人敲一下，玩得正高兴时，大人用另一只手把小鼓拉走，机灵的宝宝会马上叫嚷，并且会四处寻找；有时宝宝看到小鼓不见了，会转身玩其他的玩具。如果宝宝正在叫嚷时，父母把小鼓拿出来，以后宝宝会加倍警惕，看着自己的玩具不被别人拿走，对于那些没有任何反应的宝宝，父母可以把小鼓拿走后又拿出来给他看看，一会又拿走，使宝宝感觉到大人在跟他做游戏，引起他的注意。

(二) 游戏名称：身体语言

1. 目标：

让宝宝学会用身体语言来表达自己的需要和想法，使宝宝在学会语言之前就知道与人如何交流，有利于宝宝活泼开朗性格的培养。

2. 方法与步骤：

宝宝最容易做到的是拍手叫"好"和拱手表示"谢谢"，这两种是用双手来做的，也是亲子互动中经常出现的。此外父母可以示范给宝宝用"伸手"表示"要"；用"摆手"表示"不要"；用"挥手"表示"再见"等等，在这个过程中，大人的示范很重要，宝宝自己并不懂得怎么做才能让别人理解，有了大人的示范，宝宝就很容易模仿。还可以教给宝宝"恭喜发财"；"羞羞""肚肚饱了"等等动作。

10~12个月宝宝

一、大运动游戏

(一) 游戏名称：小兔子乖乖

1. 目标：

(1) 促进宝宝大运动的发展，培养节奏感；

(2) 训练身体的协调性与灵活性；

(3) 增进亲子感情。

2. 方法与步骤：

让宝宝踩在爸爸的脚背上，爸爸和宝宝同向站好，爸爸双手轻轻地拽着宝宝的小手，边说儿歌边带宝宝移动身体。

小兔子乖乖，把门开开，（爸爸拉着宝宝的双手、双臂按节奏打开、合上）

妈妈回来了，快点儿把门开，（爸爸带着宝宝向前走）

开开左门，开开右门，（爸爸带着宝宝分别向左边、右边走）

妈妈回来了。（爸爸带着宝宝向前走，并拉着宝宝的小手对拍手）

温馨提示：

1. 爸爸要扶稳宝宝，注意安全。

2. 左右前后移动的步伐要和儿歌节奏相符，便于宝宝感知节奏。

（二）游戏名称：龟兔赛跑

1. 目标：

（1）通过爬行，可以大大提高宝宝的运动能力；

（2）开阔宝宝的视野；

（3）提高思维能力。

2. 准备：宝宝喜爱的小玩具一个

3. 方法与步骤：

（1）在家中地板的一端放置一个宝宝喜爱的小玩具；

（2）家长将宝宝趴着放在地板上，家长也趴在地板上；

（3）家长告诉宝宝："我们比赛，看谁先拿到玩具"；

（4）家长鼓励宝宝爬去拿玩具，宝宝爬的时候，家长爬着去"追"宝宝。

温馨提示：

1. 游戏中，家长的爬行只要起到鼓励宝宝爬，逗宝宝高兴的目的就行。

2. 游戏中的玩具最好是软质玩具，例如布娃娃、橡胶娃娃等，不要使用硬塑料或者其他硬质材料的玩具。

3. 游戏距离不要长，目标玩具与宝宝起点距离2米左右就可以。

二、精细动作游戏

（一）游戏名称：纱巾舞

1. 目标：

（1）柔美的纱巾和音乐的结合，让宝宝充分感受美；

（2）激发宝宝的想象力和模仿能力；

（3）引发宝宝的愉悦情绪。

2. 准备：颜色鲜艳的纱巾各一条，优美的音乐

3. 方法与步骤：

（1）妈妈在优美的音乐下舞动纱巾，做出各种造型，给宝宝一种视觉冲击力；

（2）把纱巾放到宝宝手里，教宝宝来回舞动，还可以把纱巾盖到宝宝的头上。

（3）播放欢快的音乐，做一些简单的动作，如上下左右挥动纱巾、扔纱巾等，看宝宝会不会模仿，爸爸也可以参与，全家人一起游戏。

温馨提示：

游戏时，动作幅度不要太大，不要太剧烈，注意安全。

（二）游戏名称：蜘蛛吐"丝"

1. 目标：

（1）了解因果关系，促进认知与解决问题的能力培养；

(2) 发展宝宝观察力、注意力、动手操作能力。

2. 准备：几条丝巾和领带，把它们系在一起，结成一条长长的带子。

3. 方法与步骤：

(1) 妈妈把这条长长的带子塞进自己的衣服里，当着宝宝的面把带子拉出来，拉呀拉呀，总也拉不完；

(2) 在宝宝惊奇的目光中，把带子交给宝宝，让宝宝把所有的带子统统拉出；

(3) 把所有带子塞到宝宝的衣服里，让宝宝把带子从肚子的部位下拉出来，好像蜘蛛吐"丝"一样。（同时让宝宝明白虽然带子看不见了，但还是存在的）

温馨提示：宝宝玩带子时注意安全。

三、认知游戏

(一) 游戏名称：小飞虫

1. 目标：

(1) 锻炼手指的灵活性，并进一步培养手眼协调能力；

(2) 激发宝宝学说话的积极性；

(3) 认识身体各部位；

(4) 增强宝宝愉悦情绪。

2. 方法与步骤：把宝宝抱在怀里，边说儿歌边做游戏

小飞虫，小飞虫，（妈妈和宝宝都伸出食指）

请你快快停一停，（妈妈和宝宝的食指对在一起）

停在哪？停在哪？（妈妈和宝宝的食指对在一起并左右晃一晃）

停在宝宝的鼻子上，（妈妈拿着宝宝的食指点在宝宝的鼻子上）

——小飞虫飞走了。（妈妈和宝宝同时把手拿开并在空中画圆）

游戏反复进行，可以把鼻子换成眼睛、耳朵、嘴巴、胳膊等。

温馨提示：

宝宝把自己的食指和妈妈的食指对在一起有困难是因为宝宝的手眼协调不够好，练习之后，宝宝手指的方向性和准确度都会提高。因此，游戏开始时，妈妈可以把着宝宝的手练习，待宝宝熟练之后，再由宝宝来完成。

(二) 游戏名称：捉迷藏

1. 目标：

(1) 增强手指的灵活性；

(2) 促进语言表达能力；

(3) 培养社会交往能力。

2. 准备：用几块浅色的小布缝十个手指大小的指套

3. 方法与步骤：

在十个指套上分别画五种小动物，如两个大拇指画小猫，两个食指画小狗，两个中指画长颈鹿，两个无名指画小猪，两个小拇指画小鸭子（也可以画其他的动物），然后把它们套在妈妈的十个手指头上，开始表演。

动作说明：

两只小猫咪，藏到哪里去了？（把两个大拇指藏在手心里）

喵喵喵，我在这里。（分别伸出两个大拇指）

你好吗？见到你很高兴！（一个大拇指做鞠躬的样子）

你好！见到你我也很高兴！（另一个大拇指做鞠躬的样子）

再见！再见！（两个大拇指再次藏在手心里）

温馨提示：

1. 十个手指除了用小动物代替，也可以直接用手指名称进行游戏，如大拇指哥哥，小拇指弟弟等。

2. 还可以换成家里的成员，如爸爸在哪里？妈妈在哪里？变换不同内容进行游戏。

3. 其他手指的游戏与此类似。熟悉后让宝宝试着表演，以锻炼宝宝手指的灵活性。

四、语言游戏

（一）游戏名称：熊宝宝，够蜂蜜

1. 目标：

（1）促进身体的发育；

（2）增加愉悦情绪，促进社会行为的发展；

（3）丰富认知，被动认识"上"、"下"；

（4）刺激宝宝语言的发展。

2. 准备：

妈妈在地板上坐好，把宝宝抱在腿上，眼睛同时向前看，妈妈握着宝宝的手腕，边说儿歌边做动作。

3. 方法与步骤：

熊宝宝，够蜂蜜，（妈妈握着宝宝的手腕有节奏地上三下，下三下）

拿着小棍费力气，（妈妈握着宝宝的手腕有节奏地上三下，下三下）

上上上，下下下，（妈妈握着宝宝的手腕有节奏地上三下，下三下）

怎么还没下来蜜？（停住不动）

呀！小蜜蜂下来了，（妈妈双臂紧紧搂住宝宝左右晃动）

蛰到了小熊的小屁屁。（妈妈用手轻轻地捏宝宝的小屁股，逗笑宝宝）

温馨提示：

1. 妈妈在等候或坐车的时候都可以和宝宝玩这个游戏，让宝宝保持愉悦的情绪。

2. 游戏反复进行，可以把小屁股换成身体其他部位。

（二）游戏名称：我和妈妈一个样

1. 目标：

(1) 动作与语言联系起来，增强语言理解能力；

(2) 培养宝宝动作的协调性；

(3) 培养宝宝的模仿能力及反应能力。

2. 方法与步骤：说一些有韵律的儿歌并做动作，要求宝宝与妈妈做同样的动作。

　　拍拍脸，（拍脸）

　　拍拍手，（拍手）

　　我把双手举过头，（双手举过头）

　　拍拍腿，（拍退）

　　弯弯腰，（弯腰）

　　我和妈妈一个样。

温馨提示：

1. 先带宝宝做固定的动作，等宝宝熟悉后再变化动作，看宝宝的反应如何。

2. 宝宝年龄再大一点，可玩音乐游戏《泰迪熊》，增强模仿能力。

五、社交游戏

（一）游戏名称：起床歌

1. 目标：

(1) 培养良好的生活习惯；

(2) 促进语言的发展；

(3) 认识身体的各部分；

2. 准备：宝宝仰卧在床上

3. 方法与步骤：

每天叫宝宝起床时，可以边说儿歌边抚摸宝宝。

动作说明：

　　太阳公公眯眯笑，我的宝宝快起床，（轻柔地抚摸全身）

　　醒来吧，眼睛，（用手轻轻蒙住宝宝的眼睛）

　　醒来吧，鼻子，（和宝宝碰一碰鼻子）

　　醒来吧，嘴巴，（给宝宝一个响亮的吻）

　　醒来吧，胳膊，（抚摸宝宝的胳膊）

　　醒来吧，腿。（抚摸宝宝的腿）

温馨提示：

说儿歌的时候声调要轻柔，叫宝宝起床时不要引起宝宝的反感。

（二）游戏名称：大脚丫，小脚丫

1. 目标：

（1）有趣的亲子活动增强亲子情感交流；

（2）了解因果关系，观察自己行为的结果；

（3）激发宝宝对艺术活动的兴趣。

2. 准备：一张大白纸，无毒、无刺激颜料，刷子。

3. 方法与步骤：

（1）用刷子把颜料刷在自己和宝宝的脚丫上；

（2）拉着宝宝的手，自己和宝宝的脚踩在白纸上，纸上会留下一行行的大脚印和小脚印；

（3）更换不同的颜色，自己和宝宝踩出不同的大、小脚印；

（4）根据宝宝的兴趣反复游戏，并请宝宝观赏亲子共同的作品。

温馨提示：

宝宝的皮肤非常娇嫩，颜料一定要无毒、无刺激，以免引起皮肤过敏。

13~15个月宝宝

一、大运动游戏

（一）游戏名称：坐飞机

1. 目标：

（1）可以丰富1岁左右宝宝的感觉经验；

（2）让宝宝感知高低、快慢、左右；

（3）增强宝宝的前庭平衡能力和身体的控制能力；

（4）体验合作运动的快乐。

2. 准备：较大的游戏空间

3. 方法与步骤：

（1）爸爸蹲下，妈妈帮宝宝骑到爸爸肩上，爸爸抓住宝宝双手说："飞机要起飞了，请牛牛坐好"；

（2）宝宝慢慢站起，在地上转一两圈，说："飞机降落了，请小牛牛下飞机。"妈妈协助宝宝从爸爸的肩上下来；

（3）"飞机"在飞的过程中，可以由慢到快，由低到高，可以转圈，左右倾斜。

温馨提示：

1. 先帮宝宝克服对高度的恐惧，待宝宝基本适应后再进行游戏。

2. 爸爸起身和转圈的幅度小一点，注意宝宝反应。

3. 妈妈和其他人一定站在旁边保护宝宝。

（二）游戏名称：背小猪

1. 目标：

（1）温馨的亲子游戏可以安抚宝宝的情绪，帮助宝宝形成快乐、健康的心理；

（2）变换身体方位和空间感觉的摇晃可以丰富宝宝的空间知觉。

2. 准备：较大的游戏空间

3. 方法与步骤：

（1）爸爸把宝宝背在背上，一边摇晃着宝宝，一边哼着歌谣："背小猪，背小猪，背在背上热乎乎。谁要买，快快来，我的小猪胖嘟嘟。"妈妈说："我不要买"；

（2）爸爸重复动作与儿歌。外公说："我没钱买"；

（3）爸爸继续卖小猪。外婆眯眯笑："人家不买我要买"。外婆抱过宝宝，拍拍小屁股，摸摸小脑袋，"好乖乖，我的小猪胖嘟嘟"。

温馨提示：

1. 不要给宝宝穿带扣子的衣服，以免在背上滑动的时候擦伤其嫩嫩的皮肤。

2. 注意摇晃的幅度，保护宝宝的安全。

二、精细动作游戏

（一）游戏名称：小手抓球球

1. 目标：

（1）抓球丰富了宝宝的触觉经验，增强了宝宝的五指抓握和协调运动能力，促进宝宝小肌肉动作的发展；

（2）宝宝右手已掌握抓握要领，可训练左手抓握，开发右脑；

（3）可以锻炼宝宝的手眼协调能力。

2. 准备：彩色玻璃球若干，两个塑料小碗

3. 方法与步骤：

（1）半碗彩色玻璃球；

（2）妈妈为宝宝做示范，从碗里抓出一个玻璃球，放到另一个空碗里；

（3）请宝宝模仿妈妈的动作；

（4）如果宝宝成功地将球抓出，别忘了为宝宝欢呼。

温馨提示：

1. 游戏前，应检查玻璃球是否有破损，保持清洁。

2. 一定要注意看护宝宝，防止宝宝将球放进嘴里。

3. 可用豆类等代替玻璃球。

（二）游戏名称：倒大米

1. 目标：

（1）增强宝宝手部精细动作的发展；

（2）进一步锻炼宝宝的手眼协调能力和双手的配合能力；

(3) 提升宝宝的认知智能。

2. 准备：报纸一张，塑料碗两个，大米少许。

3. 方法与步骤：

(1) 将两个塑料碗平放在报纸上，在其中一个塑料碗里放些大米；

(2) 妈妈先给宝宝示范，把一个碗里的大米慢慢倒进另一个碗里；

(3) 妈妈让宝宝自己倒大米，告诉宝宝尽量不要将大米漏出碗外；

(4) 如果宝宝做得较好，妈妈应多多鼓励宝宝。

温馨提示：

1. 在与宝宝进行游戏时，爸爸妈妈要先示范，告诉宝宝应该怎么做。

2. 如果宝宝一时做不好，请不要着急，多给宝宝时间练习。

三、认知游戏

(一) 游戏名称：蔬菜水果我会认

1. 目标：培养宝宝的认知能力

2. 准备：常见水果蔬菜

3. 方法与步骤：

(1) 妈妈给宝宝准备常见的蔬菜水果；

(2) 妈妈拿起一根香蕉，放在距宝宝眼前30厘米左右的地方，让宝宝注视，告诉宝宝："这是黄色的香蕉，香蕉弯弯的。"并让宝宝摸一摸、闻一闻、尝一尝；

(3) 妈妈拿出茄子，告诉宝宝："这是紫色的茄子"；

(4) 根据宝宝的兴趣，可以让宝宝多看一些颜色鲜艳的蔬菜水果。

温馨提示：

1. 宝宝对厨房里的食物和用具比较感兴趣，在宝宝准备进入厨房时，把刀叉等锋利物品暂时收好，以免划伤宝宝。

2. 用来做道具的蔬菜、水果要清洗干净。

(二) 游戏名称：宝宝的乐队

1. 目标

(1) 让宝宝感受行为与结果的关联性（因果关系）；

(2) 铃铛发出的美妙声音可以丰富宝宝的听觉经验；

(3) 通过铃铛增强宝宝的运动兴趣。

2. 准备：彩色铃铛8个，松紧带4根。

3. 方法与步骤：

(1) 每根松紧带上缝两个铃铛，并将松紧带两头缝在一起，做成"手镯"和"脚镯"；

(2) 将"手镯"和"脚镯"套在宝宝的手腕和脚踝上；

(3) 鼓励宝宝四处走动，晃动他的手臂，使所有的铃铛响起来，就像宝宝的小乐队。

温馨提示：

1. 在宝宝行走时，增添音乐的元素，增强其行走的兴趣。

2. 可以把铃铛系在宝宝的腰上外出活动。

3. 确认铃铛是否缝牢，以免宝宝捡起误食。

4. 注意松紧带的松紧度。

四、语言游戏

（一）游戏名称：跷跷板

1. 目标：

(1) 丰富宝宝的身体感觉，有助于强化宝宝的平衡能力；

(2) 培养宝宝良好情绪；

(3) 丰富宝宝的语言表达能力，增强亲子感情。

2. 准备：一张较稳的椅子

3. 方法与步骤：

(1) 爸爸坐在椅子上，两条腿并直前伸；

(2) 把宝宝顺势放在爸爸的腿上，脸朝上；

(3) 爸爸双腿抬起似跷跷板，一上一下抬着宝宝做运动；

(4) 反复做游戏，但要观察宝宝的反应，若宝宝情绪很高，游戏可继续进行。

儿歌：《跷跷板》

　　跷跷板，真好玩，

　　你一高，我一低，

　　你一起，我一落，

　　一高，一低，

　　一起，一落，

　　大家玩的笑嘻嘻

温馨提示：

1. 游戏时注意观察宝宝的反应，避免宝宝头部晃动太大，注意保护宝宝的安全，以免宝宝失去平衡从侧边滑出。

2. 爸爸开始时翘起的幅度不要太大，注意动作轻柔，待宝宝适应后，逐渐加大动作幅度。

（二）游戏名称：木头人

儿歌：

　　扭扭我的手指头，

　　动动我的脚趾头，

晃晃我的小肩膀，

我扭呀扭，扭呀扭，

我从头扭到脚，

扭得浑身软溜溜，

我是木头人！

五、社交游戏

(一) 游戏名称：我的家庭成员

1. 目标：让宝宝认知家庭成员的名称与特点

2. 方法与步骤：

(1) 妈妈拿出家庭成员相册，给宝宝描述各家庭成员的特点，比如：爸爸：高大健壮；妈妈：美丽勤劳；奶奶：和蔼可亲；爷爷：慈祥善良；宝宝：活泼可爱。通过这个过程，让宝宝认识家人的长相，熟悉家人的性情，告诉宝宝大家都爱他，他也会感受到大家的爱，并以同样的爱回馈大家；

(2) 引导宝宝自己看相册，让宝宝说说相册里面都有谁？在做什么；

(3) 在家庭成员过生日时要带宝宝一起买礼物，定蛋糕，参加生日宴会，培养锻炼宝宝在人际交往的过程中的技巧。

(二) 游戏名称：我会去做客了

1. 目标：培养锻炼宝宝与陌生人的交往能力

2. 方法与步骤：

(1) 从近亲开始做客，比如，到姥姥家，到了门口，让宝宝自己敲门，并与前来开门的人打招呼；进门后，鼓励宝宝与屋里的其他人打招呼；有人要跟宝宝玩时，鼓励宝宝跟人玩；有人给宝宝食物时，鼓励宝宝说"谢谢"；要离开时，鼓励宝宝跟姥姥、姥爷及其他人说"再见"，并邀请大家到自己家来做客；

(2) 家长带宝宝去一些有同龄宝宝的朋友家做客，这样的拜访对宝宝更有吸引力；

(3) 去陌生人家做客，父母在带宝宝出门做客前要告诉宝宝，不要害怕，叔叔阿姨会很喜欢宝宝，还要教宝宝怎么跟叔叔阿姨打招呼问好，到了家门口，要鼓励宝宝自己敲门，并与前来开门的主人问好，当宝宝看到热情的叔叔阿姨时，会放松很多。

这样，当宝宝的做客经验多了以后，就慢慢习惯和喜欢与人交往。

16~18个月宝宝

一、大运动游戏

(一) 游戏名称：爬呀爬

1. 目标：

(1) 适当的攀爬机会，有助于提高宝宝的运动能力；

(2) 可以增强宝宝面对困难,克服困难的勇气;

(3) 增添宝宝挑战自我的乐趣。

2. 准备:沙发,沙发垫,小靠背椅

3. 方法与步骤:

(1) 为宝宝开辟一个游戏区,用沙发垫、小靠背椅、沙发组成一个台阶式的攀爬结构;

(2) 鼓励宝宝向上爬,爬上凳子再爬上沙发。如果宝宝自己爬不上去,妈妈可帮宝宝一把;

(3) 如果宝宝还有兴趣和体能,可增加爬行的高度。

温馨提示:

1. 在与宝宝进行这个游戏时,一定要保护好宝宝的安全,以免宝宝失去平衡摔倒。

2. 可以在地面上铺小毛毯或其他柔软的覆盖物。

(二)游戏名称:开火车

1. 目标:

(1) 给宝宝提供较多的跑动机会,为宝宝得运动智能和空间想象能力的发展打下良好的基础;

(2) 促进宝宝想象力和语言能力的发展。

2. 准备:较大的游戏空间

3. 方法与步骤:

(1) 爸爸和宝宝面对面手拉手,组成一列两人"小火车";

(2) 爸爸告诉宝宝:"火车马上就要开了,请宝宝们快上车,呜……",边摇动双臂边向前跑,嘴里发出"咔嚓、咔嚓"的声音;

开火车

  轰隆隆隆,轰隆隆隆,我们开火车,

  轰隆隆隆,轰隆隆隆,我们开火车,

  轰隆隆隆,轰隆隆隆,我们开火车,

  轰隆隆隆,轰隆隆隆,火车到站了。叱……

(3) 爸爸说:"火车到站了,请宝宝下车";

(4) 游戏反复进行,也可以让宝宝当火车头,爸爸当车厢;

(5) 妈妈等其他家庭成员也可参与到游戏中来,排成长长的火车。

注:在宝宝能自如地行走后,跑动游戏会成为宝宝喜欢玩的游戏之一。

温馨提示:

1. 在和宝宝进行这个游戏时,爸爸注意跑动的速度不要太快,以免宝宝跟不上摔倒。

2. 如果宝宝还不能明白"开火车"的含义,没关系,把游戏当作单纯的运动游戏来进行。

二、精细动作游戏

（一）游戏名称：小画家画画

1. 目标：

（1）有利于提高宝宝手的精细动作；

（2）有助于宝宝对笔、纸等物品的认识，为以后书写做准备。

2. 准备：水彩笔两支，白纸若干张。

3. 方法与步骤：

（1）妈妈准备好水彩笔和白纸，放在小桌子上；

（2）宝宝坐在小桌子前，妈妈拿彩笔在白纸上画线、画圈，鼓励宝宝模仿妈妈这么做；

（3）如果宝宝还不会握笔，妈妈可先握住宝宝的小手，在纸上画圈，再让宝宝自己画，可先画螺旋形的曲线，反复练习，逐渐学会将曲线封口，形成圆圈；

（4）妈妈协助宝宝完成一幅画，妈妈表扬宝宝，赞扬宝宝画得好。

注：如果宝宝能够串珠、捏住细小的物体，说明宝宝的小肌肉运动能力发展得较好。在此基础上，妈妈可考虑训练宝宝握笔，进一步提高宝宝得小肌肉运动技能。

温馨提示：

1. 注意不要让宝宝将笔放入嘴里。

2. 如果宝宝还握不住笔，请不要着急，请手把手帮助宝宝慢慢练习。

（二）游戏名称：小碗叠起来

1. 目标：

（1）让宝宝感受行为与结果之间的关系，促进小肌肉运动能力的发展；

（2）帮助宝宝形成次序感、条理性，有效促进宝宝空间逻辑能力的发展。

2. 准备：若干只大小不同的塑料碗（不超过5个）

3. 方法与步骤：

（1）将若干只大小不同的塑料碗并排放在地板上；

（2）按照从大到小的顺序将碗叠加到一起；

（3）鼓励宝宝自己动手，将碗一一取出放到地板上；

（4）再让宝宝按从小到大的顺序逐渐叠加；

（5）宝宝熟练后，可玩套圈圈、搭积木等玩具，增加游戏的难度和趣味性。

温馨提示：

1. 给宝宝准备一些可以叠起的积木、圈圈等，经常变换游戏道具，增加游戏趣味性。

2. 确保使用塑料或木头用品。

3. 注意提醒宝宝不要将小道具往嘴里放。

三、认知游戏

（一）游戏名称：分珠子

1. 目标：

（1）珠子是最实用和最有开发价值的玩具之一，让宝宝串珠子，可以锻炼宝宝手部肌肉的灵活性；

（2）按颜色和形状给珠子分类，可以促进宝宝对色彩和形状的辨识能力，引导宝宝初步形成分类、集合概念；

（3）数"数"，让宝宝初步感知"一样多"概念，为宝宝空间智慧的发展打下坚实的基础。

2. 准备：各种颜色的大粒串珠

3. 方法与步骤：

（1）选形状、颜色各异的大粒木质串珠，和宝宝一起玩分类游戏；

（2）可先将珠子按颜色分类，再按形状分类，教宝宝认识各种颜色和形状；

（3）将相同颜色的珠子摆成一排，让宝宝看看各种颜色是否"一样多"，认识形状可以此类推；

（4）与宝宝一起数珠子，帮助宝宝体会"一样多"的含义；

（5）如果家里没有串珠，可用颜色积木块，或其他各种颜色鲜艳的物品进行游戏。

温馨提示：

1. 选择无异味、不危害宝宝身体健康的木珠。

2. 在和宝宝做这个游戏时，特别注意防止宝宝把珠子吃到嘴里。

（二）游戏名称：给水果找家

1. 目标：

（1）1岁多的宝宝，已能识别常见水果的形状、颜色和味道。妈妈可利用日常生活常见的水果，培养宝宝的观察力及认知事物的能力；

（2）在宝宝感性经验的基础上，培养宝宝把实物和图片一一对应，促进宝宝认知能力的发展。

2. 准备：苹果、香蕉、葡萄等宝宝爱吃的水果，贴着相应水果图案的果盘若干个

3. 方法与步骤：

（1）拿出苹果、香蕉、葡萄让宝宝看和摸；

（2）妈妈示范将各种水果放到有相应图案的果盘里；

（3）如果宝宝成功地将水果放到相应的果盘里，妈妈拿水果奖励给宝宝，并告诉宝宝有关该水果的属性。

温馨提示：

1. 游戏前，先将水果和果盘清洗、消毒干净。

2. 妈妈给宝宝水果时，可先教宝宝认知水果的名称和味道。

四、语言游戏

（一）游戏名称：神奇的口袋

1. 目标：

（1）促进宝宝语言能力的发展；

（2）训练触觉，增强愉悦情绪。

2. 准备：口袋、水果、玩具。

3. 方法与步骤：

（1）妈妈把准备好的水果放进口袋里，让宝宝伸手去摸，看看里面有什么；

儿歌：神奇的口袋东西多，请你快来摸一摸，

摸完以后告诉我，摸出的宝贝叫什么？

（2）摸完一个之后，告知名称、颜色；

（3）继续摸出其他的物品。

温馨提示：

1. 刚开始时，触摸袋里不要放太相近的物体，如，放香蕉、苹果相差大的物品。

2. 为了调动宝宝的积极性，妈妈可以和宝宝互换角色，妈妈来摸，宝宝检查，无论谁玩，都要遵守游戏规则。

（二）游戏名称：两只老虎

1. 目标：

（1）加强语言刺激，发展语言能力；

（2）培养反应能力；

（3）促进大运动能力的发展；

（4）了解快慢，增强宝宝对身体部位的认知。

2. 准备：较大的空间

3. 方法与步骤：

两只老虎，两只老虎，（两只手扮成老虎爪子，在身体两侧交替滑动）

跑得快，跑得快，（来回跑动）

一只没有眼睛，（边跑边指眼睛）

一只没有耳朵，（边跑边指耳朵）

真奇怪，真奇怪。（停住，双手摊开）

温馨提示：

1. 妈妈念儿歌时吐字要清晰，便于宝宝模仿动作。

2. 可以把"跑得快"换成"跑得慢"，快慢交替跑，把眼睛、耳朵换成其他身体部位，增强游戏的趣味性。

五、社交游戏

（一）游戏名称：给宝宝讲故事

1．目标：

（1）学会控制大小便，培养良好的排便习惯；

（2）促进语言能力的发展。

2．游戏过程：

故事名称：小灰熊生病了

小灰熊已经能在白天大小便时叫妈妈了，可是它一玩起来，好像什么都忘了。有一天，小灰熊和小白兔在玩，小灰熊想上厕所，可是它玩得正高兴，就没有去。玩着玩着，小灰熊的裤子湿了，可是它还在玩，这时，一阵风吹来，"啊"，小灰熊感冒了。晚上，小灰熊发起了烧，妈妈带它上医院，打针、吃药，别提多难受了！这下，小灰熊可记住了：想大小便的时候一定要去，不然又该难受了。

温馨提示：

18个月的宝宝已经能在白天控制大小便，但由于宝宝玩心较重，常常尿裤子，妈妈不要生硬地说服教育，可以用故事的形式告诉宝宝其中的利害关系。

（二）游戏名称：踩影子

1．目标：

（1）把认知和身体运动结合起来，逐渐促进宝宝认知智慧的发展；

（2）"踩影子"的游戏，不仅能锻炼宝宝快速奔跑和躲闪能力，还能教宝宝认识影子和身体运动之间的关系，促进宝宝认知能力和身体运动智慧的进一步发展。

2．准备：晴朗的天气，户外较大的游戏空间。

3．方法与步骤：

（1）爸爸、妈妈带着宝宝到户外，妈妈指着地上的影子告诉宝宝："这是爸爸的影子，这是妈妈的影子，这是宝宝的影子"；

（2）爸爸踩妈妈的影子，建议宝宝跟着踩；

（3）爸爸、妈妈带宝宝玩，互相踩影子。

温馨提示：

1. 在和宝宝做"踩影子"游戏时，注意不要跑得太快，以免宝宝失去平衡摔倒。

2. 选择晴朗、有阳光的天气，在户外较大空间游戏，避免宝宝磕碰摔倒。

19~21个月宝宝

一、大运动游戏

（一）游戏名称：渔翁捕鱼

1. 目标：

(1) 锻炼宝宝奔跑的能力；

(2) 培养宝宝对身体的控制能力和反应能力；

(3) 增强身体的协调性。

2. 准备：大纱巾一条

3. 方法与步骤：

(1) 爸爸和妈妈扮作渔翁，拉住丝巾的四个角，上下舞动；宝宝扮作小金鱼，来回穿梭于丝巾下；

(2) 父母边舞动纱巾边说儿歌；

儿歌：小金鱼，游游游，摇摇尾巴，点点头，

老渔翁，来撒网，网住一条小金鱼。

(3) 说到最后一句儿歌时，渔网落下，宝宝要马上逃走，不要被渔网罩住。

温馨提示：

在做游戏过程中，宝宝很容易兴奋，家长要帮助宝宝稳定情绪，注意安全。

(二) 游戏名称：赶小猪

1. 目标：

(1) 发展宝宝大运动，增强身体的协调能力；

(2) 训练手部、腕部的控制能力；

(3) 培养集体协作能力；

(4) 发展宝宝思考及反应能力。

2. 准备：小红旗2面，小棍3根，皮球3个。

3. 方法与步骤：

(1) 在院子里找一块空地，在相距1~1.5米远的距离插2面小红旗做门；

(2) 爸爸、妈妈和宝宝离开门一段距离，每人手里拿一根小棍，皮球在脚下放好；

(3) 游戏开始后，三个人互相配合，直到把球滚到小门里为胜；

(4) 还可以给爸爸、妈妈、宝宝每人一个球，每人对应一个球门，大家比赛看谁是冠军；

(5) 可以邀请邻居小伙伴和他们的父母一起参加赶小猪的游戏，家庭与家庭之间的比赛更有意思。

温馨提示：

游戏开始时，宝宝不一定能把球滚到门里，为了调动宝宝游戏的兴趣，妈妈可以假装很费劲的样子，鼓励宝宝夺得第一。

二、精细动作游戏

(一) 游戏名称：给妈妈做项链

1. 目标：

(1) 让宝宝练习"穿"的动作，锻炼宝宝手眼协调能力、手部的精细动作和双手的配合能力；

(2) 培养宝宝的自信心与意志；

(3) 增进亲子感情。

2. 准备：面粉做好的五彩珠子

3. 方法与步骤：

(1) 活好一团面，用食用色素把面染成各种颜色，然后把面揪开，揉成各种小球，用毛衣针在面球上扎好小眼，晒干后做成五颜六色的面珠子；

(2) 再为宝宝准备一根毛线，把毛线的一端固定在一个短一些的木棍上，木棍的粗细正好通过面珠子上的小眼；

(3) 让宝宝把珠子穿在毛线上，穿好后，妈妈鼓励宝宝，并把宝宝穿好的项链高兴地戴在脖子上。

温馨提示：

(1) 游戏时，提醒宝宝不要吞食面珠子。

(2) 游戏后，要妥善保管毛线和面珠子，以免发生危险。

(3) 还可以用橡皮泥代替面珠子，但宝宝对面团更感兴趣。

(二) 游戏名称：会变的橡皮泥

1. 目标：

(1) 捏橡皮泥可以训练宝宝手指小肌肉的灵活性；

(2) 鲜艳的色彩可以让宝宝对颜色有进一步的认识；

(3) 鼓励宝宝自己动手做东西，锻炼宝宝的想象能力。

2. 准备：几块色彩鲜艳的橡皮泥

3. 方法与步骤：

(1) 妈妈示范用橡皮泥捏出彩色的"鸡蛋"，引起宝宝的兴趣；

(2) 妈妈教宝宝五指握拢，把橡皮泥捏成团或两手捏成圆团，做成"鸡蛋"或"烧饼"；

(3) 妈妈捏拍出几个动物造型，让宝宝说是什么动物，并让宝宝模仿制作这几个动物；

(4) 妈妈教给宝宝一些泥工的技能，让宝宝自己玩。

温馨提示：

1. 橡皮泥不要有香味，防止宝宝把橡皮泥放入口中。

2. 如果宝宝的手指抓握能力还不够，妈妈可以适当帮助宝宝搓橡皮泥。

3. 如果宝宝没有兴趣模仿制作动物，可以让宝宝自由发挥，妈妈不要强加干涉。

0~3岁亲子教育

三、认知游戏

（一）游戏名称：1.2.3，照照亮

1．目标：

（1）锻炼宝宝的精细动作；

（2）培养认知和思考能力；

（3）培养宝宝语言能力。

2．准备：手电筒，宝宝喜欢的玩具若干。

3．方法与步骤：

（1）晚上天黑蒙蒙的时候玩此游戏，不要开灯，在屋里摆放一些宝宝熟悉的物品，如：毛绒小狗、汽车、小猫等；

（2）让宝宝手里拿着一个手电筒，在屋里随意晃动，边晃边说儿歌"1.2.3，照照亮"；

（3）说到最后一个字时，把手电筒的光随意停在一个玩具上，并告诉妈妈"妈妈，我照到了小狗，小狗汪汪"；

（4）待宝宝熟悉之后，妈妈可以边说儿歌边发出指令，如"1.2.3，照照亮，宝宝照到汽车上"；

（5）妈妈发出指令后，宝宝要迅速地照到物品并把手电筒的光亮照在上面。

温馨提示：

游戏时要逐渐增加难度，妈妈要注意用声音、表情、动作吸引宝宝，如：宝宝照对了，妈妈可以夸张地张大嘴巴，照错了，可以模仿玩具的声音说："我在这里，我在这里"。

（二）游戏名称：小小采购员

1．目标：

（1）为宝宝创造图片与实物配对的机会，培养识字前的技能；

（2）练习一一对应；

（3）锻炼精细动作。

2．准备：有对应图片的购物清单

3．方法与步骤：

（1）制作一张购物清单，上面画一些图片，比如：牙刷、面包、饮料、牛奶、水果等；

（2）带宝宝去超市，边走边让宝宝根据清单上的图片，从货架上拿取相应的实物；

（3）宝宝拿对了，妈妈要鼓励，如果宝宝拿取有困难，妈妈可以适当地提醒，如：奶牛挤出来的是什么？牛奶为了保鲜，可能会放在冰柜里，我们先找找冰柜好吗？还可以向宝宝介绍冰柜还可以存放什么物品。

温馨提示：

购物清单不要画太多的物品，几样即可，待宝宝熟悉之后，再增加购物清单的内容。

四、言语游戏

（一）游戏名称：我能自己走

方法与步骤：

妈妈、妈妈，你撒手，我能自己走；

小鸟自己飞；小狗自己跑；小兔自己跳；小鱼自己游；

我能自己走。

（二）游戏名称：手指游戏

老大睡了，（两手心向上，拇指弯曲）

老二睡了，（食指弯曲）

大个子睡了，（中指弯曲）

你睡了，我睡了，（无名指弯曲，小指弯曲）

大家都睡了，（同时两手心转向下方）

小不点醒了，（小指伸直）

老四醒了，（无名指伸直）

大个子醒了，（中指伸直）

你醒了，我醒了，（食指、拇指先后伸直）

大家都醒了。（两手相互拍）

五、社交游戏

（一）游戏名称：看看是谁用的东西

1. 目标：

（1）培养了宝宝观察事物和一一对应的能力，促进了宝宝社会性思维的发展，为宝宝交往智慧成长奠定基础；

（2）游戏中，对文字的渗透，有利于宝宝语言智慧的提升。

2. 准备：小鞋、图书、女式帽子、手提包、童车、报纸、眼镜、碗、扫帚图片和字卡各一张。

3. 方法与步骤：

（1）妈妈出示图片，让宝宝说说哪些东西是自己用的？哪些东西是爸爸、妈妈用的；

（2）教宝宝认识相应的字卡；

（3）妈妈拿出图片，让宝宝分类；

（4）宝宝熟练后，爸爸、妈妈引导宝宝将图片和字卡一一对应。

温馨提示：

1. 选用宝宝比较熟悉的物品的图片。

2. 图片不宜选取过多，如果宝宝注意力分散了，可以暂时终止游戏。

3. 如果宝宝能很快将图片和数字分类，可以加大游戏难度，如出示"拐杖"图片，让宝宝想想这是谁用的？

（二）游戏名称：会变的花手帕

1. 目标：

（1）从小认识形状，对宝宝的数学和空间智慧有帮助；

（2）折手帕，可以让宝宝认识更多的形状；

（3）练习小手的灵活性。

2. 准备：一块花手帕

3. 方法与步骤：

（1）妈妈拿出一块花手帕问宝宝："花手帕是什么形状的？上面有什么东西？"让宝宝观察并回答问题；

（2）妈妈把手帕折成三角形、长方形，告诉宝宝手帕形状的变化；

（3）妈妈反复变化手帕的形状，强化宝宝对形状的记忆，也可以让宝宝自己来折手帕；

（4）妈妈将手帕折成一只小老鼠，给宝宝玩。

注：还可以让宝宝自己动手制作花手绢。妈妈可以准备一张方形白纸、彩色的小圆片、胶棒，和宝宝一起制作漂亮的花手绢。

温馨提示：

1. 在宝宝说手帕形状时要给宝宝思考时间，为了让宝宝更好的记忆形状，可以反复变化形状。

2. 如果宝宝没有兴趣认识，妈妈可以用手帕折小动物，激发宝宝的兴趣。

22~24个月宝宝

一、大运动游戏

（一）游戏名称：踩石头过河

1. 目标：

（1）锻炼宝宝的大肌肉运动和平衡能力；

（2）培养了宝宝的竞争意识，对宝宝日后的学习、生活有很大的帮助。

2. 准备：一根粉笔，较大的活动空间。

3. 方法与步骤：

（1）爸爸在地上用粉笔画两道线当"大河"，里面画些圆圈当"石头"；

（2）爸爸告诉宝宝"河"里有水，踩在石头上才可以过去，否则会掉到"河"里；

（3）爸爸可以和宝宝比赛过"河"，看谁过"河"用的时间短。

温馨提示:

1. 石头距离不要画得过大,要便于宝宝跳跃。

2. 游戏中,爸爸要不断鼓励宝宝。

3. 比赛时,爸爸可以假装输给宝宝,激发宝宝的游戏兴趣。

(二)游戏名称:送迷路的娃娃回家

1. 目标:

(1)让宝宝用不同的"舞步"行走,提高宝宝的身体运动协调能力;

(2)增强宝宝与人合作的意识;

(3)体验帮助他人的快乐。

2. 准备:一个大的方形纱巾,一个玩具娃娃。

3. 方法与步骤:

(1)妈妈告诉宝宝:"娃娃找不到家了,我们一起送她回家吧";

(2)妈妈将纱巾展开,和宝宝分别握住纱巾的两角,把娃娃放在纱巾上,送娃娃回家,边玩边说儿歌;

(3)送娃娃回家时,妈妈可以和宝宝"玩"几种行走方式:侧着走、倒着走;同时可以玩以下几种行走路线:直线行走、蛇形行走、"之"字形行走,爸爸可以在一旁做示范,宝宝学着走。

儿歌:《送娃娃回家》

小娃娃,迷了路,想妈妈,呜呜哭,

娃娃,娃娃,你别哭,我马上就送你回家。

温馨提示:

1. 妈妈和宝宝抬娃娃时,速度不要太快,视宝宝的行走能力而定。

2. 如果宝宝掌握不好行走方式,可以分几次来完成。

二、精细动作游戏

(一)游戏名称:手指游戏

1. 目标:

手的发展和心智的发展是相互促进的,爸爸、妈妈应创造各种机会让宝宝的小手动起来。

2. 准备:妈妈和宝宝将手洗干净

3. 方法与步骤:

(1)根据儿歌做游戏。妈妈和宝宝面对面地坐好,一起玩手指游戏;

(2)妈妈可以打乱儿歌顺序,让宝宝听指令,玩手指游戏;

(3)反复多次后,让宝宝自己表演。

温馨提示:

1. 游戏前，妈妈要将宝宝的小手洗干净。

2. 妈妈在教宝宝做手指游戏时，表情和语调一定要丰富，以引起宝宝的兴趣。

儿歌：《搓汤圆》

　　磨呀磨，（一手手心在另一手手背上磨）

　　搓呀搓，（双手手掌先后搓）

　　揉呀揉呀做汤圆，（双手反复握拳、打开）

　　豆沙芝麻包进去，（双手拇指竖起，然后放进拳头里）

　　圆圆滚滚倒水里。（双手握拳朝下）

《啄木鸟》

　　啄木鸟，（左手张开，右手五指并拢）

　　敲敲敲，（右手并拢的五指敲击左手手心）

　　看见虫子，咬咬咬，（右手中指压在左手食指上碰撞）

　　一条，两条，三四条，（拳头碰起来，从小拇指依次打开各手指）

　　小小虫子你别跑。（一手在另一手上爬）

(二) 游戏名称：剥豌豆

1. 目标：

(1) 练习剥的动作，锻炼手指的灵活性和双手的配合能力；

(2) 让宝宝认识豌豆。

2. 准备：豌豆若干，小盆一个。

3. 方法与步骤：

(1) 先让宝宝观察妈妈剥：撕开豌豆皮，豌豆宝宝就露出来了，好几个豌豆宝宝住在一起，他们都是好朋友；

(2) 我们捏出一个豌豆宝宝，放到小盆里；再捏出一个，也放到小盆里；

(3) 把他们全都捏出来之后，就把豌豆皮放进垃圾桶里；

(4) 剥完之后，把豌豆放到锅里煮好，大家一起吃。

温馨提示：

1. 开始，妈妈负责撕开豌豆皮，宝宝负责把豌豆宝宝捏出来。

2. 等宝宝会撕豌豆皮了，再来剥完整的豌豆。

3. 不要让宝宝误吞豌豆，以免引起窒息，发生危险。

三、认知游戏

(一) 游戏名称：顶气球

1. 目标：

(1) 训练了宝宝的手眼协调能力，培养了宝宝的竞争意识；

(2) 让宝宝体验与人合作的快乐。

2. 准备：若干个气球，红、黄两色。

3. 方法与步骤：

(1) 爸爸先给宝宝做示范，把气球抛向空中，当气球落下来时，爸爸用左、右手向上击红色气球，使气球不落地；

(2) 让宝宝模仿爸爸顶球，也可让妈妈给指令，宝宝顶黄色的气球；

(3) 爸爸可以和宝宝比赛，看谁顶到的气球最多，多者为胜。

温馨提示：

1. 保证活动空间足够大。

2. 买质量较好的气球，而且气不要充的太足。

(二) 游戏名称：猜猜有哪些不同

1. 目标：培养宝宝的观察力和辨别力

2. 准备：造型相近的两只玩偶

3. 方法与步骤：

父母先拿出一只玩偶，向宝宝一一介绍它的特色后收起来。接着拿出另一只玩偶，重复上面的动作，最后把两只玩偶同时拿出来，让宝宝辨别这两者的差异。宝宝最初能辨别的部分很少，但即使有一两个发现，父母都要给予表扬。

四、言语游戏

(一) 游戏名称：小鸭子和小花猫

绿绿的草地上开着小花，一只戴着漂亮帽子的小鸭子正在小路上走着。一阵大风把小鸭子的帽子吹到树上了，小鸭子怎么也爬不上去，拿不到帽子，很着急。这时他看见小花猫经过，便向她求助，"小花猫，我的帽子让大风吹到书上了，请你帮我拿下来，好吗？"小花猫摆摆手说："不行不行，我还要去玩儿呢，没工夫。"说着就走了。

又一阵风吹过，把小花猫的帽子吹到水里了，小花猫不会游泳，拿不到帽子，急得直哭，这时，小鸭子跳到水里帮小花猫把帽子捡了回来，当小鸭子把帽子交给小花猫时，小花猫脸红了。

故事讲完了，和宝宝一起讨论：小花猫为什么脸红了？如果你是它会怎样做？故事里谁应该受到表扬？宝宝要向谁学习？

(二) 游戏名称：儿歌集

1.《小孩穿大鞋》

　　我的鞋儿像小船，船头大来船尾尖，

　　摆在一起仔细看，船尖一定对里面，

　　伸完左脚伸右脚，穿好鞋儿才能跑。

2.《我的小鼓会说话》

我的小鼓会说话,

我说"一",她就说"咚!"

我说"二",她就说"咚!咚!"

我说"三",她就说"咚!咚!咚!"

3.《摇呀摇》

摇呀摇,摇呀摇,

摇到外婆桥,

外婆在家蒸年糕,

我一去,又买糖,又做糕,

吃不完,带回家去给宝宝。

五、社交游戏

现在的人际交往中,合作已成为一个重要的内容,没有合作意识和能力的人会被社会所淘汰。而我国的现实是,大部分独生子女不会合作,难以合作,所以合作能力的培养就显得重要和迫切。

(一)游戏名称:故事《拔萝卜》

萝卜熟了,老公公想把它拔出来了。可是自己拔了好久也没有拔出来。于是他找来了老婆婆,两个人又拔了很久,萝卜还是纹丝不动。老婆婆只好又叫来了小姑娘,三个人一起拔,但是萝卜只动了一点点,还是没有出来。然后小姑娘找来小花狗,小花狗找来小花猫,小花猫又找来小老鼠,这样小老鼠拉着小花猫,小花猫拉着小花狗,小花狗拉着小姑娘,小姑娘拉着老婆婆,老婆婆拉着老公公,老公公拉着萝卜,大家喊着号子,"嗨哟嗨哟,拔萝卜!嗨哟嗨哟,拔萝卜!"终于把萝卜拔出来了,她们高高兴兴地把萝卜抬回了家。

父母可以告诉宝宝,有些事情一个人做不了,需要大家的力量才能完成,这就需要大家相互合作。

除了听故事以外,可以让宝宝和其他小朋友一起游戏,在游戏交往中体验合作的快乐。

(二)游戏名称:树叶作画

1.目标:

(1)增加亲子间情感互动;

(2)训练宝宝双手配合协调动作的能力,提高手部运动的准确性;

(3)锻炼宝宝对构图、线条、色彩的敏感性,有助于宝宝创造性思维和想象力的发展,从而培养较高的艺术鉴赏力。

2.准备:树叶、糨糊、纸。

3.方法与步骤:

(1)爸爸妈妈带宝宝到户外捡树叶,一边捡一边和宝宝欣赏树叶的色彩和形状,并把树叶装到袋子里带回家;

(2)准备好浆糊和纸张。妈妈在纸上画一个大树干,然后和宝宝一起给树干贴上树叶;

(3)妈妈教宝宝用大拇指和食指合作,将大树叶撕成许多小树叶,然后用拇指和食指将小树叶一张一张地蘸上浆糊,贴在树干上;

(4)也可以让宝宝挑出一些好看的树叶,把它压在镜框里,就成了一个很好的装饰品,可用它来作为礼物送人。

温馨提示:

捡回来的树叶上会沾有很多灰尘,爸爸妈妈和宝宝可以先把树叶洗干净,再和宝宝一起玩贴树叶的游戏。

25~30个月宝宝

一、大运动游戏

(一)游戏名称:拍蚊子

1.目标:

(1)边念儿歌边做动作,提高宝宝口与手的协调能力;

(2)轻轻点击手心可以增加宝宝的皮肤触觉感受;

(3)在宝宝已经会向前、向下跳的基础上,让宝宝练习双脚和单脚离地向上跳。

2.准备:较大的活动空间,小蚊子若干

3.方法与步骤:

(1)面对面站好,妈妈一手握住宝宝的一只手掌,同时伸出另一只手的食指;边念儿歌边做动作;

　　点点蚊子飞,(食指在宝宝手心轻轻地随着节奏点击)

　　嗡嗡一大堆,(抓住宝宝的双手一起向上张开双臂)

　　我来拍蚊子,(妈妈抓住宝宝的手,在空中拍手)

　　看谁吃掉谁。(拍一下手,再拍一下)

(2)指导宝宝模仿妈妈边说儿歌边独立做动作;

(3)待宝宝动作熟悉后,鼓励宝宝单脚或双脚跳跃起来做拍手的动作。

温馨提示:

1.宝宝的皮肤比较嫩,妈妈抓宝宝手时动作要轻。

2.在室内进行游戏时,要尽量避免宝宝旁边有桌椅等硬物。

(二)游戏名称:猴子爬树

1.目标:

（1）游戏时，宝宝和爸爸形成了亲密的关系，爸爸给宝宝留下了强壮、安全的感觉；

（2）爸爸的鼓励，还会对宝宝的性格形成起到积极的作用，既培养了宝宝勇敢的精神，也锻炼和发展了宝宝的体能。

2. 准备：较大的活动空间

3. 方法与步骤：

（1）父母带宝宝去动物园看猴子（或给宝宝看一些有关猴子的电视片或图画书）后，和宝宝一起说一说猴子的模仿及喜好；

（2）爸爸对宝宝说："我们做一个猴子爬树的游戏吧，你来做猴子，让爸爸做大树"；

（3）爸爸伸出一只手臂做树枝，爸爸轻轻摇晃手臂，让宝宝荡秋千；

（4）爸爸伸出另一只手臂，鼓励宝宝慢慢地挪动身体爬过去，当宝宝爬过爸爸身体抱住爸爸时，爸爸可以亲亲宝宝，鼓励宝宝继续往前爬。

温馨提示：

1. 游戏最好在铺了地毯的场地或较松软的草地上进行。

2. 妈妈要注意在旁边保护。

二、精细动作游戏

（一）游戏名称：转一转

1. 目标：

（1）宝宝在拧瓶盖的同时，手指的力量和灵活性得到锻炼，手眼的协调性得到发展；

（2）训练了宝宝在颜色、大小、配对等数学概念方面的能力。

2. 准备：带盖、大小不一的空瓶子若干

3. 方法与步骤：

（1）给宝宝几个带盖、大小不同的空瓶子，让宝宝把其中的一个瓶子的盖子拧下来，再拧回去；

（2）让宝宝将每个瓶子的盖子都拧下来，混合在一起，再让宝宝将瓶盖拧到相对应的瓶子上；

（3）妈妈可以和宝宝比赛，看谁找得快，找得对，拧得好；

（4）可以给宝宝倒计时，告诉宝宝每次用了多少时间，哪次最快。

温馨提示：

1. 平时应注意收集瓶子，把它们洗干净收好。

2. 瓶子的数量可以逐渐增加，颜色、大小、形状也越多越好。

（二）游戏名称：手指游戏

老大找老大，唱首哇哈哈，（两手握拳，露出大拇指点点头，碰一碰）

老二找老二，做个好朋友，（两手食指相碰，互相勾住，并自然摆动）

老三找老三，牵手画圈圈，（两手中指相碰，从左至右画圈）

老四找老四,画画又写字,(两手无名指相碰,做涂写状)

老五找老五,一起跳个舞,(两手小指相碰,左右摆动)

十个手指头,握住叫拳头。(两手交叉相握)

三、认知游戏

(一)游戏名称:拼图

1. 目标:

(1) 发展宝宝的空间智慧和想象能力;

(2) 锻炼宝宝的手眼协调性和小手的灵活性。

2. 准备:硬纸板若干、水彩笔一支、安全剪刀一把。

3. 方法与步骤:

(1) 妈妈在硬纸板上画一个动物头像,用剪刀剪成上下两半,让宝宝将画拼完整;

(2) 妈妈将动物头像的五官分别剪下来,让宝宝将其拼完整;

(3) 妈妈还可画些日常生活中常见、宝宝又较感兴趣的东西,逐渐增加游戏难度;

(4) 宝宝也可以在妈妈的指导下,剪拼图。

儿歌:

宝宝小指真灵活,

拼个弟弟笑哈哈,

拼个小兔蹦蹦跳,

拼个小鸟叫喳喳。

温馨提示:

1. 应选择宝宝熟悉的画面进行拼图,开始可以是两块,以后逐渐增加拼图难度。

2. 宝宝拿剪刀时,妈妈应在一旁保护,以免划伤宝宝。

3. 选择宝宝熟悉且感兴趣的画画进行拼图。

(二)游戏名称:套娃

1. 目标:

(1) 叠套玩具非常适合这个年龄段的宝宝,在聚精会神的尝试过程中,可培养宝宝的专注能力;

(2) 让宝宝学会了大小顺序,强化了宝宝的空间感知能力,并为今后发展数学能力打下了基础。

2. 准备:套娃(套碗、套桶亦可)

3. 方法与步骤:

(1) 妈妈将套娃展示给宝宝,引起宝宝的兴趣;

(2) 妈妈先将套娃拆开,按大小次序将娃娃摆成一排;

(3) 再由小到大,将套娃一个个套回原样,成为一个大娃娃;

(4) 指导宝宝拆开并安装套娃，直到宝宝能够独立操作；

(5) 游戏结束时，要求宝宝将套娃回复原状，放回原位。

温馨提示：

1. 宝宝最初自己套装时可能存在许多困难，妈妈要多给予提示，指导宝宝发现规律，千万不要从宝宝手中拿过套娃，包办代替。

2. 最初时，可以先用两三个娃娃套在一起，宝宝学会后再逐步加大难度。

四、语言游戏

(一) 游戏名称：看图说话

1. 目标：

(1) 发展宝宝语言理解能力和表达能力；

(2) 初步认识上下、前后等方位概念，发展宝宝的空间智慧。

2. 准备：一张白纸，一支水彩笔。

3. 方法与步骤：

(1) 妈妈在一张白纸上画一幅场景，注意表现出上、下、前、后的方位；

(2) 让宝宝说一说，画中有什么，鼓励宝宝尽量用完整语句进行描述；

(3) 教宝宝学习上下前后的概念，学说方位词"上面"、"下面"、"前面"、"后面"；

(4) 让宝宝根据画中情景，说说什么东西在上面，什么在下面，什么在前面，什么在后面。

儿歌：

  小鸟树上喳喳喳，

  小猪树下睡懒觉，

  小鸭前面呷呷呷，

  小兔后面蹦蹦跳。

温馨提示：

1. 画面不要太复杂，视宝宝能力，可从最基本的方位概念开始。

2. 尽量让宝宝用完整的语句进行描述。

3. 可让宝宝脱离画面，自由发挥，说一说家里什么东西在上面、在下面、在里面、在外面。

(二) 游戏名称：耳语传话

1. 目标：

(1) 有助于对宝宝听力的训练；

(2) 宝宝将听到的指令传递给别人，可以发展宝宝的语言智慧和与人交往的能力。

2. 准备：安静的环境

3. 方法与步骤：

（1）游戏开始时，妈妈先到另一个房间，爸爸在宝宝耳边轻轻说："告诉妈妈，爸爸要一本××书"；

（2）宝宝来到妈妈身边，将爸爸的话小声告诉妈妈，妈妈按照宝宝的要求把所需物品交给宝宝；

（3）宝宝拿回的东西如果是正确的，爸爸要夸奖宝宝，然后换一个要求，重新游戏；如果宝宝是错误的，则要告诉宝宝：这不是爸爸刚才要的东西，然后在将要求重复，让宝宝再去告诉妈妈。

温馨提示：

1. 游戏要注意由易到难，多给宝宝成功的机会。

2. 刚开始时，可以将要求多重复一两遍，让宝宝明白。

五、社交行为游戏

（一）游戏名称：宝宝也会晾衣服

1. 目标：

（1）让宝宝感知数与量的关系，认识不同的颜色；

（2）增进宝宝手指小肌肉的灵活性。

2. 准备：大小不同的衣架、各种颜色的衣夹若干、衣服几件。

3. 方法与步骤：

（1）给宝宝一个容器，里面装各种颜色的衣夹；

（2）妈妈边晾衣服，边问宝宝："这是谁的衣服？"让宝宝猜；

（3）妈妈每挂一件衣服，就请宝宝拿一个衣夹，夹在衣架上；

（4）妈妈可和宝宝玩颜色游戏，如妈妈晾的衣服是红色的，就让宝宝自己拿一个红色的夹子夹在衣架上。夹子颜色与衣服颜色相对应，花色衣服可用某一颜色的夹子代替。最后，请宝宝帮妈妈把衣服数一数，一共晾了几件衣服，各种颜色的衣服有几件。

温馨提示：

1. 妈妈可观察宝宝是否有兴趣按妈妈的指令用衣夹夹衣服。如果宝宝对夹衣服不感兴趣，可以提供数字卡或图片卡给宝宝，让宝宝对着它们夹。

2. 如宝宝单手夹有困难，妈妈可以教宝宝用双手同时压握夹子。

（二）游戏名称：我会自我介绍

1. 目标：锻炼宝宝正确做自我介绍，让别人了解宝宝，培养宝宝的人际交往能力。

2. 玩法：这个年龄的宝宝会在别人提问时，说出自己的名字、年龄和性别，还会说出父母的姓名和家庭住址，以及父母的电话号码和工作单位，这种本领在人际交往中很重要，对宝宝预防走失也很重要。然而有些宝宝在家里可以很流利地说出这些情况，对陌生人就不敢说了。所以父母必须教会宝宝在任何情况下做自我介绍，敢于说话才能在必要的时候获得别人的帮助。

31~36个月宝宝

一、大运动游戏

（一）游戏名称：看谁爬得快

1. 目标：

（1）在宝宝会爬的基础上，培养宝宝快速爬行或绕着弯爬行，既可以发展宝宝的体能，又锻炼了宝宝身体动作的灵活性；

（2）能够培养宝宝游戏和比赛的规则意识，为宝宝进入幼儿园学习各种常规、与小伙伴开展游戏打好基础。

2. 准备：室内较大的活动空间，一支粉笔，若干瓶子或篮子，一个较大的纸箱。

3. 方法与步骤：

（1）在地上画两条线当期点和终点，爸爸和宝宝一起向前爬，看谁爬得快；

（2）按指令爬行，开始时，可以爬直线，爬到终点后再爬回来；

（3）在中间放一些瓶子或篮子，爸爸和宝宝绕着障碍物爬行，看谁爬得快；

（4）用大纸箱做成一个山洞，让宝宝和爸爸钻过去，来回爬；也可以让宝宝和爸爸倒着爬，看谁倒得快。

温馨提示：

1. 确保游戏场地的安全性，如检查地毯上是否有尖锐物等。

2. 游戏过程中，可让宝宝休息一下。

3. 游戏结束后，给宝宝洗洗手和脸，如果出汗，还应该及时更换衣服。

（二）游戏名称：摸摸大树跑回来

1. 目标：

（1）有目的的奔跑可以锻炼宝宝的奔跑技能和水平，提高体能，增强运动兴趣；

（2）在大自然中玩耍能让宝宝具有乐观向上的精神状态、热情开朗的性格，为未来的成长奠定良好的心理基础；

（3）增加亲子间情感互动。

2. 方法与步骤：

（1）选择林中的空地，让宝宝自由滚爬、奔跑、追逐；

（2）让宝宝选择一棵大树，以此为终点，跑过去，摸一下大树，再跑回来；

（3）妈妈和宝宝比赛，一起跑过去，看谁先跑回来；

（4）以大树为终点，还可以玩龟兔赛跑的游戏。爸爸和宝宝分饰角色，扮装小白兔跑到半路睡觉了，乌龟坚持爬，一直爬到大树下，成为优胜者。

温馨提示：

1. 注意安全。

2. 父母积极地参与游戏。

二、精细动作游戏

(一) 游戏名称：拍手歌

1. 目标：

(1) 击掌并配合节奏让自己的左手和妈妈的右手合在一起，需要手眼协调的能力；

(2) 把手抬起来也需要对自己的手臂有足够的控制能力，这些对宝宝运动智慧的发展都是有益的。

2. 准备：妈妈先将儿歌背熟

3. 方法与步骤：

(1) 妈妈面对宝宝，爸爸在宝宝身后扶着宝宝的手；

(2) 边念儿歌边拍手，先自己双手拍一下，然后伸出右手（左手）拍宝宝的左手（右手）；

(3) 说到后面的句子，按照儿歌里的内容做相应的动作；

(4) 宝宝知道游戏规则后，爸爸在一旁加油，让宝宝独自与妈妈做游戏。

儿歌：

　　你拍一，我拍一，一个小孩开飞机；

　　你拍二，我拍二，两个小孩梳小辫；

　　你拍三，我拍三，三个小孩爬小山；

　　你拍四，我拍四，四个小孩写大字；

　　你拍五，我拍五，五个小孩学跳舞；

　　你拍六，我拍六，六个小孩吃肥肉；

　　你拍七，我拍七，七个小孩刷油漆；

　　你拍八，我拍八，八个小孩吹喇叭；

　　你拍九，我拍九，九个小孩扭一扭；

　　你拍十，我拍十，十个小孩站得直。

温馨提示：

1. 妈妈要控制自己的动作，开始时要轻要慢，再逐渐加一点力量并加快些速度。

2. 妈妈一定要有耐心，必要时可以先主动伸出手去拍宝宝的手，慢慢地引导宝宝主动来拍。

(二) 游戏名称：巧手剪纸

1. 目标：

(1) 锻炼宝宝小手肌肉的灵活性，促进宝宝运动智慧和手眼协调能力的发展；

(2) 将剪下来的东西进行分类、比较多少、大小，可以促进宝宝数学的发展。

2. 准备：一把玩具小剪刀，一些超市广告彩页，一瓶胶水，几张白纸。

3.方法与步骤：

（1）妈妈收集一些彩色的超市广告，对宝宝说："宝宝，上面有很多好吃、好玩的东西，宝宝想要它们吗？想要就快快将它们剪下来吧"；

（2）让宝宝将广告中自己认识的东西沿边缘剪下来；

（3）让宝宝将剪下来的东西，分类粘在白纸上，如蔬菜类、水果类、日用品类等，学习分类和集合的概念，并可让宝宝数一数，它们分别有几个。

温馨提示：

1.注意选择玩具小剪刀，家长应始终在一旁看护宝宝。

2.宝宝剪纸时，家长不必要求宝宝剪得很准确。

3.家长除了给宝宝提供纸，也可以提供布等可以剪的材料，并告诉宝宝哪些东西不能被剪刀剪断。

四、认知游戏

（一）游戏名称：贴人脸

1.目标：

（1）在宝宝认识身体各部位的基础上，认识各个部位之间的关系以及脸部整体之间的关系；

（2）发展宝宝的自知智慧和空间智慧。

2.准备：一张白纸，一把小剪刀，一支水粉笔，一支胶棒，一面小镜子。

3.方法与步骤：

（1）妈妈在一张白纸上，画一个小娃娃空白的脸，有头发，但没有五官；

（2）妈妈画眼睛、眉毛、鼻子、嘴巴和耳朵，用剪刀将它们分别剪下来；

（3）把空白人脸和剪好的五官给宝宝，让宝宝往相应的位置上贴。镜子可放在宝宝旁边，以便宝宝不确定时照一照。

温馨提示：

1.先让宝宝自己判断，摆对后再让宝宝用胶棒把五官贴到"脸"上。

2.也可剪出身体其他部位让宝宝粘贴，妈妈可在一旁适当帮助。

（二）游戏名称：我是男孩（女孩）

1.目标：

（1）在宝宝对自我有意识后，可逐渐培养宝宝的性别意识，提高宝宝的自知智慧；

（2）让宝宝有正确的性别意识，以后能够很好地扮演适当的性别角色和行为。

2.准备：一些画册或图片，上面有男孩或女孩穿衣、吃饭、洗澡、扫地等画面。

3.方法与步骤：

（1）请宝宝辨认书中的男孩和女孩，谁是哥哥/弟弟，谁是姐姐/妹妹，注意性别的区分；

(2) 让宝宝尝试说一说男孩和女孩在头发、衣着、身体特征等方面的不同；

(3) 问宝宝："你是男孩还是女孩？"启发宝宝想一想，自己哪些地方和哥哥或姐姐是一样的。

温馨提示：

1. 生活中千万不要对宝宝进行错位打扮，这会造成宝宝的性别混乱。

2. 对于性别特征，爸爸妈妈不要遮掩，要用科学的态度讲述给宝宝听。

五、语言游戏

（一）游戏名称：一路颠簸

儿歌：

> 坐上红色小马车，一路颠簸看外婆。
> 娃娃的外婆住山坡，山坡上面石头多。
> 左摇摇，右晃晃，哎哟哟哟，翻了车。

（二）游戏名称：炒蚕豆

儿歌：

> 炒蚕豆，炒蚕豆，炒了蚕豆吃蹦豆，
> 蹦豆脆，蹦豆香，我把蹦豆全吃光。
> 噼里啪啦噼里啪啦啪！

六、社交行为游戏

（一）游戏名称：学扣扣

1. 目标：

(1) 通过学习扣扣子和解扣子，发展宝宝的手眼协调能力；

(2) 培养宝宝的生活自理能力，为宝宝进入幼儿园奠定基础。

2. 准备：一个娃娃玩具，一件带扣子的娃娃衣服。

3. 方法与步骤：

(1) 让宝宝试着给娃娃穿衣服和扣扣子，宝宝可能扣得不对，妈妈可多次示范扣扣子的方法和顺序；

(2) 可教宝宝给娃娃解扣子，再让宝宝把娃娃的衣服扣上；

(3) 妈妈可故意将扣子扣错，鼓励宝宝找出错误，并纠正错误；

(4) 让宝宝给自己身上的衣服解扣子和扣扣子。

温馨提示：

1. 玩具娃娃的扣子要好解好扣，不要太紧；

2. 注意不要让宝宝将扣子放进嘴巴或鼻孔中，以免造成危险。

（二）游戏名称：玩具哪里来，哪里去

1. 目标：

（1）培养宝宝的反应能力和随着音乐做动作的能力；

（2）让宝宝养成收放玩具的好习惯。

2. 准备：玩具若干、玩具箱、音乐。

3. 方法与步骤：

（1）每人分一些玩具来玩"看谁放得快"的游戏；

（2）音乐开始，爸爸妈妈和宝宝围个圆圈唱歌、跳舞；

（3）音乐一停，就马上拿起玩具向玩具箱放进去，谁最先放完自己的玩具谁就获胜。

温馨提示：

1. 让宝宝在玩玩具的时候，懂得要归放物品的好习惯。

2. 刚开始，每人分的玩具少一点，然后慢慢增多。

附录2：

《上海市0～3岁婴幼儿教养方案》

为进一步推进本市学前教育事业的发展，实现0～6岁儿童教育整体化、系统化、科学化，提高学前教育机构的3岁前婴幼儿教养工作水平和家庭教育指导水平，特制订《上海市0—3岁婴幼儿教养方案》。本方案是本市托幼园所实施3岁前教养工作的指南，也为家庭教养提供参考。

一、教养理念

1. 亲爱儿童　满足需求

重视婴幼儿的情感关怀，强调以亲为先，以情为主、关爱儿童、赋予亲情，满足婴幼儿成长的需求。创设良好环境，在宽松的氛围中，让婴幼儿开心、开口、开窍。尊重婴幼儿的意愿，使他们积极主动、健康愉快地发展。

2. 以养为主　教养融合

强调婴幼儿的身心健康是发展的基础。在开展保教工作时，应把儿童的健康、安全及养育工作放在首位。坚持保育与教育紧密结合的原则，保中有教，教中重保，自然渗透，教养合一。促进婴幼儿生理与心理的和谐发展。

3. 关注发育　顺应发展

强调全面关心、关注、关怀婴幼儿的成长过程。在教养实践中，要把握成熟阶段和发展过程；关注多元智能和发展差异；关注经验获得的机会和发展潜能。学会尊重婴幼儿身心发展规律，顺应儿童的天性，让他们能在丰富、适宜的环境中自然发展，和谐发展，充实发展。

4. 因人而异　开启潜能

重视婴幼儿在发育与健康、感知与运动、认知与语言、情感与社会性等方面的发展差异，提倡更多地实施个别化的教育，使保教工作以自然差异为基础。同时，要充分认识到人生许多良好的品质和智慧的获得均在生命的早期，必须密切关注，把握机会。要提供适宜刺激，诱发多种经验，充分利用日常生活与游戏中的学习情景，开启潜能，推进发展。

二、教养内容与要求

（一）新生儿

1. 提供自然睡眠的条件。保持房间空气清新，温度适宜，光线柔和，洁净温馨。

2. 按需哺乳。面带微笑注视新生儿，经常对新生儿进行肌肤抚触，与其交谈。

3. 为新生儿勤洗澡、勤换衣裤和尿布，保持其皮肤清洁和干燥。细心看护，经常对新生儿的皮肤、大小便、脐部、眼睛等进行观察。

4. 提供适量的视听刺激,让新生儿常听舒缓柔和的音乐声、玩具声和讲话声,常看会动的玩具和人脸等,适宜距离为15—30厘米。

（二）1~3个月

1. 顺应婴幼儿的生理节律,逐步形成有规律的哺乳、睡眠。及时添加生长所需的营养补充剂。

2. 在适宜时间内进行适宜的户外活动和户外睡眠,让婴幼儿接触阳光和新鲜的空气。

3. 提供便于抓握、带声响、色彩鲜艳、无毒卫生的玩具,帮助婴幼儿练习俯卧抬头、目光追视、抓握、侧翻等动作。

4. 经常面对面地和婴幼儿逗引交流,引发其对亲近的人和熟悉的声音产生反应。促使其情绪愉快,培育母婴依恋亲情。

5. 悉心辨析哭声,给予积极回应,满足婴幼儿不同需要。

（三）4~6个月

1. 保证婴幼儿充足的睡眠时间,逐渐养成其自然入睡、有规律睡眠的习惯。

2. 按月龄逐步添加辅助食品,逐渐形成定时喂哺的规律。

3. 帮助婴幼儿学习翻身和靠坐,练习主动伸手抓握玩具、双手扶奶瓶等动作。

4. 提供婴幼儿辨认周围生活环境中的人、物和事的机会。

5. 帮助婴幼儿学习辨别亲近的人的声音,呼其名字时会转向发声的方向,用"咿呀"声与人交流。

6. 引发婴幼儿对熟悉的音乐有愉快的情绪反应。

7. 在盥洗中,引导婴幼儿乐意接受洗脸、洗手、洗屁股、洗澡。经常保持其手、脸等处皮肤的清洁干燥。

（四）7~12个月

1. 逐步形成婴幼儿定时睡眠（白天3~2次,一昼夜15~13小时）的习惯。

2. 逐渐提供各类适宜的食物,让婴幼儿初步适应咀嚼、吞咽固体食品,尝试用杯喝水、用勺喂食。

3. 鼓励婴幼儿配合成人为其穿衣、剪指甲、理发和盥洗等活动。引导婴幼儿学习坐盆排便,对大小便的语音信号有反应,帮助其形成一定的排便规律。

4. 让婴幼儿练习独坐、爬行、扶站、独立站、扶走,以及捏拿小物件,两手配合倒物等动作。

5. 用简单的词和指令刺激婴幼儿用表情、动作、语音等作出相应的反应（如指认五官等）。

6. 引发婴幼儿跟着音乐节律随意摆动身体。

（五）13~18个月

1. 停用奶瓶吸吮,提供杯子让婴幼儿喝水（奶）,顺利度过离乳期。

2. 帮助婴幼儿学习用语言或动作表示大小便。提供适宜的坐盆，使其逐步形成一定的排便规律。

3. 提醒婴幼儿饭前洗手、饭后擦嘴。吃饭时自己学用小勺进食，形成定时、定位、专心进餐的习惯。

4. 提供机会让婴幼儿练习独立行走、下蹲、转弯、扶栏杆上楼梯等。

5. 为婴幼儿提供其喜欢的玩具，让其进行摆弄和装扮等活动。

6. 鼓励婴幼儿模仿成人的单词或短句，学着称呼人、用单词句表达自己的需求。

7. 提供机会让婴幼儿感知生活环境中的花草和树木、人和物，指指认认，初步建立实物和图片、物体和词语之间的联系。

8. 帮助婴幼儿充分感受色彩和形状，尝试涂涂画画。

9. 引发婴幼儿感受音乐节奏带来的快乐，跟着音乐做动作。

（六）19～24个月

1. 让婴幼儿逐步养成睡眠、进餐、盥洗的好习惯，生活有规律。

2. 在盥洗时帮助婴幼儿学着使用肥皂、毛巾，学脱鞋子、裤子、袜子和外衣。

3. 鼓励婴幼儿养成用餐时吃一口、嚼一口、咽一口和口渴时喝水的习惯。

4. 提供机会让婴幼儿练习自如地走、跑，进行举手扔球、玩叠高积木、串大珠子等游戏，并学着收放玩具。

5. 鼓励婴幼儿辨别周围生活环境中的常见物，让其对物体的形状、冷热、大小、颜色、软硬等差别明显的特征有充分的感知体验。

6. 鼓励婴幼儿学用简单句（双词句）表达自己的需求，说出自己的名字，提供机会多进行亲子阅读、听故事、学念儿歌。

7. 提醒婴幼儿与人打招呼，学着在和同伴一起玩耍、游戏中形成初步的规则意识。

8. 引导婴幼儿随着音乐节奏做模仿动作，跟唱简单的歌曲，用各种材料涂涂画画。

（七）25～36个月

1. 养成婴幼儿按时上床、安静入睡、醒后不影响别人的睡眠习惯。

2. 鼓励婴幼儿用小勺吃完自己的一份饭菜，愿意吃各种食物，自主地用杯喝水（奶）。

3. 提供婴幼儿模仿成人做事的机会，帮助其学习自己穿脱衣裤、鞋袜，自己洗手擦脸，主动如厕。

4. 让婴幼儿有练习钻爬、上下楼梯和走小斜坡的机会，体验运动的乐趣，培养初步的环境适应能力和自我安全保护意识。

5. 让婴幼儿操作摆弄积木、珠子、纸、橡皮泥等玩具，提高其手指的灵活性和手眼协调性。

6. 提供感知常见动植物和简单数字的机会，帮助婴幼儿觉察指认颜色、形状、时间

（昼夜）、空间（上下、内外）等明显的差异。引导其开始了解人、物、事之间的简单关系。

7. 鼓励婴幼儿学用普通话大胆表达自己的需求，理解并乐意执行成人简单的语言指令。

8. 提供图画书，培养婴幼儿阅读的兴趣，学习讲述简单的事情和学讲故事、念儿歌。

9. 帮助婴幼儿逐渐适应集体生活，愿意亲近老师和同伴。引导其学习对人有礼貌，不影响别人的活动。

10. 引导婴幼儿跟着音乐唱唱跳跳，用声音、动作、涂画、粘贴等多种方式表达自己的感受。

三、组织与实施

婴幼儿教养活动的组织与实施，主要在托幼机构和家庭中进行。

（一）托幼机构教养活动的组织与实施

1. 营造清洁、安全、温馨的家庭式环境，提供方便、柔和、易消毒的生活设施，创设温馨宁静的睡眠环境，保障婴幼儿身心健康和谐地发展。

2. 充分考虑给婴幼儿留有足够大的活动空间，创设爬行自如的、适合进行独自活动、与同伴平行活动及小群体活动的空间。空间要有相对开放的区隔，隔栏要低矮。物品放置取用方便、有序，有相对的稳定性。

3. 提供数量充足的、安全的、能满足多种感知需要的玩具和材料。玩具材料应逐步提供，并以开放的形式呈现，给婴幼儿以舒适随意之感，便于自由选用。

4. 关注每个婴幼儿对玩具材料的不同需求，充分利用生活中的真实物品，挖掘其内含的多种教育价值，让其在摆弄、操作物品中，获得各种感官活动的经验。

5. 观察了解不同月龄婴幼儿的需要，把握其情绪变化，尊重和满足其爱抚、亲近、搂抱等情感需求，给予悉心关爱。

6. 观察婴幼儿的活动过程，及时捕捉和记录其行为的瞬间，用个案记录和分析的方法，因人而异地为其发展制定个别化的教养方案及成长档案。

7. 尊重、顺应婴幼儿自然的生理节律，加强生活护理，用一对一的方式帮助和指导盥洗。随着月龄的增长，支持、鼓励其自己动手。

8. 以蹲、跪、坐为主的平视方式，与婴幼儿面对面、一对一地进行个别交流。成人的语速要慢，语句要简短、重复，略带夸张。关注婴幼儿的自言自语，在自愿、自发的前提下，引导其多看、多听、多说、多动，主动与其交谈。

9. 随着婴幼儿月龄的增长，适当创设语言交流、音乐感受及肢体律动等集体游戏的氛围，引发其模仿学习。用轻柔适宜的音乐、朗朗上口的儿歌、简短明了的指导语组织日常活动，让婴幼儿体验群体生活的愉悦。

10. 日常生活中各环节的安排要相对固定，内容与内容间要尽可能整合，同一内容应多次重复，但一项内容的活动时间不宜过长。活动方式要灵活多样，以个别、小组活动形式为主，尽可能多地把活动安排在户外（环境条件适宜的地方）进行。

11. 开展家园共育，指导家长开展亲子游戏、亲子阅读等活动，为婴幼儿的发展提供丰富多元的教育资源。

12. 为不同月龄婴儿的父母提供早期教养服务。在尊重家长不同教养方式的前提下，给予生活养育、护理保健等方面的科学、合理的育儿指导。

（二）家庭教养活动的操作与实施

1. 创设温度适宜、空气新鲜、光线柔和的睡眠环境，保证充足的睡眠时间，逐渐帮助孩子形成有规律的睡眠。

2. 为孩子提供卫生、安全、舒适、充满亲情的日常护理环境和充足的活动空间，形成良好的秩序感。

3. 充分利用阳光、空气、水等自然因素，提供较大的、安全的活动空间。选择空气新鲜的绿化场所，开展适合孩子身心特点的户外游戏和体格锻炼，尤其保证冬季出生的孩子接受日光浴的时间，提高对自然环境的适应能力。

4. 根据孩子不同月龄的特点，提供安全卫生、刺激感知觉的、满足其活动需要的材料或玩具；提供能够发展孩子联想的日常生活用品、图片、自制或成品玩具。活动中细心照看。

5. 重视母乳喂养，参照月龄，按孩子需要提供适量奶、水，逐步添加辅食及生长发育所需的营养补充剂。逐渐提供适宜孩子锻炼咀嚼、吞咽能力的半流质食品和方便其手抓的固体食品，锻炼其咀嚼及吞咽能力。注意个别差异。

6. 在家庭中应在相对固定的区域提供干净卫生的便器，悉心观察孩子的便意，给予及时回应。教会孩子以动作或语言主动表示大小便，逐步养成定时排便习惯。

7. 保护孩子的眼睛，注意室内光线，经常移动玩具摆放的位置，防止其斜视等。注意观察孩子凝视物体时的眼神，发现异常及时就诊。

8. 注重孩子的口腔卫生，按不同月龄用纱布或专用牙刷，为其按摩牙床或清洁口腔。

9. 提供保暖性好、透气性强、安全适合、宽松的棉织衣物和大小合适、方便穿脱的鞋袜。

10. 提供练习生活技能的机会，鼓励孩子自己动手，如手扶奶瓶、吃饭、学习穿脱衣裤和鞋袜，对其依靠自己努力的行为表示赞赏。

11. 父母应保证每日有一小时以上的时间与孩子进行情感交流，如目光注视、肌肤接触、亲子对话等。学会关注、捕捉孩子在情绪、动作、语言等方面出现的新行为，做到及时回应，适时引导，满足孩子的依恋感和安全感。

12. 提供丰富的语言环境，伴随具体的环境和动作，在日常生活中随时随地用简明清晰、生动形象的语言与孩子进行交流。

13. 选择适合孩子阅读的图书和有声读物，多给孩子讲故事、念儿歌，进行亲子阅读，并鼓励孩子用语言大胆表达。

14. 让孩子倾听和感受不同性质、多种类型的音乐，注意播放音量，次数适度。经常与孩子一起唱童谣、歌曲。引导孩子感受音乐时表现各种动作。关注其对声音的反应，发现异常及时就诊。

15. 提供多种材料，鼓励孩子大胆涂画、撕贴，对其表现出的想象和创造力表示赞赏。

16. 收集日常生活中的物品，提供适合的玩具，经常和孩子一起游戏，满足其角色扮演的愿望，鼓励孩子的自主行为，激发其探索周围生活的兴趣，帮助其积累各种感知经验。

17. 创设与周围成人接触和与同龄、异龄伙伴活动的机会，帮助孩子感受交往的愉悦，积累交往的经验。

18. 注意观察和顺应孩子情绪，理解7~12个月的孩子怕生、25~36个月的孩子出现情绪不稳定是正常现象，提供其表达情绪情感的机会。

19. 选择身心健康、充满爱心、仪表整洁、具有一定育儿知识技能的照料者。

20. 家庭与育儿机构之间、家庭成员相互之间及时沟通，相互协调，保持教养要求、方法的一致性。

21. 家长应具备保健的基本知识和技能，在家庭中设置并经常清理"儿童保健药箱"，及时处理意外突发的小事件。掌握儿童急救医疗地点和联系方式，发生意外时及时求助，保障孩子健康安全成长。

22. 定期为孩子进行体格发育检查，预防接种。利用现代通讯技术和社区卫生、教育、文化等资源，主动了解育儿知识，并参加育儿讲座、咨询等各种学习活动。

四、观察要点

0~3岁婴幼儿发展水平"观察要点"，由发育与健康、感知与运动、认知与语言、情感与社会性等四方面组成。保教人员和家长应掌握0~3岁婴幼儿不同发展水平的内容，并自如地运用至日常教养中，促进每一个0~3岁婴幼儿健康、快乐地成长。

由于遗传、营养、教育等因素的影响，0~3岁婴幼儿的发展存在个体差异，表现为发展的速度不同、特点不同。就个体本身而言，其发展也存在不平衡性。保教人员和家长在观察孩子的行为时，一方面应注意分辨其是正常行为还是异常行为，对异常行为，应及时就诊、及早矫治；另一方面，应注意分辨其是偶发行为（发展中正常的新行为）还是稳定行为，对发展中正常的新行为，应及时提供刺激，促使其向稳定行为发展。

保教人员和家长应遵循孩子的发展规律，正确、科学地对待观察活动和观察结果。

附录2

观察对象：新生儿（0~1个月）

发育与健康	感知与运动	认知与语言	情感与社会性
• 身高约增加2.5厘米 • 体重约增加0.8—1千克 • 头围33-38厘米 • 胸围比头围小1-2厘米 • 皮肤饱满、红润 • 眼有光感或眼前手动感，能看清20-30厘米左右的东西 • 大便有的2-3次/天，有的每块尿布上均有，色淡黄 • 一昼夜睡18个小时左右	• 有很强的吮吸、拱头和握拳的本能反应 • 常常会很用力地踢脚和活动四肢 • 俯卧时尝试着要抬起头来	• 无意识地对一两种味道有不同反应 • 眼睛能注视红球，但持续的时间很短 • 喜欢注视人脸 • 有不同的哭声 • 对说话声很敏感，尤其对高音敏感	• 当看见人的面部时活动减少 • 哭吵时听到看护者的呼唤声能安静 • 对他讲话或抱着时表现安静，当抱着时，会表现出独特的、有特征性的姿势（如紧紧蜷曲像一只小猫）

观察对象：2~3个月

发育与健康	感知与运动	认知与语言	情感与社会
• 平均身高男孩为63.11厘米，女孩为62.03厘米 • 平均体重男孩为7.24千克，女孩为6.68千克 • 平均头围男孩为41.21厘米，女孩为40.35厘米 • 平均胸围男孩为41.89厘米，女孩为40.70厘米 • 大便次数较前明显减少 • 眼能追随活动的物体180° • 奶量的差异开始明显，平均700毫升左右/天 • 一昼夜睡16-18小时	• 新生儿时的生理反射开始消失 • 听力较前灵敏 • 直立位头较稳，能较自由地转动 • 托起来坐时，头能和身体同时起来 • 头可随着的物品或听到的声音转动，幅度逐渐增大 • 俯卧时抬头45° • 仰卧位能变为侧卧位 • 能将两手碰在一起	• 眼睛能注意并追随移动较大的物体 • 开始将声音和形象联系起来，试图找出声音的来源 • 对成人逗引有反应，会发出"咕咕"声，而且会发a、o、e音 • 常喜欢咬书或拉扯图书，有时会安静地看图书	• 逗引时出现动嘴巴、伸舌头、微笑和摆动身体等情绪反应 • 能忍受喂奶的短时间停顿 • 看见最主要看护者的脸会笑 • 自发微笑迎人，见人手足舞动表示高兴，笑声分化，用哭声表示不同的需求 • 开始注视自己的手，并出现吮指现象 • 能辨别不同人说话的声音及同一人带有不同情感的语调

观察对象：4~6个月

发育与健康	感知与运动	认知与语言	情感与社会性
• 平均身高男孩为69.87厘米，女孩为68.23厘米 • 平均体重男孩为8.91千克，女孩为8.17千克 • 平均头围男孩为44.32厘米，女孩为43.12厘米 • 平均胸围男孩为44.32厘米，女孩为43.12厘米 • 能固定视物，看清约75厘米远的物体 • 慢慢习惯用小勺喂吃的辅食 • 大便1—3次/天 • 个别孩子开始长出乳牙 • 血色素≥11克	• 靠坐稳，独坐时身体稍前倾 • 俯卧抬头90°，能抬胸，双臂支撑，学习翻身 • 扶腋下能站直，扶其站立时，能在短时间内自己支撑 • 双脚会有意识的蹬踢 • 能拿起面前玩具，把玩具放入口中 • 能主动抓住玩具，开始将玩具从一只手换到另一手，但仍显笨拙 • 双手能自己扶奶瓶吮吸 • 喜欢把东西往嘴里塞 • 会扯纸	• 看见熟悉的人与陌生的人有不同的反应 • 会用目光找寻物品，如手中玩具掉了，会用目光找寻 • 咿呀作语，开始发辅音，如d、n、m • 看见熟人、玩具能发出愉悦的声音 • 呼他名字会转头看 • 开始注意看图书，常抓起书试着放进嘴里	• 会对着镜子中的像微笑、发音，会伸手试拍自己的镜像 • 随着看护者情绪的变化而变化自己的情绪 • 看到看护者时，会伸手举起，期望被抱，能辨别陌生人，对熟悉的人有偏爱 • 开始怕生，会害羞转开脸和身体 • 高兴时大笑 • 当将其独处或别人拿走他的小玩具时会表示反对 • 会用哭声、面部表情和姿势动作与人沟通

观察对象：7~9个月

发育与健康	感知与运动	认知与语言	情感与社会性
●平均身高男孩为72.85厘米，女孩为71.20厘米 ●平均体重男孩为9.52千克，女孩为8.90千克 ●平均头围男孩为45.43厘米，女孩为44.38厘米 ●平均胸围男孩为45.52厘米，女孩为44.56厘米 ●能清楚地看到物体 ●需大小便时会有表情或反应 ●能自己拿着饼干咀嚼吞咽 ●会吃稀粥 ●大部分孩子长出乳牙，流相当多的唾液 ●大多数婴儿开始后半夜不喂奶，能整个晚上睡觉 ●一昼夜睡15小时左右	●独坐自如 ●扶腋下能站，站立时腰、髋、膝关节能伸直 ●会趴着，手脚并用地爬 ●能用拇指和食指捡起小物体 ●能拨弄桌上的小东西（大米花、葡萄干等） ●会将物品从一只手换到另一只手 ●有意识地摇东西（如拨浪鼓、小铃等），双手拿两物对敲	●会用很长的时间来审视物体 ●注意观察大人行动，喜欢模仿大人动作 ●会寻找隐藏起来的东西，如拿掉玩具上的盖布 ●能分辨地点 ●尝试做出一系列的有计划的行为完成一件事，如从椅子上起来，爬向玩具，挑出彩球 ●能反复发出"Ma-Ma"、"Ba-Ba"等元音和辅音，但无所指 ●试着模仿声音，发音越来越像真正的语言 ●会试着翻书，喜欢以前听过的故事	●懂得成人面部表情，对成人说"不"有反应，受责骂不高兴时会哭 ●表现出喜爱家庭人员，对熟悉喜欢他的成人伸出手臂要求抱 ●喜欢玩躲猫猫一类的交际游戏，而且会笑得非常激动、投入 ●喜欢和看护者玩重复的游戏，如拍手、再见、躲猫猫等游戏，交流情感 ●当从他处拿走东西时，会遭到强烈的反抗 ●见陌生人会表现出各种行动，如盯看、躲避、哭等

观察对象：10~12个月

发育与健康	感知与运动	认知与语言	情感与社会性
●平均身高男孩为78.30厘米，女孩为76.90厘米 ●平均体重男孩为10.55千克，女孩为9.99千克 ●平均头围男孩为46.89厘米，女孩为45.80厘米 ●平均胸围男孩为46.65厘米，女孩为45.85厘米 ●血色素≥11克 ●有规律地在固定时间大便，1-2次/天 ●一般长出5-6颗乳牙 ●流涎的现象减少 ●一昼夜睡14小时左右	●会用四肢爬行，且腹部不贴地面 ●自己扶栏杆站起来，自己会坐下 ●自己扶物能蹲下取物，不会复位 ●独自站稳，自己扶物可迈步 ●独走几步即扑向大人怀里 ●手指协调能力更好，如打开包糖的纸 ●能用手抓笔，点点涂涂 ●对发出声响的玩具感兴趣	●会用手指向自己感兴趣的东西 ●故意把东西扔掉再捡起，把球滚向别人 ●手眼逐渐协调，会将大圆圈套在木棍上，从杯子中取物放物 ●感知分辨能力进一步提高，如区分动物和车、把红色的物体归为一类 ●喜欢凝视图画 ●能懂得一些词语的意义，如问："灯在哪儿呢？"，会看灯；向其索要东西知道给 ●能按要求指向自己的耳朵、眼睛和鼻子 ●能说出最常用词汇，如"爸爸"、"妈妈" ●出现难懂的话，自创一些词语来指称事物 ●用动作表示同意或不同意(点头、摇头) ●尝试使用工具解决问题，如用一根棍子拨回物体	●发声时，会模仿他人的手势，面部伴有表情 ●喜欢重复的游戏，例如玩拍手游戏、躲猫猫 ●显示出一定的独立性，不喜欢大人搀扶和被抱着 ●更喜欢情感交流活动，还懂得采取不同的方式 ●能玩简单的游戏，惊讶时发笑 ●准确地表现出高兴、生气和难过 ●以哭引人注意 ●对主要照料者表现出明显的喜爱，开始听从看护者的劝阻 ●对同龄人表现出极大的兴趣，会互相凝视或彼此触摸

附录2

观察对象：13~18个月

发育与健康	感知与运动	认知与语言	情感与社会性
● 18个月时，平均身高男孩为84.41厘米，女孩为82.71厘米 ● 平均体重男孩为11.80千克，女孩为11.11千克 ● 平均头围男孩为48.18厘米，女孩为46.83厘米 ● 平均胸围男孩为48.51厘米，女孩为47.28厘米 ● 上下第1乳磨牙大多长出，乳尖牙开始萌出，会咀嚼并咽下像苹果、梨等较硬的食品，并能很协调地在咀嚼后咽下 ● 前囟门闭合（正常为12~18个月） ● 白天开始能主动表示便意	● 走得稳，能停、能走、也能改变方向 ● 自己能蹲，不扶物就能复位 ● 能一手扶栏上几级楼梯 ● 开始跑，但不稳 ● 味觉、嗅觉更灵敏，触觉更敏感 ● 会用2~3块积木垒高，能抓住一支蜡笔用来涂画 ● 会双手端碗，试着自己用小勺进食 ● 模仿成人的动作，如敲击、扫地	● 反复摆弄物体，出现假动作，如用玩具电话做出打电话的样子 ● 开始知道书的概念，如喜欢模仿翻书页 ● 喜欢将容器填满和倾倒 ● 知道简单的因果关系 ● 在一堆物品中挑出与其他不同的物品 ● 喜欢重复别人说过的话 ● 指认熟悉的物品和人 ● 能用少量语汇表达一定的意思，如说"抱"表示要大人抱 ● 开始出现二、三个字组成的动宾结构的句子表达意思，如"宝宝吃""妈妈抱""要去"等 ● 模仿常见动物的叫声 ● 喜欢听音乐，跟着摆动 ● 用伴随表情和字词、动作进行交流	● 能在镜中辨认出自己，对陌生人表现出新奇 ● 情绪不稳定，变得容易受挫，受挫折时常常发脾气 ● 情绪易受感染，看到别的小孩哭时，表现出痛苦的表情或跟着哭 ● 对玩具有自己的选择偏爱 ● 醒着躺在床上，四处张望 ● 会依附安全的东西，如毯子等，个别孩子吮拇指习惯达到高峰，特别在睡觉时 ● 喜欢单独玩或观看别人游戏活动 ● 开始能理解并遵从简单的行为规则 ● 对常规的改变和所有的突然变迁表示反对，表现出情绪不稳定 ● 在照片中辨认出家庭主要成员

观察对象：19~24个月

发育与健康	感知与运动	认知与语言	情感与社会性
● 24个月时，平均身高男孩为91.72厘米，女孩为90.43厘米 ● 平均体重男孩为13.50千克，女孩为12.84千克 ● 平均头围男孩为49.30厘米，女孩为48.19厘米 ● 平均胸围男孩为50.20厘米，女孩为49.02厘米 ● 会主动表示大小便，白天基本不尿湿裤子 ● 开始长第二乳磨牙，牙齿大概16只 ● 一昼夜睡12~13小时左右	● 连续跑3~4米，但不稳 ● 自己上床（矮床） ● 一手扶栏杆自己上下楼梯 ● 开始做原地跳跃动作 ● 双脚能同时跳起 ● 能踢大球 ● 会跨骑在四轮小车上 ● 能蹲着玩 ● 能双手举过头顶掷球 ● 能根据音乐的节奏做动作 ● 用鞋带串大珠子 ● 会把5~6块积木垒高 ● 能自己用汤匙吃东西	● 开口表示个人需要 ● 能记住生活中熟悉物放置的固定地方，如糖缸 ● 口数1~5 ● 能按指示做（2~3件，连续的），如：把球扔出去，然后跑去追 ● 对声音的反应越来越强烈，喜欢重复的声音，如一遍又一遍地听一首歌、读一本书等 ● 能说几个字的简单句，如"囡囡要糖"等 ● 能分辨一本书的封面及基本结构，开始辨认书中角色的名字，会主动看图讲简单的话	● 能区别成人表情中蕴含的情绪 ● 开始用名字称呼自己 ● 当父母或看护人离开房间时会感到沮丧，与父母分离会有恐惧 ● 在有提示的情况下，会说："请"和"谢谢" ● 对自己独立的表现一些技能能感到骄傲 ● 不愿把东西给别人，只知道是"我的" ● 情绪变化趋于稳定，能初步调节自己的情绪 ● 交际性增强，较少表现出不友好和敌意 ● 会帮忙做事，如学着把玩具收拾好 ● 开始和其他小朋友一起游戏 ● 游戏时能模仿父母更多的细节动作，想象力增强

观察对象：25～30个月

发育与健康	感知与运动	认知与语言	情感与社会性
● 30个月时，平均身高男孩为96.10厘米，女孩为94.65厘米 ● 平均体重男孩为14.53千克，女孩为13.87千克 ● 平均头围男孩为49.74厘米，女孩为48.76厘米 ● 平均胸围男孩为51.21厘米，女孩为49.78厘米 ● 20颗乳牙已全部出齐	● 能后退、侧走和奔跑 ● 能轻松地立定蹲下 ● 会迈过低矮的障碍物 ● 能双脚交替上下楼梯 ● 能从楼梯末级跳下 ● 能单脚站立(2～5秒) ● 能将球朝一定的方向滚 ● 能将球用力往远处扔 ● 会骑三轮童车 ● 在成人提醒下如厕，学着自己洗手、擦脸 ● 会转动把手开门、旋开瓶盖取物 ● 能用大号蜡笔涂涂画画，自己画垂直线、水平线 ● 学着一页一页翻书 ● 学着自己穿鞋、解衣扣、拉拉链	● 知道"大""小""多""少""上""下"，会比较多少、长短、大小 ● 会指认圆形、方形和三角形 ● 知道红色，并能正确的指认 ● 用积木垒高或连接成简单的物体形状(如桥、火车) ● 会捏、团、撕，随意折纸 ● 能数到10 ● 游戏时能用物体或自己的身体部位代表其他物体(如手指当牙刷) ● 听完故事能说出讲的是什么人、什么事 ● 会用几个"形容词" ● 会用"你"、"我"、"他"，会用连续词"和"、"跟"，会使用副词"很""最" ● 能说出常见物品的名称和用途，词汇量发展迅速，会使用七八个词组成的句子进行简单地叙述 ● 会背诵简单的儿歌，且发音基本正确 ● 喜欢玩色、玩橡皮泥 ● 开始理解事件发生的前后顺序	● 有简单的是非观念，知道打人、咬人、抓人不好 ● 会发脾气，常用"不"表示独立 ● 知道自己的全名，用"我"来表示自己 ● 和同伴一起玩简单的游戏，会相互模仿，有模糊的角色装扮意识 ● 初步意识他人的情绪，开始表达自己的情感

观察对象：31～36个月

发育与健康	感知与运动	认知与语言	情感与社会性
● 36个月时，平均身高男孩为99.34厘米，女孩为97.71厘米 ● 平均体重男孩为15.43千克，女孩为14.90千克 ● 平均头围男孩为50.07厘米，女孩为49.28厘米 ● 平均胸围男孩为51.64厘米，女孩为50.30厘米 ● 视力标准为0.6 ● 晚上能控制大小便，不尿床	● 能单脚站立(5～10秒) ● 能双脚离地连续跳跃2～3次 ● 能双脚交替灵活走楼梯 ● 能沿着直线双脚交替行走 ● 能走一条短的平衡木，能跨过一定高度的障碍物 ● 能举起手臂，将球朝一定目标投掷 ● 能跟随音乐、儿歌做模仿操，动作较协调 ● 用积木、大积塑拼搭或插成物体，并尝试命名 ● 能模仿画圆、十字形 ● 会扣衣扣、穿袜和简单的衣裤 ● 能正确使用汤匙，尝试用筷子	● 口数6～10，口手一致数1～5 ● 知道黄色、绿色，并能正确的指认 ● 能分辨"里"、"外" ● 能用纸对折 ● 会问一些关于"是什么"、"为什么"、"是谁"、"在哪里"的问题 ● 在成人引导下，理解故事主要情节 ● 认识并说出常见的物品、动物名称，词汇量较丰富 ● 运用字词的能力迅速增加 ● 能说出有几个词的复杂句子 ● 开始运用"你们"、"他们"、"如果"、"但是"等词 ● 知道一些礼貌用语，如"谢谢"和"请"，并知道何时使用这些礼貌用语 ● 知道家里人的名字和简单的情况 ● 开始区别"一个"和"许多" ● 喜欢自己看图画书 ● 会回答简单的问题 ● 会解决简单的问题，如搬椅子、爬上去、取东西	● 清楚地知道自己是男孩还是女孩 ● 和同伴或家人一起玩角色游戏，如"过家家"游戏 ● 能和同龄小朋友分享，如把玩具分给别人 ● 害怕黑暗和动物 ● 兄弟姐妹或同伴之间会比赛和产生嫉妒 ● 会整理玩具，开始知道物归原处 ● 自己上床睡觉 ● 大吵大闹和发脾气已不常见，且持续时间短，开始能控制自己的情绪 ● 对成功表现出高兴的情绪，对失败表现出沮丧的情绪 ● 开始对故事里的人物投入感情，表达同情 ● 不愿改变已养成的生活习惯

主要参考文献

1. 陈帼眉.学前心理学.人民教育出版社，1990年.
2. 孟昭兰.婴儿心理学.北京大学出版社，1997年.
3. 庞丽娟、李辉、朱智贤主编.婴儿心理学.浙江教育出版社，1993年.
4. 王德林.脑科学的新进展带给学前教育的启示.学前教育研究，2003(2).
5. 袁爱玲、廖莉、任智茹等译.摇篮里的科学家.华东师范大学出版社，2004(12).
6. 张明红.0-3岁儿童语言发展与教育.华东师范大学出版社，2013(4).
7. 柳倩、徐琼.0-3岁儿童健康与保育.华东师范大学出版社，2012(8).
8. 周念丽.学前儿童发展心理学.华东师范大学出版社，2006(6).
9. 尹坚勤、张元编著.0-3岁婴幼儿教养手册.南京师范大学出版社，2008(12).
10. 孙瑞雪.捕捉孩子的敏感期.黑龙江科学技术出版社，2011(8).